新时代青年学者管理文库

Management Library for Young Scholars in the New Era

股东关系网络与
企业并购研究

Research on Shareholder Network and
Corporate Mergers and Acquisitions

鲁春洋　孙洪锋　张记元　著

东北财经大学出版社
Dongbei University of Finance & Economics Press

大连

MANAGEMENT LIBRARY

U0656837

图书在版编目（CIP）数据

股东关系网络与企业并购研究 / 鲁春洋，孙洪锋，张记元著. 一大连：
东北财经大学出版社，2024.10. 一（新时代青年学者管理文库）.
ISBN 978-7-5654-5433-2

Ⅰ. F271.4

中国国家版本馆CIP数据核字第20242CF470号

东北财经大学出版社出版发行

　　大连市黑石礁尖山街217号　　邮政编码　　116025

　　网　　址：http://www.dufep.cn

　　读者信箱：dufep@dufe.edu.cn

大连图腾彩色印刷有限公司印刷

幅面尺寸：170mm×240mm　　字数：227千字　　印张：19　插页：1
2024年10月第1版　　　　　　　　　　2024年10月第1次印刷
责任编辑：石真珍　　田玉海　　孙晓梅　　责任校对：刘贤恩
封面设计：张智波　　　　　　　　　　版式设计：原　皓
定价：95.00元

前　言

　　并购成长方式可以帮助企业实现快速成长，因此，在现实中，企业迫于资本市场、投资者关注等诸多方面的压力，为了能够在短期内实现快速成长，会频繁地采用并购成长方式。然而，这种企业并购行为并非完全基于企业自身的成长需求，它往往受到一些外部非市场化因素的干扰，并且不能给企业带来协同效应，其负面影响是很严重的。近年来，随着资本市场不断完善，拥有资金优势的投资者会参股其他企业，以谋求更大的经济组合利益，从而产生股东联结关系网络。基于以上背景，从股东层面探析如何优化我国企业并购行为成为学术界与业界亟待解决的重大课题。本书采用跨学科交叉研究法以及规范研究和实证研究相互融合的方法来探究股东关系网络对企业并购的影响。首先，本书深入剖析了股东关系网络对企业并购的作用机制，探究这一作用机制在企业异质性（包括产权、生命周期以及高管权力）和不同外部宏观环境（包括环境不确定性、产业政策扶持以及市场化进程）下的差异。其次，本书探索了股东关系网络的作用与不同类型并购的关系，具体并购类型包括多元化并购、非技术并购、连续并购、异地并购以及现金支付并购。最后，本书检验了股东关系网络影响并购的经济后果，主要包括并购后的短期绩效、长期经营绩效和市场价值，以及全要素生产率情况。中国作为新兴资本市场，其市场发展机制、产权保护体系和法律制度规范尚不完善，股东关系网络作为公司治理的一种非正式制度，是对正式制度的有效补充。鉴于以上思路，本书以2009—2019年沪深两市 A 股上市公司为研究样本，采用理论分析结合数据验证的方式，考察了股东关系网络对并购的影响，提炼出如下结论：

第一，股东关系网络能够显著抑制企业并购行为。这一结论在经过倾向得分匹配（PSM）、熵平衡法、Heckman 检验、滞后一期、工具变量法、个体固定效应、更换股东关系网络的衡量范围、排除性检验、更换自变量以及更换因变量等一系列稳健性检验之后仍然不变。

第二，为进一步厘清股东关系网络对并购的作用机制，本书从知识学习效应、信息传递效应以及资源替代效应三个方面进行纵深考察。首先，知识学习效应显示，有联结关系的股东可以通过股东关系网络学习并购经验、向公司管理层建言，汲取关联公司先进的管理模式并将其应用于焦点公司，抑制管理层权力所带来的控制幻觉，进而避免管理者过度自信，抑制企业并购行为。其次，信息传递效应显示，股东关系网络通过提高公司信息透明度、降低外部投资者获取信息成本的方式，来提高公司特质信息传递到市场的速度；通过关系认同和声誉机制，提高信息融入市场中的完整性以及准确性，进而提高股票定价效率，减少公司投机式并购动机。最后，资源替代效应显示，股东关系网络凭借其互惠属性及情感契约特点，帮助企业以较低风险和成本获取自身发展所需要的生产要素，促进技术和人才流动，促进企业间的资源共享和战略合作，进而促进企业创新，强化自身主业优势，提高企业市场竞争地位，抑制企业粗放式并购。

第三，股东关系网络作为非正式制度，其作用的发挥还受到企业异质性的影响。具体来说，有研究发现，在国有企业中，股东关系网络作为非正式制度的作用将受到限制。若企业处于成长期和成熟期，股东关系网络对并购的影响更加显著；若企业处于衰退期，虽然并购数量下降，但是并购质量有所提高，因此股东关系网络抑制低效并购的作用受到制约。较大的高管权力会为其粗放式扩张行为以及管理者过度自信情况下的并购提供助力，因此，股东关系网络在此时对并购发挥的抑制作用更大。

第四，基于外部宏观环境的研究发现，股东关系网络对并购的影响受到外部环境的影响。具体来说，在外部信息环境较好时，即媒体关注度较高时，股东关系网络对并购的影响将受到限制；在媒体关注度较低时，其抑制作用更加显著。在环境不确定性较高时，股东关系网络可以显著抑制并购；与受到产业政策扶持的企业相比，在那些未受到产业政策扶持的企业中，股东关系网络对企业并购的影响更显著；在市场化进程较慢的地区，企业存在所处信息环境较差、资源匮乏以及人才和技术落后等问题，此时股东关系网络通过弥补制度缺陷、发挥内部市场的作用抑制并购。

第五，股东关系网络能够抑制企业低效率或者无效并购，在内容上表现为抑制多元化并购和非技术并购，在时间上表现为抑制连续并购，在空间上表现为抑制异地并购，在支付方式上表现为抑制现金支付并购。这说明，股东关系网络作为非正式制度，能够全方位、多层次地抑制低效率并购。

第六，进一步分析股东关系网络抑制低效率并购后的企业绩效发现，股东关系网络抑制低效率并购后引发了市场的积极反应，改善了企业的短期绩效，增强了企业自我式发展和内涵式发展的能力，提升了并购后的长期会计绩效和市场绩效，提高了人才、知识、经验、管理制度等多方面的整合效率，以及企业的全要素生产率。

综上所述，本书主要探讨了股东关系网络对企业并购的影响、作用机制和经济后果。股东关系网络作为一种非正式制度安排，通过知识学习效应、信息传递效应以及资源替代效应，减少了企业无效并购，同时进一步优化了企业资源配置，提高了企业的绩效和全要素生产率。本书的研究结论在一定程度上为企业提高资源利用率、降低资源浪费、减少无效并购提供了方向指引，为实现长期可持续发展提供了科学、有效的指导，为企业引导有联结关系的股东参与企业经营管理、减少低效并购提供了丰富的理论借鉴和政策启示。

著　者

2024 年 8 月

目　录

第 1 章

绪论

1.1 研究背景与研究意义

1.1.1 研究背景

企业并购是企业实现外延式发展的一种途径，是市场经济中企业为了获取其他企业的控制权而进行的股权交易，其中既包括兼并又包括收购。虽然企业的成长主要依靠内涵式发展，但是也离不开并购这种方式。经济学家 Stigler（1971）认为，尽管依赖企业内部积累实现企业增长是非常重要的，但是几乎美国所有的企业都是凭借对外并购而实现扩张发展的。Stigler 也认为，在现代经济史中，一个企业通过兼并竞争对手实现市场垄断是一个突出现象。世界上第一次并购浪潮开始于 19 世纪末的英美等西方发达国家，时至今日，并购历经了 5 个发展阶段，已有百年历史。企业并购从早期的横向并购、纵向并购，到中期的混合并购和杠杆并购，再到当前的跨国混合并购，并购规模不断扩大，涉及范围持续扩张，企业并购的脚步已然从欧美等发达国家向世界范围迈进。20 世纪 90 年代以来，西方企业并购规模不断扩大，并购成为与贸易、直接投资相提并论的重要经济活动。

随着中国经济实力的稳步提升，我国企业并购也经历了从无到有、从星星之火到燎原之势的转变。中国企业并购产生于 20 世纪 80 年代中期，伴随着社会主义市场经济的发展，融入全球并购浪潮之中。为此，我国相继出台了一系列政策，以促进企业开展并购活动。在政策不断松绑、环境日趋宽松的背景下，2015 年，中国并购市场呈现出持续火爆的态势，全年完成交易案例数量为 4 156 起，同比上升 33.16%；完成交易规模 3 160.8 亿美元，同比增长 56.37%。交易数量和交易金额双创新高。2016年，中国并购市场完成交易案例数量为4 010起，完成交易规模2 532.6亿美元。虽然交易数量和交易金额同比均有所下降，但是2016年的并购活动可以视作2015年并购浪潮的延续和扩展。根据毕威迪的数据，2017年，中国并购市场共完成了5 480起并购交易，其中披露金额的有4 389起；交易总金额约为3 680.07亿美元，平均每起案例资金规模约为8 386.17万美元。案例数同比上升16.45%。2018年，中国企业并购总金额为6 783亿美元，同比增长0.2%；企业并购交易数量为10 887笔，同比增长10.7%。其中，共计完成1亿美元以上的并购案例有425起，超过10亿美元的案例有42起，交易规模最大、最具影响力的案例当属阿里巴巴联合蚂蚁金服以95亿美元完成了对饿了么的全资收购。2019年，超过10亿美元的并购交易有40笔，超过1亿美元的并购交易有426笔，交易规模最大的是万华化学以82.06亿美元吸收合并万华化工。图1-1显示了2015—2019年我国企业并购交易规模的变化。

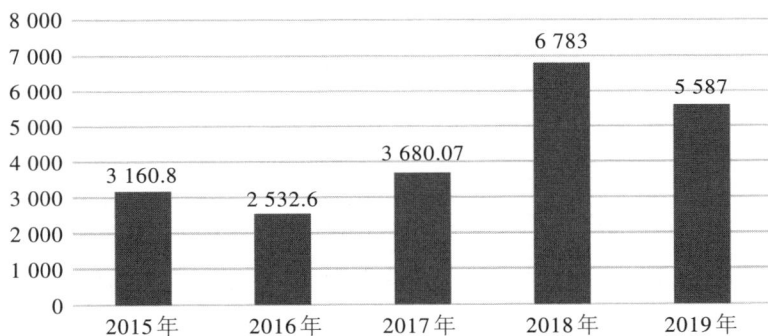

图1-1 2015—2019年我国企业并购交易规模（单位：亿美元）

资料来源：根据CVSource、前瞻产业研究院数据整理。

在并购大规模爆发的同时，关于"并购能够创新价值"的话题引发了热议并且尚未得到一致的结论。有一种观点认为，并购能够为并购公司股东创造财富，获得协同效应（陈仕华等，2013；潘红波、余明桂，2014；诸竹君等，2018；冼国明、明秀南，2018；薛安伟，2018；王新红、张转军；2019）；另一种观点认为，并购不仅不能为并购公司创造财富，还会使并购方价值不升反降（姚长辉、严欢，2004；田高良等，2013；薛安伟，2017；魏明、路珍竹，2018）。

作为公司的重要战略决策，并购是企业实现规模扩张和优化资源配置进而提升公司价值的重大举措，对公司的未来发展以及市场价值都有很大影响。然而，在投资者保护相对较弱的新兴市场和所有权高度集中的上市公司中，我国并购有"炫玉而贾石"之疑，如估值套利（安郁强、陈选娟，2019）、政策套利（蔡庆丰、田霖，2019）、蹭热点并以此来修复定价效率（李善民等，2020）、满足管理者虚荣心（Hribar and Yang，2016）以及排除异己、获取短期利益（徐虹等，2015）等。这些并购活动往往有某种特定目的，从长远来看，不利于企业的发展。因此，修正资源错配、提质增效、减少无效并购是助推产业升级的关键。

我国处于市场经济发展的转型阶段，市场机制仍在逐步完善的过程中，法律保护机制也有待健全，企业倾向于通过一些非正式的社会关系来弥补正式制度中的不足。社会关系网络作为一种非正式制度，成为焦点企业获取知识、资源以及传递信息的重要渠道，对企业的各项决策产生了重要影响。伴随着资本市场的深化改革和股东积极主义的逐渐兴起，我国 A 股股东结构发生了明显改变，拥有资金优势的投资者会参股其他企业，以谋求更大的经济利益。大股东直接参股其他公司，产生了股东关系网络。Jarillo（1988）认为，企业之间的联结关系在企业发展中担任重要角色。股东关系网络这种社会网络结构使得关联股东获取了其他公司相关的并购经验（Cohen et al.，2008），通过信息传递效应，能够有效解决企业信息不对称问题（杨兴全等，2021；杨兴全、张记元，2022）；通过资源配置效应，能够帮助企业更便捷地以更低的成本获得更多的资源（游家兴、刘淳，2011）。

综上所述，本书在现有研究的基础上，以股东关系网络作为切入点，深入探究了以下几个问题：第一，股东关系网络作为一种社会网络结构，是否对企业并购有影响？如果有影响，其中的作用机制是什么？第二，企业并购的目的不同，表现形式也不同，那么，股东关系网络具体与哪一种并购有关系？第三，企业并购是企业重要的战略决策，对企业的发展和市场价值具有重要影响，倘若股东关系网络对企业并购决策有影响，那么最终是否会对企业绩效以及全要素生产率产生影响？第四，股东关系网络作为一种非正式制度，其作用的发挥还会受到正式制度的制约，那么，股东关系网络对并购的影响是否会因产权的不同而发生变化？第五，任何企业的生存和发展都离不开其所处的外部环境，那么，当外部宏观环境有所不同时，股东关系网络对并购的影响是否有差异？对上述问题的探究有助于深入了解股东关系网络所产生的经济影响，为完善企业治理机制、健全制度体系提供参考依据。

1.1.2 研究意义

多年来，有关公司并购的研究一直是公司财务和金融领域的热点和难点，国内外学者不遗余力地进行研究，虽然成果斐然，但各方见解并不一致。尤其是对于新兴资本市场上企业并购的研究，频频出现理论框架与经验材料无法调和的矛盾，这使新兴资本市场上企业并购研究成为公司并购研究领域的一个重大课题。本书以中国这个新兴资本市场上的上市公司为研究对象，沿着现代公司并购理论的思路，从股东关系网络视角，对公司并购进行全新诠释。这不但能够拓展现代公司并购理论的内涵，而且会极大地丰富新兴资本市场上公司并购的研究材料。在此基础上，本书着眼于我国特有的正式制度，将股东关系网络作为公司治理的一种非正式制度，将其视为对正式制度的补充，研究其对企业并购的影响，具有一定的理论意义和现实意义。

1）理论意义

（1）丰富并购影响因素的相关文献。现有文献主要通过委托代理理论、交易费用理论、市场势力理论、协同效应理论以及自大理论等来解释并购的影响因素。委托代理理论认为，并购是公司快速壮大的通道，管理层通过集团并购行为扩大公司规模，能够获取更多的私人收益。交易费用理论认为，企业和市场是两种可以相互替代的资源配置机制，企业进入市场进行交易，可能面临多重成本。市场势力理论认为，企业为了提高市场竞争力、压缩竞争对手市场份额、扩大自身的影响力，往往通过并购的方式提高自身的市场占有率以及集中度，形成规模效应，最终获得垄断超额利润。协同效应旨在实现并购后价值最大化（1+1>2），即相较于并购前两个单独公司的产出价值，两个公司并购后的企业产出价值更大。自大理论认为，公司管理层的盲目自信可能高估自身的实际能力和目标企业的真实价值，进而做出收益较低甚至没有收益的并购决策，损害并购企业的股东利益。并购动机理论相关文献较少涉及社会网络层面对企业并购的影响，忽视了股东与其他公司股东之间的经济关联、资源渠道以及信息沟通，而本书以股东关系网络这一社会网络结构为研究视角，探究了"经济人"与"社会人"的集成对并购所发挥的综合作用，为这方面研究做了理论补充。

（2）拓展了股东关系网络的经济后果研究。围绕股东关系网络展开的实证研究刚刚起步，已有的关于股东关系网络的经济后果研究主要集中于企业绩效（黄灿、李善民，2019）、企业创新行为（黄灿、蒋青嬗，2021）、控股股东"掏空"行为（马连福、杜博，2019）、风险承担水平（田昆儒等，2021）、企业研发支出（罗栋梁、史先让，2021）以及股价崩盘风险（田昆儒、游竹君，2021）等，较少有学者以并购为着力点研究股东关系网络对并购的影响。并购是企业重要的财务决策，不仅影响企业未来的发展方向，还会影响企业治理、投资等其他方面。本书在已有经济后果研究的基础上，考察了股东关系网络对企业并购的影响，主要考察重点为股东关系网络是否抑制企业并购。进一步地，本书通过纵深检验，考察了股东关系网络对企业并购的影响机制，主要是考察其作用机制是否为知识学习效应、信息传递效应以及资源替代效应。

（3）基于外部宏观环境、企业异质性以及并购种类等异质性特征来检验股东关系网络对并购的影响。外部宏观环境是企业所处的信息环境、政治环境、经济环境以及市场环境的综合体，它决定了社会权利、经济资源在利益个体之间的分配格局，以及市场秩序是否规范，影响社会资源的配置效率，是企业做出任何经济决策的基础，对企业外部投资策略、交易决策以及资源配置效率等具有重要影响。反过来，企业作为逐利者，也会趋利避害，根据自身所处的外部宏观环境及时调整自己的发展战略。因此，研究股东关系网络对并购的影响时，结合我国企业所处的外部宏观环境是非常有必要的。此外，股东关系网络作为一种由公司产权所有者形成的非正式制度，与正式制度是相互补充、相互替代的关系，因此，考察股东关系网络作用的发挥时结合企业层面的特征差异，能够进一步深入理解股东关系网络在企业层面的具体作用机制。并购的表现形式根据并购目的、并购内容、并购时间、并购空间以及并购支付方式的差异而有所不同，因此，研究股东关系网络对并购的影响时，具体研究股东关系网络影响何种形式的并购对于指导企业实践具有重要的意义。

（4）目前关于并购能够提高并购绩效的研究尚未形成一致观点。本书拓展了股东关系网络更深层次的经济后果。股东关系网络具有知识学习效应，可以帮助企业缩小管理层的控制范围，弥补管理层的认知缺陷；具有信息传递效应，能够帮助企业将更多特质信息传递给投资者及资本市场；同时还具有资源替代效应，可以帮助企业以较低的成本和风险获取高效资源，提升企业的创新水平。这些效应都能抑制企业的无效并购。基于对经济后果的研究，本书详尽地探讨了股东关系网络对企业并购绩效以及全要素生产率的影响，这些有助于更全面地理解并购与并购绩效的关系。

2）现实意义

（1）本书的相关结论可以为公司高管正确引入股东提供参考。并购公司管理者应充分认识股东关系网络的影响因素，有效利用股东关系网络降低无效并购和提升并购价值的积极作用。

（2）为政策、法规制定者制定和完善与企业并购相关的政策、法规提供理论依据。本书试图找到股东关系网络影响企业并购发生及效果的实证证据，为降低企业盲目并购、提高企业并购效率和并购绩效提供解决路径，进而为今后企业引入战略股东提供重要参考，这也有助于相关政策的制定和完善。

（3）为投资者进行有效投资决策提供参考。主并方的股东关系网络不仅能够在短期内帮助并购公司获得较好的超额市场回报，而且在并购后的一段时间内还有助于改善并购公司的经营业绩和市场价值。因而，投资者在做出投资决策时，可以将并购公司的股东是否存在外部联结关系以及外部联结关系的多少作为重要考量因素之一，以减少由于对并购事件的盲目跟风而造成的投资损失，帮助投资者规避投资风险。

1.2 研究内容与研究框架

1.2.1 研究内容

本书坚持理论与实践相结合，基于社会网络视角，研究了我国股东关系网络对企业并购可能性以及并购金额的影响路径，深入探究了其中的作用机制（抑制管理者过度自信、提高股票定价效率以及提升企业创新水平），详尽分析了股东关系网络对不同类型并购的影响，探讨了在企业异质性（产权、企业生命周期以及高管权力）以及不同外部宏观环境（媒体关注度、环境不确定性、产业政策扶持以及市场化进程）下的股东关系网络对企业并购的差异化影响，同时深入剖析了股东关系网络影响企业并购的经济后果，最终凝练出本书的研究结论并提出相应的政策建议与启示。本书共分为9章，具体如下：

第1章，绪论。本章从现实实践以及学术研究两个角度阐述了本书的研究背景，从理论意义和现实意义两个方面分析了本书的研究意义；凝练出本书的研究内容，主要包括每一个章节具体研究哪些问题、得到了哪些结论，并根据研究内容勾勒出本书的研究框架；厘清了本书的研究思路及本书所用到的研究方法，并总结归纳了本书相较于以前研究所做出的创新与贡献。

第2章，文献回顾与研究述评。本章内容主要分为五个部分：第一部分，基于本书研究的问题，首先梳理了并购行为影响因素的文献，然后整理了关于影响并购绩效的文献，最后归纳了并购与并购绩效之间关系的文献。第二部分，首先对类似股东关系网络的其他社会网络的经济后果进行了梳理，主要包括机构投资者网络、董事网络、基金网络，然后对股东关系网络进行了阐述等。第三部分，进一步将目前国内外相关的股东关系网络的经济后果进行了统一整理。第四部分，通过对文献的整理和归纳，阐述已有文献的贡献及研究中存在的不足，并以此为切入点提出本书的研究内容。第五部分，将本章所做的工作进行了总结。

第3章，概念界定与理论基础。本章首先对并购、社会网络以及股东关系网络进行了详细的定义和解释；然后对本书研究问题所涉及的理论基础进行阐释，主要包括信息不对称理论、资源依赖理论、组织学习理论、自我归因偏差理论、控制幻觉理论、社会网络理论以及关系契约理论等；最后对本章所涉及的内容进行了总结。

第4章，股东关系网络与并购行为。本章内容主要分为三部分：第一部分，在理论层面上提出股东关系网络与并购的关系以及股东关系网络对并购影响的具体作用机制。这主要从三个效应来阐述股东关系网络对并购的作用机制：其一是股东关系网络通过知识学习效应，抑制管理者过度自信；其二是股东关系网络通过信息传递效应，提高股票定价效率；其三是股东关系网络通过资源替代效应，以较低成本和风险为企业提供发展的要素，提高创新水平。通过以上三个效应，股东关系网络抑制企业信号式、投机式、粗放式、侵略式、外延式无效率或者低效率并购。第二部分，用数据进行实证检验，以验证前面所提出的理论分析是否成立。本章构建了股东关系网络，计算了股东关系网络的中心度，用程度中心度、中介中心度以及接近中心度三者的均值作为解释变量，以公司并购（用公司是否发生并购以及并购支付的金额来衡量）作为被解释变量。本章参考以往的研究，选取资产负债率、公司规模、现金持有、净资产收益率、成长性、第一大股东持股比例、固定资产比例、公司年龄、董事会规模、二职合一、独立董事占比以及管理层持股比例作为主要控制变量，同时控制了行业与年份固定效应，以检查股东关系网络与并购的关系。第三部分，用数据验证股东关系网络影响并购的每一条作用路径，即用温忠麟的中介效应分析方法，分别对管理者过度自信、股票定价效率以及创新进行检验。

第5章，企业异质性、股东关系网络与并购行为。本章根据企业层面不同的特征检验股东关系网络对并购的差异化影响。股东关系网络作为非正式制度，其作用的发挥会受到正式制度的制约。基于此，本章研究了股东关系网络对并购在企业产权不同时的差异化影响。首先，在理论层面分析差异化影响的原因。根据企业生命周期理论，处于生命周期的不同阶段，企业的发展目标是不同的，因此，其并购策略的选择会不同，结果也会不同。由于所有权和控制权相分离，股东作为公司产权的所有者，其关系网络作用的发挥还会受到控制权的制约，因此，本章探讨了在高管权力不同的情况下，股东关系网络对并购的影响是否不同。其次，基于理论分析，根据企业是否为国有企业，企业是处于成长期、成熟期还是衰退期，以及高管权力是高还是低，用数据验证了有关理论是否成立，并探讨了其结论的稳健性。

第6章，外部环境、股东关系网络与并购行为。随着环境不确定性的加大，在转型经济制度背景和产业政策下，不同产业之间的资源禀赋具有较大差异。由于历史文化等原因造成了地域经济发展的不同，股东关系网络对并购的影响亦可能受到这些外界因素的影响，因此，本章在理论层面分别探讨了在信息环境（即媒体关注度）不同、环境不确定性高或低、受到产业政策扶持或未受到产业政策扶持、市场化进程快或慢的地区，股东关系网络对并购的差异化作用机制及影响后果。本章根据媒体关注度的中值、环境不确定性的中值、是否受到产业政策扶持以及市场化进程的中值，分成高和低两个组别来探讨股东关系网络对并购的差异化影响，还通过更换股东关系网络的范围及构成方式验证了结论的稳健性。

第7章，股东关系网络与不同类型的并购。根据前文的分析和数据验证结果，可以发现股东关系网络能够显著抑制并购，因此，本章基于并购的原因以及并购的特征，探讨股东关系网络究竟能够抑制哪一类并购。基于此，本章通过识别并购发生的特征，从行业属性上判断并购是否为多元化并购，从并购目的上分析并购是否为非技术并购，从并购时间上区别并购是否为连续并购，从空间上判断并购是否为异地并购，从支付方式上判断并购是现金支付并购还是股权支付并购。本章根据前文所提出的理论分析收集了数据，进行了数据验证，并采用一系列方法证明了结论的稳健性。

第8章，股东关系网络与并购绩效。前几章的理论分析和数据验证结果表明股东关系网络能够使企业减少无效率或者低效率并购，集中资源回归主业。本章以并购后的短期绩效、长期会计绩效、长期市场绩效以及全要素生产率为因变量，检验了股东关系网络是否能够提升这些表现企业总体发展实力的指标。

第9章，研究结论与未来展望。本章主要分为两个部分：第一部分是本书的研究结论与启示。这一部分主要总结了前文所进行的理论分析及实证检验的结论，并根据这些结论从企业角度、投资者角度、政府角度以及监管机构角度提出了相应的政策启示。第二部分是本书的研究局限与研究展望。本书的研究结论在某些特定场景中是成立的，因此，有必要指出这些场景存在的不足，并根据这些不足提出以后的研究展望，以期为学术界做出一定的贡献，为企业实践提供更好的参考。

1.2.2　研究框架

本书在文献梳理、相关理论分析、研究机理推导的基础上，秉持"提出问题–分析问题–解决问题"的研究思路与技术路线，提出本书的研究框架，如图1–2所示。

绪论： 选题缘由与背景、主要研究方法、研究主要结论、研究贡献以及论文结构安排等

↓

文献综述、理论基础与制度背景

知识学习效应	信息传递效应	资源替代效应

逻辑主线： 股东关系网络是否影响并购？路径为何？不同情况影响路径是否一致？会导致何种经济后果？

↓

理论分析与假设提出	理论基础	信息不对称理论
		资源依赖理论
		组织学习理论
		自我归因偏差及控制幻觉理论
		社会网络及关系契约理论
	相关概念	企业并购
		股东关系者网络
	基本命题	股东关系网络是否影响并购
		股东关系网络如何影响并购

研究背景

社会网络兴起	企业高质量发展

基本检验	机制检验	异质性分析

实证研究： 大样本检验（描述性统计、多元回归分析、机制检验等）

股东关系网络能否抑制并购

股东关系网络影响并购的知识学习、信息传递、资源替代效应

企业异质性、股东关系网络对并购的影响

不同外部环境、股东关系网络对并购的影响

股东关系网络、并购与并购绩效的关系（短期绩效、长期绩效、全要素生产率）

股东关系网络对不同类型并购的影响

制度背景与数据支撑

研究结论与启示： 股东关系网络可以通过知识学习、信息传递、资源替代效应抑制并购并提升并购绩效和全要素生产率，促进企业高质量发展

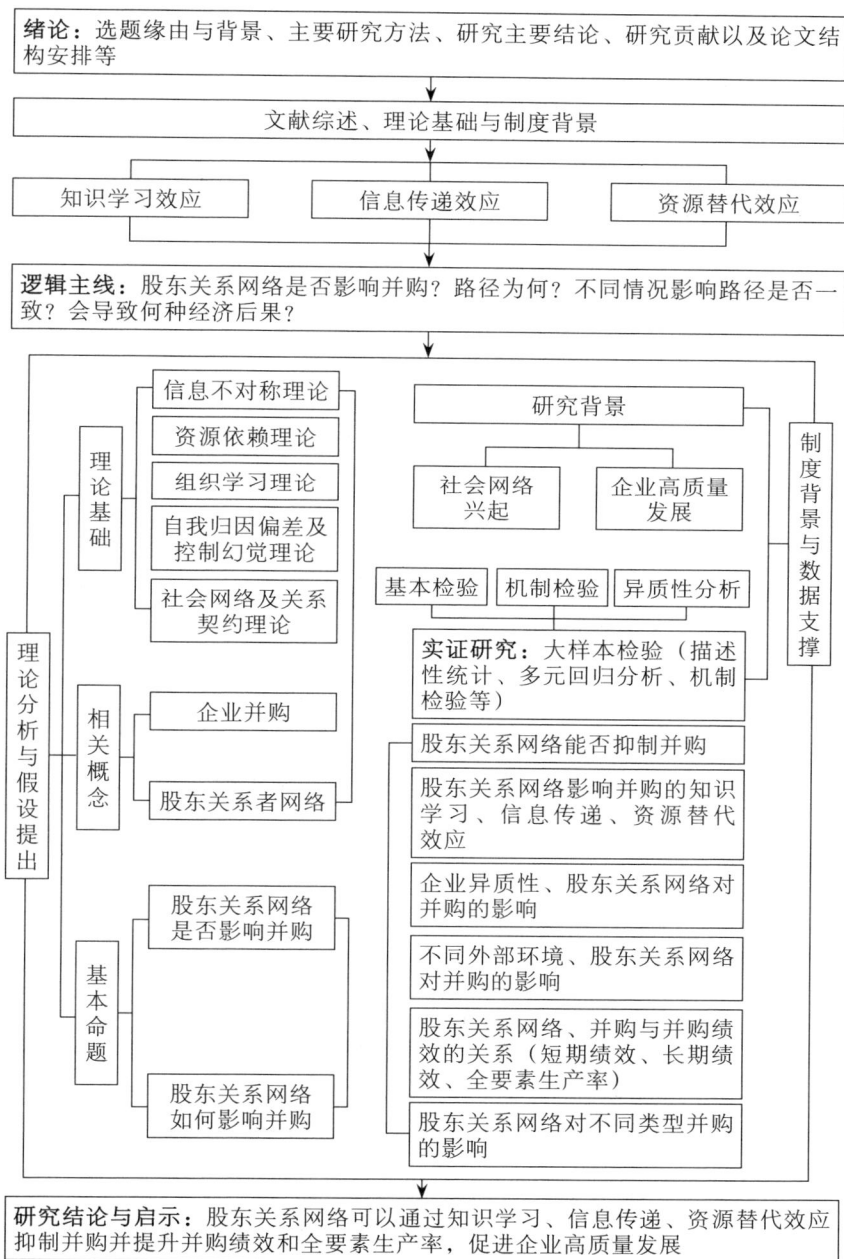

图 1-2　研究框架

1.3 研究思路与方法

1.3.1 研究思路

在广泛阅读国内外相关研究文献的基础上，梳理并总结有关企业并购的影响因素；鉴于资源获取、信息传递以及管理者个人属性特征在企业并购中的突出作用和企业并购影响因素研究的全面性，又随着股东治理在我国的大力发展，以及社会网络分析在我国企业经济后果研究中的兴起，把研究切入点聚焦到股东关系网络这一非正式公司治理机制，深入研究股东关系网络对企业并购的影响。在具体剖析股东关系网络对企业并购影响的理论逻辑时，我们深入阐述了社会网络的相关理论，总结出机构投资者网络的概念及形成机制，结合企业并购理论及基本特征，归纳出股东关系网络对企业并购影响的理论逻辑源于股东关系网络的知识学习效应、信息传递效应以及资源替代效应，这三种效应的充分发挥能够有效解决管理者过度自信、股票定价效率较低以及资源匮乏问题，进而能够对企业并购产生积极影响。

结合逻辑分析，本书将从以下五个方面对股东关系网络影响企业并购进行实证探究：

第一，基于社会网络中网络中心度指标的算法处理股东关系网络的构成数据，使用 Pajek 软件计算公司层面的网络中心度指标并作为解释变量，初步确定以公司是否发起并购以及并购金额作为被解释变量，研究股东关系网络对企业并购的影响。

第二，进一步详尽考察股东关系网络对并购的作用机制。借助温忠麟的中介效应分析方法，首先从股东关系网络所具有的知识学习效应（学习并购经验以弥补管理者认知缺陷，引进管理制度以缩小管理者控制权）、信息传递效应（提高公司特质信息融入股价的内容、速度及准确性）和资源替代效应（解决公司资源匮乏问题，获取更多创新要素）出发，探讨股东关系网络影响企业并购的内部传导机制，并进一步对作用机制进行主次比较。

第三，通过识别并购发生的特征，从行业属性上判断并购是否为多元化并购，从并购目的上判断并购是否为非技术并购，从并购时间上判断并购是否为连续并购，从空间上判断并购是否为异地并购，从支付方式上判断并购是现金支付还是股权支付。每个企业、每次并购都隐藏着不同的目的，投资者也各自解读为不同的信息，因此区分并购的种类对于企业来说能够更好地说明股东关系网络所发挥的作用及具体的表现形式。

第四，分别研究股东关系网络在企业异质性（产权、企业生命周期、高管权力）以及不同外部宏观环境下（媒体关注度、环境不确定性、产业政策扶持以及市场化进程）的差异性检验。通过这些检验，细分股东关系网络对并购差异化的影响，能够更加精准、有效地识别股东关系网络对并购影响有效性的范围，使本书的研究结论在理论上更加精准，在实践上更有指导意义。

第五，进一步探讨了股东关系网络对企业并购影响的经济后果，主要内容包括股东关系网络通过降低企业无效并购是否提升了企业短期绩效、是否提升了企业长期会计绩效和市场绩效、是否优化了企业资源配置效率、是否提升了企业全要素生产率，并实现经济高质量发展。

根据上述五个方面的实证分析，得出本书的研究结论；基于本书的研究结论提出相应的政策建议，供企业、投资者、政府部门及监督机构参考。此外，还指出了本书研究的局限性和对未来的展望。

1.3.2　研究方法

1）规范研究和实证研究相互融合

首先，梳理现有相关研究，阐明本书的理论基础，结合社会网络分析在我国企业经济后果研究中的兴起以及我国资本市场的机构化发展，聚焦股东关系网络这一非正式公司治理机制，深入研究股东关系网络对企业并购的影响。其次，通过搜集、整合、处理有效数据，采取多种实证检验方法，验证所提出的命题与研究假设，主要包括 OLS 回归、固定效应回归、PSM、工具变量法、Heckman 检验、中介效应检验等。

2）对比分析法

首先，我们在验证股东关系网络对并购影响的基础上，进一步对比分析了股东关系网络中的知识学习效应、信息传递效应以及资源替代效应在抑制企业无效并购方面的主次作用；其次，实证研究主要进行了异质性检验分析，分别检验了在产权、企业生命周期、高管权力、媒体关注度、环境不确定性、产业政策扶持、市场化进程不同的情况下，股东关系网络对并购的差异化影响。此外，在对我国企业并购种类进行划分的基础上，检验了股东关系网络对不同种类并购的影响，主要包括是否为多元化并购、是否为非技术并购、是否为连续并购、是否为异地并购以及是否为现金支付并购，还分析了其中可能的成因。

在我国"关系型"社会氛围较浓、正式制度与非正式制度交错的背景下，在我国并购种类及其原因较多的情况下，通过不断细分各种外部宏观环境、不同制度以及不同种类并购并将其进行分析，能够比较清晰地认识股东关系网络对企业并购作用发挥的有效范围，识别各种作用机制实现路径的主次和优劣，掌握股东关系网络所影响的具体的并购种类。我们希望通过这些详尽的分析，高质高效地利用股东关系网络中所蕴含的信息、知识及各种资源，精准引导股东关系网络构建，提高股东关系网络的"质"；积极引入股东参与公司的经营管理，推动中国资本市场更加规范、稳健、有效运行。此外，在企业抑制无效并购方面，增加了一个参考标尺，为企业的可持续发展提供了一个很好的思路。

3）跨学科交叉研究法

本书融合了多学科理论与方法进行相关研究。本书将社会学融入管理学中的公司财务、财务会计、公司治理等领域，并将这些领域的经验研究成果纳入一个统一的、完整的分析框架之内，进一步深入研究机构投资者关系网络影响企业创新的客观表现、传导机理以及经济后果。

1.4 主要创新之处

并购是企业实现发展的一种手段，一直是理论界与实务界关注的焦点。本书基于我国资本市场弱式有效的研究背景、国家政策导向提质增效的宏观环境以及中国特色的"关系型"社会，在综合梳理社会学理论、公司治理理论、企业并购相关理论后，提出本书的研究内容和研究思路。具体而言，本书在进行深入的相关理论分析之后，提出了待检验的命题和研究假设，并针对相关命题进行实证检验，诠释经济后果并进行深入拓展。本书的研究创新主要体现在以下几个方面：

（1）本书从股东关系网络出发，通过社会网络分析研究企业并购的影响因素，为企业并购提供了新的研究视角，是对社会学与公司财务领域相关研究成果的进一步丰富。虽然以前的学者从管理者特征

（王海军等，2021；张权等，2019）、企业资本特征（程冕等，2019；方明月，2011）、资本市场特征（陈胜蓝、马慧，2017；李善民等，2020）以及宏观制度因素（黄灿等，2020；蔡宁，2019）对并购进行了部分研究，但是针对上市公司相对重要的治理机制——股东治理，鲜有学者从社会网络视角研究网络关系的重要作用。本书基于社会网络视角，探讨股东关系网络对企业并购的影响，为企业并购的影响因素提供了新的研究视域，将社会学的分析方法融入管理学研究中，促进了不同学科之间的融合。本书通过实证研究检验了社会关系的重要性。中国作为新兴市场国家，尚未建立起完善的市场机制、产权保护体系和法律规范，良好的社会关系在中国这种特殊制度背景下是对非正式制度的有效补充，在某种程度上能够抑制企业无效率或者低效率并购，本书的研究结论为中国经济的高质量发展提供了基本实证检验。

（2）拓展了现有社会网络的研究范围，丰富了社会网络视角下公司财务的研究文献。近年来，关于社会网络和公司金融的交叉研究逐渐增多，大量研究主要集中于董事网络（Barnea and Guedj，2006；李敏娜、王铁男，2014；马连福等，2016）、基金经理网络（Cohen et al.，2008；肖欣荣等，2012；李维安等，2017）、机构投资者网络（许年行等，2013；吴晓辉等，2019；郭白滢、李瑾，2019），而以十大股东作为切入点的研究并不多见。对比董事网络、基金经理网络以及机构投资者网络，股东关系网络有其独特性。首先，相比于董事网络、基金经理网络以及机构投资者网络，股东关系网络能更有效地衡量大型社会网络。具体而言，董事可分为内部董事和独立董事，可是内部董事在外兼任较少，其网络特征不明显；而独立董事的确能发挥信息传递作用，但有任职数量限制（原则上最多5家），限制了董事网络的发展上限，无法很好地反映社会网络的真实差异。其次，由于基金经理的营利目标不同，因此被分为不同种类。而不同种类的基金经理为实现自己的目的各自为政，他们所形成的网络内部利益不一致，存在竞合关系，因此，无法精准确定到底是哪一种机制发挥主要作用。部分基金经理在某些时期可能由于特殊原因而使股票持仓低于规定的仓位限制，或者由于资金大量流出、规模极度萎缩而使投资陷于停滞，无法保证网络构建的准确度。最后，机构投资者网络的构建要求是持股比例大于 5%，只考虑了重仓持股的股东而忽略了那些持股比例小但是在公司股东中排名靠前且有话语权的股东所发挥的作用，过分强调了那些持股比例较高但是在公司股东中排名靠后且治理能力较弱的股东。相比于董事网络、基金经理网络以及机构投资者网络，股东关系网络能够从股权、话语权以及治理作用等多角度综合发挥作用，对公司有更重要的意义。

（3）丰富了股东关系网络的经济后果。已有的关于股东关系网络经济后果的研究主要集中于企业绩效（黄灿、李善民，2019）、企业创新行为（黄灿、蒋青嬗，2021）、控股股东"掏空"行为（马连福、杜博，2019）、风险承担水平（田昆儒等，2021）、企业研发支出（罗栋梁、史先让，2021）以及股价崩盘风险（田昆儒、游竹君，2021），较少有学者以并购为着力点研究股东关系网络对并购的影响。并购是企业重要的财务决策，不仅影响企业未来的发展方向，还关系到企业治理、投资等其他方面。因此，将并购作为股东关系网络的经济后果进行研究，不仅丰富了股东关系网络的理论文献，还加大了股东关系网络的实践指导意义

（4）丰富了股权特征对企业并购影响这一领域的文献。以往的关于股权对并购影响的研究主要从股权激励（潘星宇、沈艺峰，2021；姚晓林、刘淑莲，2015）、非国有大股东治理（李济含、刘淑莲，2021）、股权质押（廖珂等，2020）、股权制衡度（周红根、范昕昕，

2020)、股权结构（朱冠平等，2019；李佳，2016）、股权性质（潘志斌、葛林楠，2018）等角度出发将股权社会化。换句话说就是，只从"经济人"视角去理解股权，没有赋予股权是"社会人"的一种社会资本这一属性。本书以股权的持有者——股东来构建股东关系网络，将"经济人"与"社会人"的角色综合起来进行考察，更全面地识别在我国"关系型"社会氛围中股东对公司所发挥的综合治理作用。

第 2 章

文献回顾与研究述评

2.1　并购的文献回顾

2.1.1　并购行为的影响因素

在现有的关于企业并购影响因素的研究中，国内外学者多从企业内部以及外部环境两个角度展开。基于微观企业层面，从公司管理者自利行为、资源获得、管理效率、企业战略等视角来探究并购何以发生；基于宏观层面，探究外部宏观经济、技术进步、资本市场环境等因素对企业并购的影响，能够从更大、更广的视角解释并购发生之缘由。

1）并购内部动因

关于并购影响因素研究，国内外学者主要以委托代理理论、交易费用理论、市场势力理论、协同效应理论、自大理论等为基础。其主要的研究观点如下：

委托代理理论认为，并购是公司快速壮大的通道，管理层通过集团并购行为扩大公司规模，能够获取更多的私人利益，如声誉、地位、权力等。而这些私人利益反过来亦会促使管理者选择以并购的方式进行过度扩张（Donaldson，1984）。在企业实施并购的过程中，内部控制往往能够发挥一定的监督作用。内部控制机制越差、委托代理问题越严重的上市公司，其投资效率越低下，并购成功率较低（李万福等，2011）。

交易费用理论认为，企业和市场是两种可以相互替代的资源配置机制，企业进入市场进行交易可能面临多重成本，如搜集成本、谈判成本、签订合同费用和监督成本等；企业为了降低交易成本，可能选择通过兼并收购将上述市场成本转到企业内部，有效降低此类成本支出。纵向并购，是指将企业业务领域相关的上下游企业纳入同一企业，从而节约相关交易成本。基于交易成本理论，不论是横向并购还是纵向并购，企业内部化不仅可以降低企业各类交易成本，还能降低企业由于环境不确定性、技术和资源不确定性带来的成本（Grossman and Hart，1988）。基于亚当·斯密的市场规模影响劳动分工理论，Stigler（1989）从产业生命周期角度探究了纵向并购的原因，他认为，并购重组主要发生在新兴产业或者产业初兴的前段或后段，主要是因为产业成熟后，并购的交易成本因不确定因素较少而变低。孙烨和王天童（2020）认为，地理区位因素通过加强信息流动、降低信息成本，缓解了交易双方的信息不对称水平，进一步影响了企业并购行为。

市场势力理论认为，企业为了提高市场竞争力、压缩竞争对手市场份额、增加自身影响力，往往通过并购的方式增加自身的市场占有率以及集中度，形成规模效应，最终获得垄断超额利润。市场势力理论的核心观点是企业不断扩大公司规模有利于其市场势力的提升，因此，有学者指出，为了提高公司自身的市场份额及市场占有率，进一步获取垄断优势并保持长期获利能力是企业进行并购的一个重要动因。企业通过持续并购来达到规模扩张目的的主要原因是通过在该产业内市场占有率的提高，挤出竞争性企业的进入，从而实现垄断目标，而非提高效率（Borenstein，1990；Kim et al.，1993）。Capece等（2017）以意大利能源行业并购交易为样本，揭示了对于并购方而言，应将与其战略属性最匹配的企业作为最佳目标公司，以此来提升市场竞争力。

协同效应旨在实现并购后价值最大化（1+1>2），即相较于并购前两个单独公司的产出价值，两个公司并购后，企业的产出价值更高。协同效应理论认为，并购具有范围经济、规模经济，有利于各个生产步骤或流程的优化和整合，以提高企业生产经营效率，最终实现企业价值的提升，这是企业进行并购的原因。同时，该理论也是横向并购的理论基础。横向并购可以使企业产品生产实现规模化，降低多元化经营中的各类风险。并购能够使企业的整体实力得到增强，使企业的市场份额及占有率提高，使企业的专业化生产服务供给增加，从而满足不同市场的需求，并购会带来生产效率的提高和企业经营业绩的改善。并购的主要动机是追求规模经济效应而非垄断。企业为追求协同效应，更倾向于采取横向并购策略（Slusky and Cave，1991）；而检验并购是否成功的关键，就是看并购后是否产生协同效应。李颖明和宋建新（2006）结合定性分析与定量分析构建了目标企业选择层次分析模型，他们指出，应以实现协同效应最大化为目标。肖翔（2007）基于已有的层次分析法（AHP），通过研究发现，现有文献对协同效应的度量仍存在一定的偏差，应进一步对影响决策的因素进行细化分析、合理分类，再建立 AHP 模型。Brar 等（2009）研究了整个欧洲并购市场后发现，并购方更有意收购流动性差、规模小、发展空间有限和价值低估的企业，这是因为并购该类企业更有利于获取被收购方潜在的价值增值，从而形成协同效应。Davor 等（2017）指出，若并购方能够很好地整合被收购方的公司战略、组织结构和企业文化，协同效应能够为并购后的财务指标带来更优的绩效。李广众等（2020）发现，RPE（经理人相对绩效评价）的实施与强度的增加将抑制具有协同效应的并购行为。郑碧霞和施海柳（2020）以效率、成本和利润为三要素，对并购协同效应进行评估研究，有利于解决并购目标决策问题。

Roll（1986）提出了管理者"自大假说"，并首次将其应用于企业并购行为研究。该理论认为，公司管理层盲目自信可能高估自身的实际能力和目标企业的真实价值，进而做出收益较低甚至没有收益的并购决策,损害并购企业的股东利益。并购企业价值降低主要源自在并购过程中,管理层过度自信,其支付的并购价格较高。此外,有学者发现,借助并购决策扩大企业规模的经理人更可能是因其过度自信,而非对自身利益的考虑(Heaton,2002)。在此基础上,亦有学者提出,管理者过度自信与否及数量大小会显著影响企业进行并购的可能性/数量(Malmendier and Tate,2003;傅强、方文俊,2008)。这可能是因为管理者的过度自信使其制定的战略激进度更高、更倾向于大规模的收购、产品投放,以及激进的全球扩张(Chatterjee and Hambrick,2007)。Malmendier 和 Tate(2008)研究发现,相比其他管理者,过度自信的管理者决定并购的概率会高出65%。但发动连续并购的管理者往往因其具备更强的能力和技术,有助于实现并购企业价值最大化,且管理层进行连续并购并非源于"帝国构建"等动机(Croci and Petmezas,2017)。史永东和朱广印(2010)对我国上市公司管理者过度自信与企业并购行为之间的关系进行了检验,他们发现,相比非过度自信企业管理者,过度自信企业管理者所在企业发生的并购高出20%左右。基于管理层心理视角,Smit 和 Moraitis(2010)分析了企业连续并购过程中所面临的挑战以及管理层过度自信行为,研究发现,当管理者针对并购的成功经验进行总结时,会忽略并购标的公司对象选择及定价的负面意见,即便是客观中肯的意见,也难以阻止管理层进行频繁并购甚至高溢价并购。而当企业不存在CEO过度自信问题时,CEO股权激励有利于调节管理层的并购风险承担能力,进而影响企业并购决策;反之,股权激励难以弱化过度自信带来的负面并购行为(姚晓林,2016)。张权等(2019)的研究也证实了管理者过度自信对并购决策有显著的促进作用。

2)并购外部环境动因

对并购理论的有效解释不得脱离制度环境对企业产生的影响

（Andrade et al.，2001），诸如外部宏观经济、资本市场环境以及技术进步等因素与企业并购行为的关系紧密相连。

现有的从宏观经济角度探究其对并购影响的研究表明，企业并购行为深受国内生产总值的影响。Heidhues 和 Melissas（2006）通过建立并购三因素（设定的目标、收购价格和购买方预期实现协同收益能力）模型发现，在经济繁荣时期，企业会频繁地进行并购行为。在我国制度背景下，由于我国资本市场起步较晚且仍待完善，并购发展较为迟缓。我国学者基于外部环境探究并购影响因素的研究相对较少。从宏观经济因素角度，唐绍祥（2007）从我国总体并购活动入手，实证研究发现，形成我国并购活动热潮的主要诱因是利率和经济周期，而诸如汇率、货币供应量以及股价指数等因素对总体并购活动的影响较为微弱。万良勇等（2016）基于企业并购事件研究发现，企业并购决策存在行业同群效应，即公司所在行业的其他企业所进行的并购决策会对本公司的并购决策产生影响，在产权性质相同的公司之间尤甚。此外，亦有学者基于其他宏观经济视角探究企业并购的原因。贾镜渝和李文（2016）的研究发现，不同类型的距离是并购能否成功的影响因素之一，正式制度距离对并购成功率有负向影响，即正式制度距离越大，企业并购成功率越低；知识距离则对并购成功率有正向影响，即知识距离越大，并购成功率越高。刘莉亚等（2016）认为，无论是国内并购还是跨境并购，生产率的提高都具有重要的促进作用。陈泽艺等（2017）研究发现，负面报道能显著提高企业主动终止重组计划及并购委员会审核不通过重组方案的概率，从而更有可能导致重组失败。另外，在重组过程中，负面报道也具有一定的时效性，即负面报道出现的时间段不同，对企业重组进展的影响也不尽相同。如果市场上出现关于资产方面的负面消息，会增加企业放弃并购行为的可能性；而定向方面负面消息的出现，则会提高并购计划审核不通过的概率。从宏观经济环境角度来看，基于中国背景，经济政策不确定性越高，企业并购绩效受其影响越小（黄灿等，2020）。对于衰退期的企业来说，为了扭转企业发展困境，会将并购目标转向受产业政策扶持的企业（邱金龙，2020）。不同层级的开发区设立同样是影响并购行为的重要因素，企业长期并购绩效会因国家级开发区的设立显著提高，但省级开发区的设立会带来负面并购绩效效应（蔡庆丰、陈熠辉，2020）。

有关资本市场与并购的研究认为，并购活动的大规模发生并非由外部经营环境变化所致，而是因为企业对目标方的价值评估存在偏误。有学者针对资本市场环境探究企业并购行为是否会受到上市公司股价的显著影响，相关研究通常假设金融市场效率为0展开研究，但基于此假设的研究会出现企业股价被错误估计的问题。此外，在管理层充分了解上述假设的情况下，在被并购方的高管承认自身股价被高估时，这种无效率的股市会促使理性管理层利用并购行为进行机会主义行为，特别是当资本市场为牛市时，企业价值往往存在被高估的情况，有远见的管理层便会利用股价被高估的股票去收购股票价值被低估的企业，以实现并购价值最大化。因而，并购往往频繁发生在上市公司集体被高估价值的时期。基于此，有学者提出证券价格、托宾Q值以及股票市场价值会显著驱动并购活动数量增加及规模扩大（Shleifer and Vishny，2003）。Rhodes-Kropf和Viswanthan（2004）进一步探究了股票价值与并购发生之间的联系，发现在资本市场中，管理层仅能知晓企业自身被错误定价了，但究竟是市场对整个行业还是企业本身错误定价则一无所知。被高估的企业天然存在一定的优势，其所带来的并购协同效应会使理性的被并购企业欣然接受被高估企业的并购投标。与现有研究不同，他们认为，被并购方是由于信息不对称问题的存在，其接受并购投标的根本原因是利用价值被高估的企业实现并购协同效应，而不是价值被低估的并购方的短视行为所致。Kumar 等（2015）基于 1990—2006 年的收购样本发现，公司做出并购决策所参考的重要事件之一是在前一次并购过程中股票市场所做出的反应如何。有别于股票价值等因素对并购的影响，市场波动性会显著抑制并购行为的发生，在市场波动大、交易目标大、持续时间长的情况下尤甚。在我国制度背景下，并购行为与资本市场的关系可能更为复杂，这主要由于中国上市公司股权集中度较高，且大多数由国企改制而来，所以会面临更复杂的代理问题，如内部人控制问题、第一类代理冲突更为严重、国家所有权委托代理问题共存。胡开春（2007）提出了我国制度背景下股票市场驱动的并购动机理论模型，并区分了流通股和非流通股，探究了股权分置带来的不同影响。此外，他还发现，在并购过程中，法律法规以及具体操作细则（价格发现机制、股份对价方式和公开披露信息）越完善的市场，越有利于企业做出有效、理性、协同的并购决策。相较于股票市场对并购行为的显著促进作用，行业冲击所发挥的作用并不存在显著性（宋文云、谢纪纲，2012）。Greve 和 Zhang（2017）从国家社会主义逻辑和新市场资本主义逻辑角度，分析了其对中国企业的并购行为影响，研究发现，制度逻辑发挥的逻辑联盟作用主要通过平衡所有权的外部权力来源和董事会代表的内部权力来源的权力，以其承诺作用于企业并购行为。此外，上述逻辑联盟的作用随着中国经济转型过程中新市场资本主义逻辑的确立而不断发生变化，这也使得投资者对企业并购交易是真正实现并购价值最大化还是为管理层谋求个人私利持怀疑态度。Xie 和 Li（2019）研究了跨国并购行为如何受外部知识获取的影响，他们基于组织学习理论认为，并购方拥有目标企业（东道国）所在国家或地区的外国经验的企业，与一般外国经验相比，其跨国并购的可持续性得到有效改善，且工作经验比教育经验发挥的作用更为显著。

2.1.2 并购绩效影响因素

有关并购绩效影响因素的相关研究主要包括内部和外部两个方面，具体如下：

1）并购绩效内部动因

并购绩效内部动因主要从委托代理理论、交易费用理论、市场势力理论、协同效应理论等展开。

一是委托代理理论。一方面，企业的并购行为和绩效与大股东或地方政府的支持或掏空动机息息相关（李增泉等，2005；黄兴孪、沈维涛，2006）；另一方面，管理层代理动机亦能对并购行为及绩效产生作用（宋建波、沈皓，2007）。因此，降低两类代理成本能够减少内部人私利行为对企业并购绩效的损害（Cheung et al.，2004）。国内学者从抑制高管权力（赵息、张西栓，2013）、增强股权制衡度（杨柔坚，2016）、改善内部控制质量（孙自愿、李影，2016）、非国有股东委派董事参与治理（马勇等，2020）等多个视角，提出优化公司治理效率能够提高企业的并购绩效。与之不同的是，周红根（2020）研究发现，股权制衡度能够通过高管激励形成与企业并购绩效之间的倒U形关系。在国外的研究中，Harp 和 Bames（2017）认为，并购前发布的内控系统缺陷与并购绩效有负相关关系。Goranova 等（2017）认为，企业的并购亏损和收益与董事会及股东的监督有负相关关系。Borochin 和 Cu（2017）认为，媒体报道作为一种外部治理机制，能够通过信息传递对并购绩效发挥作用，发展中国家的媒体报道更偏向政府交易目标，并且媒体报道的影响范围会触及非国有企业并购交易的绩效。Hauser（2018）通过研究董事会任命对企业绩效的影响发现，实施并购后，董事的时间和努力的边际价值越高、董事的地理位置距离公司总部越远，公司的业绩增长越快。

二是交易费用理论，信息不对称会引发并购整合成本。首先，并购前不充分了解目标企业会增加交易成本，表现为合并冲突难以协调、员工士气受挫、核心人员离职率高等，进而导致企业绩效降低（Faccio and Masulis，2005）；其次，并购过程中未对目标企业进行深入研究也会增加整合成本，表现为并购方案不恰当、核心人员不遵循并购协议等，从而降低并购价值（DePamphilis，2005）。因此，并购双方的信息不对称程度越低，并购过程中的各项成本就越低，并购绩效就越好（吴昊洋，2017）。

三是市场势力理论。Mueller（1985）认为，无论是在横向并购还是在纵向并购中，并购企业市场份额的增长远大于行业内未发生并购的企业。Andrade 等（2001）进一步指出，并购在行业层面具有扩张和集中的经济作用，这不仅是并购企业为抓住投资机会来积累自身资本的扩张战略，也是促使行业集中的方式。针对并购的短期绩效研究显示，多数学者对并购的短期正绩效达成了一致意见，他们认为，大多数并购方通过提高企业竞争力、增加企业市场份额，在短期内表现为正向收益（李善民、陈玉罡，2002；Fuller et al.，2002）。但也有部分学者提出，并购短期绩效为负（Andrade et al.，2001；Ahn et al.，2006）。针对并购的长期绩效研究显示，不同学者仍持有不同意见。市场驱动并购行为假设认为，并购的长期绩效并未发生显著变化（李善民、朱滔，2006），而支付方式能够导致其发生变化。具体来说，在并购过程中，现金支付的长期绩效为正，而股权支付更可能为负（Shleifer and Vishny，1989）。此外，亦有学者提出，企业的并购长期市场绩效为负（Mitchell and Stafford，2000）。

四是协同效应理论。Jarrell 等（1988）以及 Andrade 等（2001）指出，如果并购价值仅在利益相关者之间转移，那么并购效率并不高。只有除并购双方外的企业或整体证券市场有向好发展的趋势，才能认为此次并购可以获取正向异常收益（Rosen，2006）。诸多学者对此进行了验证。余力和刘英（2004）发现，并购后，双方的累计超额收益均为正。田高良等（2013）将并购前一定交易日内双方各自的市场价值进行加权，计算出平均收益率，进一步验证了并购后整体绩效的改善。Lee 等（2018）基于人力资本关联视角，发现当并购双方拥有相关的人力资本时，合并的可能性更大、绩效更高。然而，梁岚雨（2002）研究发现，在合并过程中，双方股价未出现应有的倍增，究其根源在于我国资本市场的弱有效性。

2）并购绩效外部动因

并购绩效外部动因主要是指外部制度环境对并购绩效的影响，主要包括经济政策、文化因素、行业特征、要素市场、政治基因及权力距离等。

一是经济政策。不同的经济政策会导致企业并购绩效的异质性。有学者研究了何种政策能够提高企业的并购绩效，例如放松卖空管制（陈胜蓝、马慧，2017）。亦有学者探寻了哪些制度、法规降低了企业的并购绩效，例如宽松的货币政策（徐雨婧、胡珺，2019）、劳动合同法（朱冰，2020）、绿色信贷政策（王建新等，2021）。此外，非正式制度也能够影响企业的并购价值，王艳和李善民（2017）研究发现，社会信任与企业并购绩效呈正相关关系。

二是文化因素。Rao 等（2016）从文化相似性角度出发，研究发现，民族文化和技术知识的相似性能够影响并购对象的选择和并购后的创新。黄速建和令狐谙（2003）、余鹏翼和王满四（2014）先后从文化差异角度出发，研究发现，文化差异能够增加并购整合成本，使得企业并购价值受损。王艳和阚铄（2014）从文化实力角度出发，认为被收购公司的文化强度与并购的长期绩效负相关。孙淑伟等（2018）从文化距离角度出发，提出并购与被并购企业的国别文化距离越远，海外并购绩效越差；而具有海外工作背景的高管、有海外并购以及同行并购经验的企业有利于调和上述负面影响。在此基础上，有学者从方言差异的角度探究并购绩效并得出了相反的结论，即方言差异既可能促进并购的市场反应和长期绩效（蔡宁，2019），也可能降低并购绩效（李路等，2018）。

三是行业特征。闵剑和刘忆（2019）通过探究行业全球价值链地位与嵌入度对企业融资约束及跨国并购绩效的影响发现，中国制造业的全球价值链地位负向影响了跨国并购绩效、全球价值链嵌入度正向提高了跨国并购绩效。刘刚等（2020）认为，产业距离是影响并购绩效的重要因素，随着并购双方产业距离的增大，并购绩效呈现先提高后降低的趋势。

此外，姚益龙等（2014）研究了要素市场发展差异对不同产权性质企业的异地并购绩效的影响，他们认为，并购双方市场发展差异越大，央企并购要素市场落后地区的企业越能获取政治寻租利益，进而提高并购绩效。但是对于地方国企来说，并购要素市场落后地区的企业后，政治寻租成本增大，并购绩效降低；并购要素市场成熟地区的企业后，"掠夺之手"作用被削弱，并购绩效提高。王砚羽等（2014）研究了政治基因如何作用于并购控制倾向，他们发现，企业的政治基因通过增加并购过程中的非理性控制倾向对企业并购绩效产生负面影响。Huang 等（2017）研究了并购双方的权力距离价值差异与收购企业长期绩效的关系，提出收购方的权力距离价值高于目标方的程度越大，收购方的长期价值越低，且并购双方的地位、业务相关性分别正向和负向调节了两者的负相关关系。

2.1.3 并购与并购绩效

并购所带来的各种经济后果最终都会转化为企业的绩效，因此很多学者进一步探讨了并购与并购绩效的关系，但尚未形成一致的结论。一部分学者认为，并购是企业优化资源配置、创造价值、提升核心竞争力的一种手段。黎文飞等（2016）从信息共享、知识共用的视角对产业集群内公司的并购展开了研究，他们发现，并购发生的次数越多越能显著提升企业的并购绩效。葛结根（2015）发现，企业并购规模与其并购绩效在统计意义上显著正相关。祝文峰和左晓慧（2011）证明了并购为主并公司和标的公司双方股东带来了明显的财富增长。

然而，另一些学者认为，并购只是企业资源再分配、价值再转移的一种工具（张新，2003），且逐渐呈现出"做得多但是做得不好"的趋势。由管理者过度自信驱动的并购会导致企业价值减损并最终危害股东的利益（Rolly，1986；Bradley et al.，1988）。需要指出的是，当管理者在公司的并购决策中处于主导地位和有绝对话语权时，并购以牺牲股东财富、危害企业绩效为途径沦为管理者在经理人市场中提升自身知名度、有用性以及薪酬水平的一种工具（Bliss and Rosen，1999）。当公司的成长机会较少或者显示出自由现金流水平较高时，企业的并购绩效将更差（Steven et al.，2003）。基于中国的市场、制度和国情，我国学者按照主并公司的产权属性和标的公司的行业属性分析并购后的绩效，认为当标的公司与主并公司属于同一个行业时，主并公司的并购绩效并没有得到显著提升，反而是当标的公司与主并公司不属于同一个行业时，主并公司的市场绩效呈现下降趋势（洪道麟等，2006）。当主并公司为国有企业时，并购只是为了完成政治任务，呈现出低效率的"拉郎配"状态，并未获得经济规模优势，也未提升企业价值（方军雄，2008）。由此看来，并购活动是复杂的、多变的，是基于企业当时条件而制定的战略。关于企业并购的任何结论都有其适用的特定条件，这就使学者们对并购后的企业绩效问题尚未达成一致意见。陈仕华等（2013）在研究中发现，当主并公司和标的公司均为国内上市公司时，主并公司的长期绩效是负的。

学术界对于并购后企业价值的衡量指标主要分为两种：一种是通过事件研究法来衡量企业的短期和长期财富变化情况；另一种是通过会计研究法，基于企业年报数据求出会计绩效。

1）事件研究法

一部分学者认为，并购方在并购后收益得到显著提升。Dennis 和 Jarrel（1986）以及 Brickley 和 Netter（1988）发现，主并企业的股票收益去除市场涨跌行情后，显著上涨了 2%。Wang（2018）在他的研究中发现，并购方从一次典型的合并中获得了 4% 的收益，但纵观整个并购市场，并购方平均获得了 13% 的收益。

还有一部分学者的研究发现，并购没有给主并企业的股东带来收益，而是显著提升了标的公司股东的财富。Jensen 和 Ruback（1983）指出，并购没有给主并公司的股东带来收益增加，仅仅给标的企业的股东带来了收益。Frank 和 Torous（1989）以 1 800 个并购事件作为研究样本，他们发现，主并公司的股东收益增长值不显著，而标的企业在窗口期间股东收益增加了 25% ~ 30%。余光和杨荣（2000）运用事件研究法发现，主并企业的股东无法在并购事件中获取收益，而标的公司的股东可以获得高额的异常累计收入。

然而，Bradley 等（1988）在其研究中指出，并购收益与并购方式有关。如果并购方式是竞标，那么收购方股东的收益会显著下降而标的企业的股东收益将显著增加；如果并购方式是要约，那么主并公司和标的企业的整体价值都会显著提升了 7.4%。

2）会计研究法

会计研究法认为，并购后企业价值的变化将体现在企业的经营绩效上，这是从财务会计角度，利用财务数据来考量并购绩效的变化情况。

　　一部分学者认为，并购后企业绩效显著增加了。Healy等（1990）以及Parrino和Harris（1999）运用会计研究法发现，并购后公司的经营效率以及资产回报率得到了显著提高。陈信元和原红旗（1998）研究发现，并购后股东的每股收益呈现上升趋势，同时公司的净资产收益率也呈现上升趋势。李青原（2011）研究发现，资产专用性与并购绩效呈现出显著的正向相关关系，且在产权保护度较高的地方，这种相关关系变得更弱。Sheen（2014）研究发现，并购后企业主要通过营运成本的下降和经营效率的改善使得企业营业绩效显著得到提升。

　　然而，也有一部分学者认为，企业在并购后经营绩效逐渐下降（Gibson and Tsakalotos，1997）。王砚羽等（2014）从遗传理论视角对并购后的绩效展开研究，发现企业的政治关系与并购的主导权是正向相关的，但这种关系会降低并购后的绩效。李善民和朱滔（2006）发现，进行多元化并购后，股东的资产下降范围在6.5%至9.6%之间。符蕾和介琼楠（2022）以2010—2017年上市公司为研究样本，发现分析师跟踪通过影响股票错误定价进而降低了主并公司的并购绩效。

2.2　社会网络对企业经济行为的影响

　　社会学理论认为，企业的各种决策不仅受到管理者、企业等个体属性的影响，还会受制于其所镶嵌的关系网络。近年来，越来越多的学者将社会学中的分析方法运用到资本市场的研究中，更多关注公司治理的学者也逐渐关注社会网络对公司的影响（Engelberg et al.，2013；许浩然、荆新；2016；江涛等，2019）。Lin（2002）提出了社会资源理论，并指出社会关系会影响资源的配置过程。组织个体凭借社会网络中与他人的联系能够获取声誉、资源、知识、权力以及财富等。特别是在中国"关系型"社会情景下，社会网络作为重要的非正式制度，与正式制度是相互替代的关系。因此，要解读中国企业的财务报告动因以及所面临的外部环境，就必须将社会关系作为一个重要的影响因素。

关于微观经济和金融的相关研究发现，社会网络能够显著加快资本市场主体获取信息及资源的进程。张敏等（2015）发现，社会网络越丰富，公司的风险承担水平越高，其作用机制主要是通过提升企业的研发投入，拓宽了债务融资的渠道，扩大了债务融资的规模。许浩然和荆新（2016）在他们的研究中指出，社会网络关系与公司债务违约发生的概率呈现负向相关的关系。任宏达和王琨（2018）认为，如果一个公司的资源是依赖社会关系的，那么这个公司年报信息披露的质量是相对较低的。

2.2.1 机构投资者网络对企业经济行为的影响

有别于从持股结构、类型等企业异质特征角度揭示机构治理行为，Edmans和Holderness（2016）认为，机构投资者的行为并不是独立的，它们可能通过合作的方式来影响共同持股公司的决策行为。然而，关于机构投资者对企业经济行为的作用，学者们尚未达成一致意见。

一些学者认为，机构投资者在我国资本市场中可以发挥积极作用，它们之间的联结关系有助于各种力量的聚集，能够加速信息、知识以及各类资源流动，促进焦点公司可持续发展。刘井建等（2018）利用社会网络分析方法发现，在控制公司财务、治理结构和机构持股特征后，机构网络中心度越高，高管货币薪酬水平越高，实施高管股权激励计划的可能性越大，但薪酬业绩敏感程度总体上呈现降低的趋势。乔琳等（2019）研究了QFII关系网络的信息传递效应和治理效应对公司价值的影响，他们发现，QFII网络关系能显著提升公司价值，且在QFII长期持股的公司以及在投资者保护水平较高的地区，这种关系更为显著。进一步研究表明，适度增加QFII的引入数量有助于改善信息环境和公司治理，进而有利于提高公司价值。郭白滢和李瑾（2019）的研究表明，机构投资者的信息共享降低了股价崩盘的风险。随着机构投资期限的延长，信息共享降低股价崩盘风险的作用将得到增强；机构投资者之间的信息共享提高了股价的短期特质波动，降低了股价的长期特质波动。吴晓辉等（2020）指出，机构投资者网络有助于信息更好、更快地融到股价中，特别是在股市上涨情绪较高时，对正面信息的融入效果较好；若股市处于下跌阶段，对负面消息融入效果较好。杨兴全等（2021）在其研究中指出，机构投资者网络能缓解企业所面临的融资困境、提高信息透明度，进而促进企业的创新。

特别是关于机构投资者抱团，有学者认为，机构投资者抱团能够凝聚分散的个体，增加集体对公司的作用力。Crane等（2019）发现，机构网络团体成员之间存在合作关系，能够提高机构团体"发声"的治理效力，有效地发挥公司治理的作用。刘新争和高闯（2021）认为，机构投资者抱团的团体力量激发了股东积极主义的力量，增加了机构投资者股权的凝聚力、话语权和谈判力，它们能够通过"用手投票"的方式更有效地使用管制权力。此外，这种抱团方式增加了"用脚投票"的威慑力。因此，机构投资者抱团能够有效抑制控股股东的"掏空行为"。他们还认为，机构投资者抱团具有较强的"共同进退"特性，用"恩威并施""手脚并用"的投票方式提高了企业信息自愿披露的意愿，提高了公司的信息透明度。特别是当公司的审计质量较低时，或是在法治环境较差的地区，提升公司透明度的作用更加显著。

然而，也有一些学者认为，机构投资者网络对企业发挥了消极作用，增强了机构投资者和管理层与大股东"合谋"牟取私利的能力。何瑛和马珂（2020）研究发现，处于机构投资者网络中心的个体具有较强的信息挖掘、分析及判断能力，较处于其他位置的投资者具有信息"领先优势"，它们为了在利益竞赛中获得最大化利益，可能向其他投资者传递虚假消息，制造噪声，强化信息垄断，阻碍公司将真实消息传递给市场和投资者，从而增加了股价的同步性。吴晓辉等（2010）发现，机构投资者团体持股比例越高，企业越容易发生崩盘。刘新民等（2021）发现，机构投资者抱团阻碍了"退出威胁"的治理效应，内部成员之间由于经济利益高度一致，个体担心自己的特质信息会遭受其他团体成员的集体排斥，因此挖掘异质性信息的积极性不高。这也使得信息重复率较高，并加剧了高管超额薪酬倾向。郭晓冬等（2020）发现，机构投资者网络凭借与其他个体建立的关系，将分散的个体力量凝聚在一起，将相互独立的个体信息力量、资源力量以及影响力凝聚为一股更大的力量，以获得与公司内部人合谋的筹码，进而降低了企业对外投资效率。

也有学者认为，机构投资者网络信息共享对公司特质风险的影响具有双向效应，既有增强公司特质风险效应，也有抑制公司特质风险效应。投资者网络是否能作用于企业的长远发展，取决于机构投资者的持股比例以及当时所处的外部宏观环境和企业内部环境（王典、薛宏刚，2018）。

2.2.2 基金网络对企业经济行为的影响

本书所指的基金网络包括基金经理社会网络以及基金持股网络两种形式的网络。

1）关于基金经理社会网络的研究

关于基金经理社会网络的研究，学者们分别从基金经理与公司内部管理者之间形成的社会网络以及基金经理之间形成的社会网络两个方面展开。一部分学者认为，基金经理与公司内部管理者之间形成的社会网络关系对公司行为和股价表现有一定的关系。Cohen 等（2008）的研究指出，当基金经理与公司内部的董事是校友关系时，基金经理对该公司的股票会持股更多，且有助于该公司提升其投资绩效。Butler 和 Gurun（2012）发现，当基金经理与公司内部的 CEO 有共同教育经历时，基金经理在公司提出限制高管薪酬的决议时更倾向于投反对票，与管理层持有相同的观点。杨玉龙和张倩男（2020）在其研究中指出，当基金经理与公司内部高管是校友关系时，会加剧外部投资者与企业之间的信息不对称，使股价波动变化更大。其主要作用路径是这种亲密的关系会在挤出其他无亲密关系投资者的同时，缩短持仓时间，进而导致较高的换手率和股价剧烈波动。还有一部分学者对基金经理之间形成的社会网络进行了探讨。杨勇（2012）研究了基金经理之间是校友关系及同事关系建立的网络联结，发现基金经理越处于网络的中心位置，投资绩效越能显著提高。Pool 等（2015）研究发现，基金经理如果是邻居，那么他们之间的私有信息更可能通过日常交流的方式进行交换，因此他们的投资策略也具有一定的相似性。申宇等（2015）研究了基金经理之间是校友关系建立的社会网络，发现基金经理的网络中心度越高，越有能力获取更多私有信息，业绩提高越显著。

2）关于基金持股网络的研究

一部分学者认为，基金持股所形成的网络可能带来波动风险。陈新春等（2017）的研究表明，由基金持股而形成的基金网络可以发挥信息共享作用，然而这种作用加剧了股票的特质风险，特别是对快速下跌的股票市场影响更加显著。当股市的流动性变小时，其所造成的特质风险更大。王虎等（2021）指出，基金网络中心性越高，系统性风险越高。在业绩较好的基金中，或者当基金规模较大时，这一正向作用更加显著。其作用机制主要是增加了投资的相似性。此外，基金网络所带来的系统性风险在不同投资风格的基金中无差异性影响。

有些学者认为，基金网络对投资行为有影响。肖欣荣等（2012）研究发现，基金网络通过影响基金经理的行为作用于企业的投资决策。李维安等（2017）发现，基金网络通过信息优势提高了企业的投资效率，主要是显著抑制企业过度投资，且提高了企业的长期绩效。陈胜蓝和李璟（2021）的研究也表明，基金网络通过提高管理技能、资产配置绩效以及选股技能，显著提升了投资绩效。然而，罗荣华和田正磊（2020）进一步对不同风格的基金展开了研究，他们发现，只有投资风格不同的基金经理形成的社会网络才能显著提升企业的绩效，而投资风格相同的基金经理由于存在激烈的竞争，所以他们直接共享私有信息的可能性较小，因此所形成的社会网络对于企业的业绩没有影响。但是，还有学者对于基金网络持有不同的观点，綦好东等（2019）认为，基金网络中心度越高，企业的非效率投资行为越严重，且在短期持股的样本中，这种关系更加显著。

此外，梁雯等（2020）发现，基金网络通过降低信息披露成本以及提升监督职能提高了企业自愿性信息披露的倾向，并且这种作用对于行业内其他非基金持股的公司产生了溢出效应，从整体上优化了资本市场的信息环境。

3）其他方面的基金网络研究

除了分别对基金经理社会网络和基金持股网络展开研究外，罗毅和林树（2022）将基金持股所形成的社会网络与基金经理的社会网络两种形式置于同一个研究框架下，他们发现，在基金经理社会网络中，基金持股形成的关联性越强，越有助于基金经理发现具有长期成长价值的股票。

2.2.3 董事网络对企业经济行为的影响

关于董事网络的作用，学者们分别从学习效应，信息、知识、资源载体效应以及治理效应出发，研究其对企业经济行为的影响。

一部分学者认为，董事网络具有学习效应，网络中的组织个体会学习或者模仿其他个体的决策行为。有学者（Stuart and Yim，2010；万良勇等，2016）认为，董事网络中的个体会模仿其他个体的并购决策行为。陈运森和郑登津（2017）研究发现，若两个公司同处于一个董事网络中且具有联结关系，那么这两个公司的投资决策行为会随着董事网络中心度的提高而更加趋同。另外，当这两个公司处于同一个行业时，这种趋同效应是更加明显的。Fracassi（2017）发现，两个公司之间的董事网络联结越紧密，它们之间的现金持有水平、研发支出决策越相似。王营（2021）发现，当企业有限理性叠加外部环境复杂变化时，镶嵌在董事网络中的企业为实现最优避税，具有很强的动机去学习其他企业的避税行为。因此，董事网络中存在避税的同群效应，且同一行业、同一地域的避税同群效应是更加显著的。王营和曹廷求（2020）认为，焦点公司不仅会模仿董事网络中其他个体的金融化决策行为，还会学习背后的经济规律，加工和分析消息并最终将其转化为生产力。

有些学者认为，董事网络有信息、知识以及资源优势。有研究发现，公司的董事网络联结点越丰富，越有可能利用网络中的资源和信息来提高公司的绩效和价值。李敏娜和王铁男（2014）认为，公司能够从董事网络中获取治理机制所需要的知识和信息，从而有助于优化高管薪酬激励方案。万良勇和郑小玲（2014）认为，公司董事网络中的信息优势有助于企业快速开展并购活动。王营和曹廷求（2017）以及尹筑嘉等（2018）研究发现，董事网络作为信息和资源的载体，能够发挥信息传递效应和资源效应，以缓解企业的融资约束，且这种缓解作用在民营企业中的效果更好。周军等（2018）指出，公司董事网络中心度越高，越能快速、准确地获取信息，越能提高其与管理者谈判的能力，越有能力降低股价崩盘的风险。左晓宇和孙谦（2018）研究发现，董事网络作为稀缺资源和信息的载体，能够提高企业的核心竞争力，降低企业信息不对称程度，进而优化企业的投资效率。王营和张光利（2018）发现，董事网络具有"引资"和"引智"作用，即董事网络一方面能够为企业带来更丰厚的资金，提高研发投入；另一方面能够作为知识的承载体，为公司引入专利技术，提高专利质量。梁上坤等（2022）认为，董事网络所承载的信息资源比较稳定，很少会受到外界的影响而变动，因此那些拥有较丰富董事网络的公司会较少拓展信息网的对外捐赠行为，且这一行为在财务风险较高时更加显著。还有一部分学者认为，董事网络能够提高企业的创新投入，促进技术水平的提高以及技术应用的效率，进而使企业更好、更快、高质量发展（马连福等，2016）。

有些学者研究了董事网络与公司治理的关系。郝云宏和马帅（2018）研究发现，董事网络能够发挥治理作用，降低管理者过度自信下的非效率投资行为，在非国有企业或者董事会开会次数较多时，这种治理作用更加显著。左雪莲等（2018）发现，董事网络影响董事的监督动机和监督能力，进而影响公司的治理效率，且作用于企业的"大股东掏空"行为，其表现为显著的 U 形关系。然而，Barnea 和Guedj（2006）却指出，董事网络能够帮助董事获取董事会席位，而在董事网络中具有优势位置的董事可能与管理层"同流合污"，对公司治理的作用没有显著提升。

2.3 股东关系网络对企业经济行为的影响

关于股东关系网络经济后果的研究主要包括企业绩效、在资本市场的表现、现金持有水平、创新水平、风险承担水平以及"大股东掏空"等方面。

一部分学者研究了股东关系网络对企业绩效的表现。Davis（1991）在研究中指出，处于股东关系网络中心的企业有更多机会和更大能力吸收信息以及学习相关的经验和知识，进而提高企业绩效。黄灿和李善民（2019）研究发现，股东关系网络通过信息传递效应提升了企业的经营效率，增加了对外扩张行为，进而提升了企业的绩效，且这种提升作用在民营企业或者市场化程度较低、经济不确定性较小的时候更加显著。万丛颖（2019）以共有股东关系为出发点，研究了其对企业绩效的影响，发现处于网络中心的个体不仅能够获取更多的资源和知识，还有更多与优秀伙伴合作的机会来弥补自身的不足，进而提高企业绩效。另外，处于网络中心的企业有信息优势，能获取高质量的异质信息以及对资源的绝对控制优势，增强了对竞争企业的抵御能力，进而优化企业绩效。这说明股东关系不仅能够为企业带来"量"的优势，还能帮助企业占有"质"的资源。

有些学者还关注股东关系网络在资本市场上的表现。董大勇等（2013）指出，一方面，股东利用网络将信息融入资本市场，加之投资者情绪和偏好等非理性因素，共同对股票产生联动作用；另一方面，股票联结股东信息后，其他股东重新对股票的信息进行解读并将解读出的信息传递到他们所持有的其他股票中去，进而产生联动作用。田昆儒和游竹君（2021）认为，非控股股东网络能够通过治理效应降低控股股东的"掏空"行为和管理层"捂盘"行为，从源头上抑制信息操纵行为，提高信息融入的准确性、全面性和及时性，提高信息传播强度，强化股票市场的定价效果，强化信息传播效果，进而降低股价崩盘的风险。

此外，陆贤伟和王建琼（2015）在他们的研究中指出，大股东的个人偏好决定了公司的现金持有水平，是否存在相同的控制权对公司之间现金持有水平的相似性具有一定的影响。黄灿和蒋青嫚（2021）以股东关系网络为视角，研究了其对企业创新的影响。他们发现，股东关系网络能够使企业摆脱所面临的融资困境，消除研发技术的不确定性以及外部环境和"高精尖"技术信息的不确定性，促进企业创新水平的提高。马连福和杜博（2019）从非控股股东建立的联结网络出发，探讨了其对控股股东"掏空"行为的影响，他们发现，非控股股东关系网络具有信息优势，能够弥补非控股股东的信息沟壑，增强其与控股股东的谈判力，进而抑制"大股东掏空"行为。这一抑制作用对非国有控股股东的"隧道行为"以及在法律环境较好的地区更加显著。田昆儒等（2021）研究发现，非控股股东网络权力有助于提升企业风险承担水平。网络权力通过嵌入效应和治理效应提升了风险承担水平，其中，信息和资源的嵌入效应以及对控股股东"掏空"和管理层代理冲突的治理效应在一定程度上弥补了企业治理水平的不足，非控股股东网络对企业风险承担的影响具体表现为提升了融资水平和投资效率以及研发投入增长的加快。

2.4　国内外文献述评

通过本章的文献回顾及梳理可以发现，国内外有关企业并购研究的成果颇为丰富，但尚未形成统一结论。现有研究主要围绕委托代理理论、交易费用理论、市场势力理论、协同效应理论以及自大理论等展开，研究了并购的微观影响因素、资本市场特征以及宏观制度因素。但是，鲜有学者从社会网络视角研究其对并购的作用。我国尚未建立完善的社会主义市场经济体制，产权保护体系和法律体系也有待规范，良好的社会关系在我国这种特殊制度背景下是对非正式制度的有效补充，在某种程度上也可能对企业并购产生一定的作用。

现有的关于社会网络对企业经济行为的影响研究大多是从机构投资者网络、基金经理的社会网络、基金持股网络以及董事网络出发，对股东关系网络经济后果的研究较少。然而，已有的关于股东关系网络经济后果的研究主要集中于企业绩效、企业创新行为、控股股东"掏空"行为、风险承担水平、企业研发支出以及股价崩盘风险，较少有学者以并购为着力点，研究股东关系网络对并购的影响。并购是企业重要的财务决策，不仅影响企业未来的发展方向，还会影响企业治理、投资等其他方面。因此，将并购作为股东关系网络的经济后果来研究，不仅增加了股东关系网络的理论文献，还使股东关系网络的实践指导意义更大。

2.5　本章小结

本章通过对并购与股东关系网络的经典文献进行回顾与评述，引申出本书所探讨的相关内容。在并购的研究方面，学者们从管理者特征、企业资本特征、资本市场特征以及宏观制度因素等展开。对于并购动因的考察可分为委托代理理论、交易费用理论、市场势力理论、协同效应理论、自大理论，本书亦是从以上理论展开研究的。关于并购与并购绩效的关系，目前尚未形成统一结论的原因是不同并购动机所导致的并购绩效是不同的。"股东关系网络"概念起步较晚，有关股东关系网络的经济后果研究主要从资源观、信息观以及知识观来展开。通过以上对相关文献的梳理，我们为后续研究提供了大量的理论支持。

第 3 章

概念界定与理论基础

3.1 概念界定

3.1.1 并购

并购是合并或者兼并（Mergers）与购买或者收购（Acquisitions）的简称（M&A），其主要含义是某企业以买入企业的有形资产、无形资产以及股权的方式来获取目标企业的资源、管控目标企业的日常营运。具体来说，《大不列颠百科全书》将兼并解释为两个或者多个彼此相互独立的企业合并为一个企业的方式，通常是一个规模上、技术上、资金上或者其他方面具有优势的企业吞并其他企业。收购是企业以产权交易的方式获得并掌握其他企业的权力以实现其经济目标的行为。发生收购行为后，企业的经营管理权以及控制权将被移交到主并公司。收购的标的性质不同，具体的收购形式也是不同的，主要分为资产收购以及股权收购。其中，资产收购是主并企业买入标的企业的全部资产或者部分资产的行为；而股权收购是主并企业通过间接或者直接的方式买入标的企业的全部股票或者部分股票的行为，并且根据所购买股票的比例承担范围内的责任和义务。尽管兼并和收购的内容以及形式有所不同，但其主要内涵都是获取标的企业的产权或者控制权。

从并购的广义方面来说，其主要包括资产剥离、公司重组、分立、收购和兼并等主要经济活动形式，主要强调的是公司控制权的转移。在控制权转移后，标的公司除了所有权归属主并企业外，其生产经营也被纳入主并方的管理范围。控制权转移的判断标准是：①主并方持有标的公司至少一半的股权；②主并方持有标的企业董事会的表决权；③主并方有罢免和任命董事会的权力；④按照公司章程和协议，主并方有决定标的公司财务和经营政策的权力。

从并购的狭义方面来看，并购包括回购分离、资产重组、股权转让等多种形式。根据并购所涉及的产业组织特征和功能，主要包括以下几种：①根据主并公司的行业属性与标的公司的行业属性是否相同，将并购分为非相关性并购以及相关性并购；②根据标的企业对待被兼备和收购的态度，将并购分为敌意并购和善意并购；③根据并购程序中是否通过证券交易所公开交易，将并购分为协议并购以及要约并购；④根据并购过程中出资的形式，将并购分为股票互换式并购、股票换取资产式并购、现金购买股票式并购以及资产式并购。

3.1.2　社会网络

"社会网络"概念由人类学家 Barnes 于 1954 年首次提出并进行概念式讨论，直到 1974 年，Granovertter 发表了"关系"的重要论述，"社会网络"才吸引了社会学家与经济学家的广泛关注，相关学者也对社会网络的特征进行了突破性研究，预示着社会网络研究进入了一个全新的阶段。人们的经济行为是嵌入在社会网络结构中的，这一网络结构的嵌入性理论由 Granovertter 在 20 世纪 80 年代中期提出。这一理论的提出突破了经济学理论对个体行为的认知，个体经济行为是嵌入在现代产业的社会关系中的，这就将社会网络结构纳入社会经济问题分析框架，对个体所在的不同社会网络的经济行为进行分析，是对极端约束制度假设框架的补充和完善，实现了微观个体与宏观经济相互融合的拓展。基于这一嵌入性网络结构观，Burt 等进行了深入探讨并奠定了社会网络研究的基础。伴随著名的结构洞理论的提出（Burt，1995），社会网络作为一种分析工具得到了拓展。当网络个体需要借助其他个体形成间接联系而不存在直接网络联结时，行动的第三者就占据了此网络的一个结构洞。拥有网络结构洞的个体越多，表示个体控制的社会网络信息越多,可以为组织或个人带来越多资源和信息优势。社会网络往往被视为一种重要的社会资本,其研究的资源化或者资本化重点论述网络中的个体如何通过他们所联结的社会网络关系获取财富、权力和声望等稀缺资源。这是对传统网络研究的进一步拓展,目前已成为重要的社会网络研究范式。

通过梳理社会网络理论的发展不难发现,社会网络内涵界定较为丰富,主要包括社会网络关系(Granovetter,1974)、社会网络结构(Burt,2001)、社会网络资本(Lin,2002)。

1)社会网络关系

社会网络是由个体与他们的亲朋好友、邻居、同事之间的行为互动构成的关系网络,网络内存在节点以及节点所联结的社会关系,这种社会关系有利于网络个体(包括个人、企业、机构)的信息共享和资源获取。社会网络可以定义为由个人或者家庭与他们的亲戚、朋友、邻居、同事等之间的互动构成的关系网络,具体可以使用亲密程度、感情力量、互动频次以及网络交换四个方面度量这种关系的强弱。网络关系的强弱不同,社会网络的作用形式也会有所差异。强关系意味着网络内存在诸多信息重复性较高的同质性个体,过多的冗余信息可能增加网络个体搜集、获取信息,以及处理和加工信息的成本,降低信息流通速度以及交流扩散范围,无法促进网络信息的共享。弱关系一般在群体活动的各种组织之间发挥信息桥的作用,异质个体之间信息的多样化可以有效扩大个体所拥有的信息资源,成为网络内部资源获取、信息传递的有效渠道。

2)社会网络结构

区别于社会网络关系所强调的个体特征,社会网络结构运用嵌入性理论中的网络结构特征来界定社会网络(Granovetter,1985)。基于"信任",网络个体可以将其行为和活动嵌入社会网络,而嵌入个体行为的社会网络也会对网络内部的行动者形成制约。基于嵌入性理论，社会网络逐渐演变成了结构洞理论（Burt，1995），并由此形成了社会网络的两种形式：一种是无洞网络，即网络内部不存在关系的间断；另一种是结构洞网络，即网络中个体只与部分行为个体联结，与另一部分个体存在关系的间断。因此，社会网络中就出现了类似洞穴的结构洞，社会网络中的结构洞越多，可以支配的网络资源以及网络信息就越丰富，并能在更大程度上获取网络优势，带给网络个体更多利益。

3）社会网络资本

区别于社会网络关系中个体之间关系的强弱程度和社会网络结构中特定的位置符号，社会网络中的社会资源或资本是将网络置于一个更加广阔的视角下的概念，其内涵边界得到了又一次拓展。社会资本层面的社会网络认为，网络本身就是一种社会资源，网络中镶嵌着各种社会资源，比如财富、权力和声望，这种社会资源不被个体直接拥有，而是需要通过各种社会关系来间接获取，社会网络是一种用来提取资源的关系网络，而不是一种联结工具。林南在社会网络结构的个体互动和理性选择行为基础之上提出了社会资本理论，并将社会资本界定为社会网络和社会资源的结合。也就是说，镶嵌于社会网络中的社会资源（Nahapiet and Ghoshal，1997）和资源配置方式就是社会资本（张其仔，2004），这是一种能够影响个人实现某种既定目标的力量基础（边燕杰，2006）。因此，社会资本蕴含于社会网络关系之中，也可以通过网络关系进行表征。

本书基于社会网络关系来定义社会网络，并强调社会网络中的弱联结关系，一般使用网络中心度来表示。社会网络就是节点（个体）与线（个体之间的关系）的有效组合，我们主要探讨各个节点之间的社会关系以及网络结构，这种社会关系主要是友谊、沟通或建议的集合。网络内异质个体之间信息的多样化可以有效扩大个体所拥有的信息资源，成为网络内部资源获取、信息传递的有效渠道。网络内个体的联动也会强化网络个体行动的一致性，进而对公司治理产生影响。

3.1.3　股东关系网络

借鉴社会网络与李善民等（2015）以及黄灿和李善民（2019）的研究，本书通过以下标准来定义上市公司的联结关系：当两个上市公司存在一个或多个共同股东时，即认为这两个上市公司是有联结关系的；当两个上市公司没有共同股东时，则认为它们之间没有联结关系。

中心度指标显示了单个企业在网络中所处的位置是否属于核心，可以衡量社会网络带来的信息优势。El-Khatib 等（2012）认为，衡量中心度的常见指标有如下四个：一是程度中心度，衡量网络个体占据网络中心位置的程度；二是中介中心度，衡量相互之间没有直接联系的个体通过某个行动主体进行联结的程度；三是接近中心度，衡量网络中某个体能以多远的距离与网络中其他个体进行联结；四是特征向量中心度，衡量与网络中心位置个体进行联结的紧密程度。

（1）程度中心度（Degree）：与股东直接联结的股东数量，代表股东在社会联结中的活跃程度及核心度。其计算公式为：

$$Degree = \frac{\sum_{j=1}^{N} X_{ij}}{N-1} \qquad (3-1)$$

其中：X_{ij} 表示与股东 i 通过网络关系建立直接联结的其他股东 j，若 i 与 j 在同一家上市公司都有股份，则 X_{ij} 为 1，否则为 0；N 表示整个网络的节点总数。该指标越大，该公司的股东与其他公司的股东进行资源和信息交换的通道越多，越能从更多股东个体中获取资源和信息，也越容易将自己所掌握的资源和私有信息通过网络传递给更多个体。

（2）中介中心度（*Between*）：在整个股东网络中，其他股东之间需要通过股东 *i* 保持互相联系的程度，衡量的是股东 *i* 作为网络中的"桥"使其他股东产生联系的能力。计算公式为：

$$Between = \frac{\sum_{j<k} g_{jk(i)}/g_{jk}}{[(g-1)(g-2)]/2} \tag{3-2}$$

其中：g_{jk} 表示股东 *j* 与股东 *k* 在某年度联结的最短路径数量；$g_{jk\,(i)}$ 表示股东 *j* 与股东 *k* 在网络最短联结中包含股东 *i* 的路径数量；$g_{jk\,(i)}/g_{jk}$ 表示机构投资者 *i* 控制机构投资者 *j* 与机构投资者 *k* 进行信息沟通的能力；$\sum g_{jk\,(i)}/g_{jk}$ 表示机构投资者 *i* 对所有通过它联结的两机构投资者的控制能力之和，并用 $[(g-1)(g-2)]/2$ 对其进行标准化处理。中介中心度指标可以用来描述网络中某机构投资者作为中间的"桥"，在任意两个没有建立直接联结关系的机构投资者之间构建的间接联结的边数情况。该指标越大，机构投资者作为中介在网络中其他任意两个个体之间进行间接联结的边数越多，越能通过网络向更多个体传递、提取资源和信息。

（3）接近中心度（*Close*）：机构 *i* 与其他机构联结距离之和的倒数，衡量的是机构投资者 *i* 能否在较短路径内接触到网络中的其他机构投资者。计算公式为：

$$Close = \frac{g-1}{\sum_{j=1}^{g} d(i_t, j_t)} \tag{3-3}$$

其中：$d(i_t, j_t)$ 表示机构投资者 *i* 和机构投资者 *j* 在网络内联结的最短路径；$\sum d(i_t, j_t)$ 表示机构投资者 *i* 和机构投资者 *j* 在网络内联结的最短路径距离之和，对其取对数并用 *g*-1 标准化便是接近中心度。接近中心度越高，表明机构投资者与网络中其他机构投资者建立联结的路径长度越短，与他们越亲近，机构投资者从网络中其他机构投资者提取和传递信息及资源的速度越快。

（4）特征向量中心度（*Eigen*）：将其他机构投资者网络中心度进行考虑而重新计算的一个个体中心度指标。计算公式为：

$$Eigen = \lambda x_{ij} e_j \tag{3-4}$$

其中：λ 为常量，表示机构投资者 i 通过网络邻接矩阵特征值计算出的最大值。其计算方法与程度中心度极为相似，特征向量中心度在计算节点个体联结边数的时候，对每一条边均用周围节点个体的程度中心度进行加权，然后再求和。该指标越大，股东可以通过网络向更多机构投资者提取、传递的资源和信息越多、越丰富。

以上四种网络中心度是分别基于不同网络个体的交流心理和网络经济性所建立的网络关系衡量指标。程度中心度强调网络中个体的活跃程度，认为每个网络节点都是一样的，注重网络个体的直接关联而非间接联系；中介中心度强调对不同机构个体网络联结的控制程度；接近中心度关注网络中潜在的接触，具体是指每个机构投资者个体到网络中其他所有个体的间接联结情况，比如超过两次联结的联结；特征向量中心度通过递归加权来表征联结数量的"质量"。单个指标的使用不能全面地反映网络结构特征（Freeman，1979；Wasserman and Faust，1994），本章拟将程度中心度、中介中心度以及接近中心度这三个指标加总求均值，然后进行综合考虑，以便刻画股东关系网络，利用特征向量中心度进行稳健性检验。以下为本书测算股东关系网络中心度的具体步骤：

第一，选取 2009—2019 年沪深 A 股上市公司为初始研究对象。首先，为每个股东赋予一个标识码；其次，构建股东与其持股的上市公司的"股东–公司"二模矩阵 A ［0，1］。若某股东持股某上市公司，则它们之间的二模矩阵赋值为 1，否则为 0。

第二，运用大型网络运算软件 Pajek 将"股东–公司"二模矩阵 A [0，1] 转换为"公司–公司"一模矩阵 B。矩阵 B 中非对角线的参数表示两个公司有共同的股东。比如，两个家公司共同拥有同一个股东，则它们之间的一模矩阵赋值为 1。

第三，利用 Pajek 软件中心度函数，计算标准化后的股东网络中心度的年度数据。

3.2 理论基础

本章通过相关文献以及概念梳理，对企业并购决策、社会网络研究成果进行了系统回顾，对相关概念之间的关系进行了明确界定。本章还将对研究中所涉及的相关理论进行全面论述，在此基础上，结合本书的研究主题进行理论机理推导，从而为后续实证研究中假设提出和实证检验奠定理论基础。

3.2.1 信息不对称理论

现代微观经济学研究的核心内容之一就是信息不对称，该理论由乔治·阿克尔洛夫（Akerlof）、迈克尔·斯彭斯（Spence）和约瑟夫·斯蒂格列茨（Stiglitz）于 20 世纪 70 年代提出，他们分别从商品交易、劳动力和金融市场三个不同的领域进行了研究。该理论的核心观点认为，市场经济的弊端之一就是买卖双方掌握的信息不一致，在交易过程中，双方试图获取更多的信息，掌握充足信息的卖方获取了更多利益，这是因为买方处于信息弱势。政府通过加强市场信号显示发挥显性作用，可以有效缓解信息不对称问题。

造成信息不对称问题的原因包括主观和客观两个方面。具体而言，由于不同经济个体的主观能动性存在差异，其获取信息的能力也是不对称的，因而产生了信息不对称问题；客观的社会环境因素同样会造成影响，经济个体因社会分工不同和专业化程度差异而获取了不同的信息，且随着经济发展水平的提高、专业化程度的增强以及社会分工的细化，这种信息差距在个体之间会变得更加严重。

信息不对称按照所发生时间的不同，分为事前信息不对称和事后信息不对称。事前信息不对称发生在交易双方签订契约之前，具有信息优势的一方隐藏对己不利的信息，而导致逆向选择问题；事后信息不对称发生在签订契约之后，信息优势方隐藏有害于对方的信息，而产生道德风险。无论是哪种行为，均对交易双方产生了不利影响，而且影响了市场运行效率。当存在信息不对称问题时，交易双方可以通过合理设计和有效运用信息不对称理论，制定合理的契约以及规范双方的行为，帮助双方实现信息和利益均衡。因此，信息不对称理论又被称为机制设计理论或契约理论，其本质是为了实现交易双方的利益均衡而对机制或契约进行合理设计。

20世纪80年代，约瑟夫·斯蒂格列茨在金融市场上首次应用信息不对称理论。与产品市场、生产要素市场等相比，金融市场所面临的情况更加复杂多变，而市场参与者对于信息的了解并不完全符合实际情况，存在一定程度的信息不对称。而信息的非对称性加剧了利益冲突，因此，在金融市场上，信息不对称理论是一个有用的背景框架。

相关对策主要通过企业信息披露以及完善公司治理机制发挥信息中介的信息传递作用来实现。市场所有成员并非对市场整体完全了解，但个体视野足够的重叠性加上中介机构的传递性会促使个体拥有其他个体的私有信息，证券市场分析师、机构投资者等作为私有信息的有效传递者，将进一步发挥信息中介以及信息治理作用，促使交易双方实现信息整合与传递，并进一步降低市场整体的信息不对称，优化信息资源配置，进而提升社会资源配置效率。

市场各参与主体更好、更快、更全面地获取信息，提高信息效率是各位学者以及企业家关心的话题。市场各参与主体，如企业、机构投资者、证券分析师以及投资者等的各种行为会影响信息披露质量，同时又受信息质量的影响。特别是企业是否发起并购受制于企业估值在资本市场上的表现，而影响企业估值最主要的因素就是企业向投资者传递信息的效率。

3.2.2 资源依赖理论

最初的组织理论研究忽视外部环境因素的影响，将组织看作一个封闭的系统，围绕内部规则、成员激励、沟通和控制过程等展开。自20世纪60年代开始，组织理论将环境的影响纳入研究中，认为组织是一个开放的系统，组织与环境之间的相互关系成为组织研究领域的主要问题。在这一背景下，基于开放系统框架产生了资源依赖理论。该理论认为，组织内生于所处的环境，组织进行的一切活动都是为了适应环境，是对环境适应和调整的结果。任何一个组织都无法完全掌控自己的生存条件，都无法实现自给自足，因而所有组织均需要与环境进行资源交换，这是资源依赖理论的基本假设。在交换过程中，组织能够从环境中获取稀缺资源，以维系组织的正常运转，从而导致组织对环境的依赖；另外，资源的稀缺程度和重要性决定了组织对外部环境的依赖程度，使权力成为一种显象。最早研究资源依赖理论的是扎尔德（Zald）和汤普森（Tompson），1977年费佛尔（Pfeffer）和萨兰奇科（Salancik）在已有研究的基础上出版了《组织的外部控制》一书，推动资源依赖理论成为组织理论和战略管理领域极具影响力的理论之一。资源依赖理论主要阐述的是，组织是依赖环境生存并根据环境的变化而改变行动战略的，特别是在外部环境不确定程度较高的时候，资源依赖理论为降低环境不确定性提供了思路。

资源依赖理论主要有以下三个观点：首先，组织依附于环境，任何组织都无法独立存续和发展，组织需要从环境中获取赖以生存的关键资源，包括财政、物质、信息等资源以及社会和政治的支持等，因此，资源交换是维系组织与环境关系的重要纽带。其次，为获取所需资源，组织需要与掌控资源的其他组织进行联系，相对于组织本身而言，其他组织即获得了控制资源的权力。组织与环境之间的相互联系关乎组织的生存和发展，同时外部环境又会制约组织的运行与发展，因此，为了降低外部环境对组织的约束，获取更多所需资源和自主权，组织需要不断调整内部的结构、组织制度以及发展战略，以获取组织保持可持续发展的永续权力。"权力"是资源依赖理论中至关重要的一个概念，一个企业要取得成功，将权力最大化是必不可少的条件，获取权力意味着组织降低对外部环境的依赖，并且增加了环境对其自身的依赖性。最后，为减少组织对外部环境的依赖，组织会进行战略和行动设计，不断减少企业单一关键资源依赖所带来的相对劣势，体现出组织应有的积极性和主动性。妥善处理好组织与环境的关系是资源依赖理论的精髓所在。

资源依赖理论的核心是研究如何减少组织对环境的依赖以及组织之间的互相依赖，组织可以通过多种方法降低互相依赖，如兼并、加强所有权控制，以及非正式的机制和半正式的组织间联系，对各参与者的利益进行协调。在这种情况下，组织行为不是由分等级的命令所决定的，而是根据默许的协议进行特定的行动，具有社会规范性。企业的发展离不开所在的环境，包括自然资源和社会资源，而且它们是相辅相成、相互依赖的。当企业受制于所占有的自然资源时，企业内部资源无法自给自足，往往会采取措施获取外部自然环境中其他组织所控制的资源，而企业经常采取的获取资源方式就是并购。然而，企业所有的社会资源也会影响自然资源的拥有。企业通过各种社会联系，比如交易、交换，去获取稀缺的自然资源或者企业发展的关键资源是企业解决自然资源匮乏的一种手段。对于有较强依赖关系的关键资源和稀缺资源，企业甚至可以牺牲自身的控制权进行交换。

3.2.3 组织学习理论

1958年，March和Simon最早提出了"组织学习"概念，他们认为，通过学习可以强化组织对外部环境的适应。随后，1965年，Cangelosi与Dill发表了《组织学习：对理论的观察》一文，首次将组织学习作为一个新的理论提出。在此基础上，1978年，Argyris与Schon出版了《组织学习：行动理论观点》一书，在书中指出，组织学习是不断发现错误并且不断地调整组织形式、内部制度以修正错误的过程；另外，书中还指出，组织学习能够有效降低组织的习惯性防御。Argyris的组织学习理论被广泛传播，因此他被誉为"组织学习之父"。在此之后，国外学者对组织学习理论展开了众多研究。

已有研究认为，组织学习理论的发展包括四个阶段：一是20世纪七八十年代。在这一阶段，学者们从组织系统视角，提出了"学习型组织"的概念并开展了初步实践，代表人物为彼得·圣吉，其1990年出版的著作《第五项修炼》提出了学习型组织的发展与变革之路。与此同时，美国学者Nancy和Dixon与英国学者Mick及Cope分别从系统的整体性出发，对组织学习理论一体化发展进行了拓展。二是20世纪90年代。随着互联网的发展，更多学者将信息技术与组织学习进行融合，在已有研究的基础上，纳入知识创新与组织记忆的内容，对其研究范畴和研究边界进行了补充和扩展。代表人物是斯拉托，他创造性地引入"学习边界"概念，认为组织学习是一种创造性学习，并建立了相关的学习模型。三是21世纪初期。在信息技术整合的基础上，又拓展到社会学领域，从社会关系的视角探索组织学习的理论意义与社会价值，对不同社会环境因素，如政治制度、文化氛围等对组织学习的影响进行研究。在这一阶段，大量日本学者涌现出来，其中，野中郁次郎认为，组织领导在组织学习中发挥了重要作用，组织领导的积极性是组织学习的动力和前提，也是决定组织变革的关键因素。四是近几年。随着经济形势以及外部各种环境的变化，企业内部组织结构越来越复杂多变，无序状态的学习型组织层出不穷。为了应对外部环境不确定性给企业所带来的各种风险，学者们尝试用战略规划方式去思考组织学习理论的发展方向，如约翰·瑞定提倡长远战略规划，推动组织学习呈现螺旋式上升，以此持续接近组织价值目标的实现。

通过彼得·圣吉、斯拉托、野中郁次郎、约翰·瑞定等相关学者的典型代表观点，可以将组织学习理论划分为四个阶段，诸位学者分别将组织学习理论与组织实践、信息技术、社会科学、战略规划等内容相结合，构成了四种不同的组织学习模型。

1）彼得·圣吉的组织学习模型

彼得·圣吉在其 1990 年出版的《第五项修炼》一书中，开创性地提出了组织学习与组织变革模型，并对这一模型进行了详细论述。彼得·圣吉提出的组织学习模型被视为学习型组织理论的内在核心，包括自我超越、心智模式、共同愿景、团体学习、系统思考五个部分，通过各个部分的逐步联结，构建了完善的学习型组织。其中，自我超越的修炼是不断加强自我愿景、集中精力、培养耐心，进而更加客观地观察现实；心智模式的修炼是发掘自我潜意识，认识世界、坚定信念、凝聚力量，进而使得理论与行动达成一致；共同愿景的修炼是发自内心描绘未来图景，强化价值取向、目的使命、创造能力，从而获得短期的里程碑式成就；团体学习的修炼是运用高于个体智力的团体智力，协调一致、各具特色、共享信息，从而以过去的知识、经验为基础，激发新的能量；系统思考的修炼是通过片段看到全部，补偿反馈、杠杆求解、纵观全局，从而用系统的整体观点考察问题。这五个部分相互配合，系统思考在其他四个部分的基础之上完成，兼顾自我与团体，遵从内心和现实，结合组织与文化，由系统思考的关键措施决定组织学习意义的实现。

2）斯拉托的组织学习模型

斯拉托认为，组织学习和发展的根本是信息技术，信息知识在组织中的运作模式和意义价值均值得特别关注。斯拉托将创造性学习和适应性学习加以区分，并以适应性学习作为研究对象，在1998年提出了斯拉托组织学习模型。他将组织学习划分为信息获得、信息扩散、信息共同解释三个过程，并通过组织记忆丰富组织结构、共享组织资源。相比于彼得·圣吉的系统学习模型，斯拉托的组织学习模型创造性地提出了边界问题，适应性学习是在组织规范与制度文化的范围内进行的，若超越斯拉托的组织学习模型，则可归属于创造性学习。

3）野中郁次郎的组织学习模型

日本学者野中郁次郎在斯拉托信息技术的组织学习模型基础上，从社会学视角并以知识为组织学习的研究点，构建以及解读了以知识为核心的模型。他根据知识的产生根源以及传播过程中的社会路径，并结合知识本身的特性，将知识分为隐性知识和显性知识。他在其组织学习模型中指出，应该以显性知识资源应用为基础，不断挖掘隐性知识，通过运用集体的智慧，将隐性知识与显性知识结合起来，共同作用于组织学习的创新与发展。此外，他在其模型中还指出，隐性知识和显性知识并不是一成不变的，它们之间是可以相互转换的，并且由于转换的顺序不同，组织学习模型的类型也是不同的，具体来说，主要包括知识创新的组合化（从显性知识到显性知识）、内在化（从显性知识到隐性知识）、社会化（从隐性知识到隐性知识）、外在化（从隐性知识到显性知识）等循环反复的系列态势，赋予组织知识创新过程新的研究视角。

4）约翰·瑞定的组织学习模型

约翰·瑞定提出组织战略规划学习理论，在原有研究的基础上纳入战略规划的内容。他认为领导力是组织持续变革和发展的关键因素，重视在组织未来发展过程中领导的决定性作用。John 和 Redding（1994）认为，组织学习是在领导的引领之下，持续准备、不断计划、即兴推行、行动学习的循环模式，通过准备到行动的过程，推动组织学习目标螺旋式上升，最终实现组织的远景规划，达成组织学习的战略愿景。

知识在产生与传递的过程中具有一定的社会路径依赖性，产生于网络主体之间的各种非正式沟通和交流会形成隐性知识、经验和资源并具有溢出效应，进而提升个体获取网络资源、信息的数量。企业通过将网络中所获取的各种信息根据企业发展所需不断地进行组合并将其内部化，可以成为指导企业发展的各种经验，进而影响企业的并购决策。

3.2.4 自我归因偏差理论

自我归因偏差理论认为，个人会将过去取得的成功归功于自身能力，而不是外在环境因素。Bem（1965）和 Odean（1998）均发现，一旦失败，人们往往将原因归咎于客观因素，而忽略自身原因，以避免沮丧。Gervais 和 Odeam（2001）通过研究投资者行为发现，由于自我归因偏差，投资者往往将成功归功于自己高超的投资能力，进而变得过度自信。无独有偶，高管们也高估了自己团队的能力，认为自己之所以成为高管是能力使然。Doukas 和 Petmezas（2007）运用自我归因偏差理论解释了管理者过度自信下企业并购次数与并购收益呈现显著负相关的现象。他认为，自我归因偏差使得当事人高估自己在成功中发挥的作用，而不愿承担在失败中应承担的责任，将失误归咎于外在环境和坏运气。由于企业并购的次数较少，人们无法从过去的行为中学习，因此失败的可能性要大于预期。自我归因偏差导致高管过度自信比学习效应更能解释随着并购次数增加导致累计超额收益减少的现象。通过比较单次收购者和多次收购者的 CAR、并购后长期绩效，可以发现，由于自我归因偏差，相较于理性的单次收购者，过度自信的多次收购者的长期绩效更差。

自我归因偏差的实质就是个体经常忽视客观因素的作用，而高估自己的经验和信息。Billett 和 Qian（2008）基于美国并购市场，对管理者的认知偏差原因进行了分析，发现公司以往的并购绩效影响了管理者的行为，这可能是由于自我归因偏差使得管理者认为并购决策的成功是源于自己的能力和知识，从而导致管理者过度自信，最终影响企业的下一次并购行为。

3.2.5 控制幻觉理论

控制幻觉的定义是由于个人判断偏差，不合理高估将来完全不可控或部分不可控情况下事件成功的概率。《黑天鹅》一书中提到，"我们的世界是被极端的、未知的、不可能的事情主宰着"，然而人们常常认为自己会是那个幸运儿，无论事件发生的概率有多低，都自认会赌博成功。

非理性认知偏差的研究对象大多为大学本科生，美国心理学家 Langer（1975）研究了实验对象的博彩行为后，发现人们通常将成功归因为自我控制感，因此他提出，当个人特征能够与技能，如竞争、抉择、地位、权威等进行联系时，个体将启动控制幻觉。与此同时，Lanker（1975）发现，人们倾向于将个人失败归咎于外部环境，而将成功原因归于自我。Weinstein（1980）也提出，人们认为自己比他人经历更多的积极事件是由于自我控制，这是一种不切实际的乐观。此外，控制认知偏差程度与事件的可控性以及个体所承担的责任程度呈正相关关系。Griffin 和 Tversky（1992）发现，如果一个人高估自己所倾向的事件发生的可能性，则表现为过度自信，他们通常更关注所青睐的假设与数据的匹配度，而忽视替代假设与数据的非相关性。Fischhoff（1977）也发现，如果一个人越觉得自己是对的，其出错率越高。这说明个体对于自己所掌握知识的准确度存在幻觉，并且控制幻觉与任务的难度正相关，而与事件的预期结果负相关。Larwood 和 Whittaker（1977）进行问卷调查与访谈后，发现实验对象均对自我能力存在控制幻觉，但与大学生群体相比，公司管理者对认知偏差会有一定的纠正。

企业管理者的非理性认知偏差使得他们认为他们可以控制企业的各种决策进程，从而不合理地高估将来完全不可控或部分不可控情况下事件成功的概率，这会导致低效率下的过度投资，而并购正是过度投资的一种表现。

3.2.6　社会网络理论

社会网络理论由社会学和生态学逐步发展而来，其理论适用性随着社会网络相关研究的发展而得到拓展和延伸，并在经济学、管理学等学科领域得到广泛运用。"社会网络"概念不仅得到学术界的认可，而且以人际关系为基点延伸至集合组织、企业知识、信息资源等方面。学术界主流的社会网络定义为：社会网络是以个体或组织间的复杂关联而形成的相对稳定的系统。在微观企业层面，社会网络为创业企业提供信息和资源的传输路径，从而扩大创业企业的合作覆盖面。关系要素和结构要素是社会网络发展的基石。关系要素是指网络成员之间联结关系的程度，通过联结关系的强弱、紧密程度及对称性等来反映网络中的行为和过程；结构要素是指网络的密度、规模以及网络成员所处的位置，通过网络成员的相互作用来反映网络的整体情况。社会网络理论中的社会资本理论、强弱联结理论、结构洞理论和镶嵌理论是基于不同研究视角应用最为广泛且具有代表性的四个理论。

1）社会资本理论

法国学者 Bourdieu 首次提出社会资本的概念。1984 年，其著作《区分》（Distinction）被译为英文，书中指出，社会资本是指个体处于社会结构的位置而带来的资本财富。社会资本以网络结构为依托，存在于社会网络关系中，主要从隐性知识、权力地位和声誉等方面与社会网络交织在一起。在美国，Coleman（1990）初次运用"社会资本"概念进行了深入研究，他认为，社会资本具有客观性、动态性和可获得性等特点。社会资本理论认为，社会网络能创造有价值的社会资源，这种资源通过直接或间接的社会关系，使网络成员在相互信任的前提下来获取，因此，信任的加强是获得社会资本的重要途径。这种有价值的社会资源会影响网络成员的决策和市场反应，个体在社会网络中的位置和影响力决定了其对社会资源的整合和控制能力。

2）强弱联结理论

网络关系是指网络成员受客观限制或主观需求与其他成员通过交流和互动形成的直接或间接的网络联结关系。网络联结是社会网络关系研究中的最基本的单元。在网络联结领域，最具代表性的学者 Granovetter 于 1985 年首次提出了"网络关系强度"概念，将网络联结分为强联结和弱联结两种。强联结是基于感情和信任形成的，合作紧密，网络成员之间信任程度高，联系频度强，他们掌握的信息和知识多具有一致性，往往是冗余的，缺乏多样性，是较为稳定的网络关系。弱联结是指不同群体和组织之间的一般性关系，联结不同的信息渠道源，发挥信息传递桥梁作用，是网络成员获取非冗余资源的重要渠道。他认为，弱联结强调信息的异质性，信息存量和资源储备在弱联结中存在差异，通过弱联结传导的信息和知识具有多样性特点，因此，弱联结是获取新资源的重要途径。

3）结构洞理论

结构洞理论由社会资本理论发展而来，以 Burt（1995）为代表的一些学者从网络嵌入性视角分析网络结构，他们认为，在网络中，处于稠密地带之间的位置最有可能为网络带来竞争优势，网络中的成员一般只与自己信任的其他成员发生直接联系，与其他自己不信任的成员则并非如此，因此造成了网络关系中的断裂现象，这类现象如同网络中出现了洞穴，故称为结构洞。处于结构洞位置的网络成员和关系中断的双方都有直接的联系，这就使双方通过结构洞成员的桥梁作用建立起间接的联系。这种联结关系促使资源在间接联结中流动，为网络中其他成员带来新的信息，催化网络中的资源共享。结构洞位置具有信息和控制优势。结构洞位置是信息和资源的必经之路，可以控制信息传递和资源配置的路径，具有相对的控制优势。所以，占据结构洞位置的网络成员不仅能够获得多方位的异质性信息和资源，以提升自身的竞争优势；而且网络成员占据的结构洞位置越多，其地位优势越突出，在网络中的影响力与控制力也越显著。结构洞理论通过观察网络成员所占据的结构洞数量，来反映网络成员之间关系的强弱。

4）镶嵌理论

Polanyi 首次界定了"嵌入性"，基于此，Granovetter 又提出了网络的镶嵌理论。人类的经济活动一般镶嵌于社会的经济与非经济制度之中，并且在制度化过程中与其制度环境沟通、互动，经济发展与社会活动之间你中有我、我中有你，相互依存、不可分割。Granovetter于1985年提出，经济行为镶嵌于社会网络，随着网络间的互动和交流，相关决策也随之做出。由于网络个体时刻嵌入在网络中，网络个体的行动只能是相对自主独立，其自身行为决策受制于网络的互动与交流，并且对网络中其他个体产生影响（罗家德，2010）；网络分析的镶嵌理论说明了社会网络的个体之间相互影响的动态过程，避免了"社会孤立性"。镶嵌理论分别从网络结构、个体认识、文化背景和政治环境四个层面划分为结构嵌入、认知嵌入、文化嵌入和政治嵌入（Zukin and Dimaggio，1990）。由于网络个体在社会网络中的嵌入性，个体往往采用相似或一致的行动去影响企业财务行为和战略决策。

社会网络关系能体现网络个体之间的信任程度，以及合作原则和行动规范是否有效建立，从而强化网络成员的行动效率。稳定有效的网络关系容易提升成员或者企业之间的亲近程度，对企业获取自身发展所需要的高效资源发挥积极的正面作用，抑制企业获取低效率的外部资源和信息，进而影响企业的并购决策。

3.2.7　关系契约理论

契约是两个或两个以上当事人之间的一种协议、约定。其广义定义为所有的法律制度都是契约关系，狭义定义为所有的商品或劳务也都表现为契约关系。

契约理论的核心就是通过各交易方之间的契约关系，包括正式的制度以及非正式的关系，来限制当事人的行为，克服人性中的"黑暗"，进而完成生活中各类产品或劳务的交易行为，以谋求社会福利最大化。

在现实生活中，人是社会人与经济人的结合体，因此人的行为是有限理性的，这也导致了各种企业不能完全解决交易过程中的所有问题。特别是当外部法律制度不完善的时候，更增加了契约执行的困难。由此，契约理论出现一个分支——关系契约理论。关系契约的核心含义是企业没有定量的基本目标和原则，也不能把交易中所有的细节进行详细的规定，契约的执行主要依靠当事人的交易关系和法律之外的其他保障机制。孙元欣和于茂荐（2010）认为，关系契约的保障机制主要有三种：第一，未来合作价值。一旦终止与交易方的合作关系，会给自己造成经济损失，这种损失是关系契约得以执行的最重要保障。给自己带来的损失越大，其保障程度越高。这就要求有一个高于残值生产成本的价格，使不履约的企业失去一系列未来销售贴现之和。所以，在进行契约设计时，要让不履约一方的收益总是小于履约所得到的长期收益，从而促使交易双方自我履约。第二，关系型规则。关系型规则的设计不仅可以和正式制度一起保证关系契约的履行，而且可以强化双方的合作意愿，激励专有性投资，促使交易双方更关注合作带来的长期利益，减少机会主义行为和动机，确保交易的顺利进行。第三，声誉。在重复博弈中，一个人的行动会影响他人的选择，同时他人可以从个人行动中判断其履约能力，通过其信誉状况来决定是否与其合作。虽然契约是不完全的，声誉的存在使交易当事人主动或被动地出于维护声誉的动机而增强履约意愿，从而达到合作结果的实现。

关系契约理论很好地解释了基于社会关系网络的关系型交易的产生与运行机理。由于我国市场经济与法律制度都不完善，正式契约无法得到足够的法律保障，在交易过程中若出现纠纷，问题往往无法得到妥善解决，增加了企业的风险。企业为了降低风险，通过一系列关系和纽带相互联结，社会关系网络逐步形成，并深受企业的青睐。社会关系网络的形成保障了企业间通过关系契约来进行交易，弥补了法律制度缺位所带来的相关问题。我国的历史源远流长，人们深受传统文化、风俗习惯的影响，关系本位思想深厚坚固，通过社会关系网络建立的关系契约使交易双方的合作关系更加牢固，促进了交易双方的协同发展，提高了企业的竞争力。这种竞争力相对于并购来说，效率更加高效，因此也会对并购产生一定的影响。

3.3　本章小结

本章围绕将要研究的问题，对相应的概念和文献进行了梳理和总结。我们先是界定了本书研究的并购、社会网络的概念以及股东关系网络的概念及具体的衡量方式；然后对本书所研究问题的理论支撑进行了总结，主要包括信息不对称理论、资源依赖理论、组织学习理论、自我归因偏差理论、控制幻觉理论、社会网络理论以及关系契约理论。其中，信息不对称理论主要是由于不同经济个体的主观能动性存在差异，获取信息的能力也不对称；客观的社会环境因素也会产生影响。资源依赖理论是组织依附于环境，与掌控资源的其他组织进行联系以获取所需资源，进行战略和行动设计以掌控资源优势、减少对外部环境的依赖。组织学习理论是在领导的引领之下，通过从准备到行动的过程，最终实现组织的远景规划。自我归因偏差理论认为，个人会将成功归功于自身能力，而不是外在环境因素。控制幻觉理论认为，由于个人的判断出现偏差，人们会不合理地高估将来不可控情况下事件成功的概率。社会网络理论认为，个体的信息、资源更多地来源于其所联结的个体，而个体所在的社会网络会影响组织决策的做出。在社会网络理论中，本章主要介绍了社会资本理论、强弱联结理论、结构洞理论和镶嵌理论。关系契约理论认为，我国的市场经济与法律制度都不完善，正式契约无法得到足够的法律保障，因此，企业为了降低风险，依据彼此相互联结的关系而建立契约。

理论基础是本书理论框架的重要组成部分，通过以上分析和总结，结合本书所关注的股东关系网络对并购的作用机理，为本书后续研究赋予了丰富的理论内涵。

第 4 章

股东关系网络与并购行为

4.1 引言

　　并购是企业进行市值管理以及实现外延式资源配置战略目标的有效途径。特别是在当下，我国经济步入高质量发展时期，多数传统行业已进入存量博弈阶段。推进市场化兼并重组，有助于行业内部优质产能集中、低端产能出清，可以助力上市公司做优做强。然而，由于我国资本市场定价效率低、两权分离以及企业"超级霸主梦"等原因，我国企业并购有"炫玉而贾石"之疑，例如修复企业估值（李善民等，2020）、满足管理者虚荣心（Ferris et al.，2013）以及排除异己、获取短期利益（徐虹等，2015）等。这些并购服务于某种特定目的，从长远来看，不利于企业的发展，因此，修正资源错配、提质增效、减少无效并购是助推产业升级的关键。

　　已有文献关于提高并购质量的研究多基于行为金融学理论（Ferris et al.，2013）、市场势力理论（刘莉亚等，2018）以及公司治理理论（逯东等，2019），然而，企业间相互学习模仿的同群行为（杨海生等，2020）使得公司的并购决策不仅受管理者个体特质、企业战略规划以及组织因素等影响，还受制于其所镶嵌的社会网络结构。社会网络无契约信任建立的特点使得公司的特质信息、资源以及知识能够通过关系网络相互传递和转化，从而作用于企业并购决策。已有的关于社会网络对公司并购的影响研究主要以独立董事网络（万良勇、胡璟，2014）、董事会外部联结网络（万良勇、郑小玲，2014）、董事会内部网络（El-Khatib et al.，2012）、高管网络（彭聪等，2020）等为切入点，然而，现有的关于社会网络对企业并购决策的影响研究主要聚焦于公司内部管理者所形成的网络结构，而对股东共同组建的关系网络关注不足。此外，已有的关于社会网络与并购的研究更多关注的是网络结构对于主并公司与标的公司双方的信号传递现象，而较少关注主并公司与投资者之间的信息交流问题，也未能深入探究社会网络对并购决策的作用机制。

股东作为公司的重要利益相关者和决策者，必然会对企业决策产生重要影响。近年来，随着资本市场的不断发展和完善，拥有资金优势的投资者会参股其他企业，以谋求更大的经济利益，从而产生了股东联结现象。股东关系网络是通过共同股东而形成的网络联结，是企业最根本的经济利益关系和隐性的契约关系。股东关系网络作为非正式制度，能够有效补充我国正式制度存在的不足，有利于帮助网络中的个体实现外部资源内部化，使各种资源以较低风险、较低成本在个体中流通，丰富了个体进行经验交流的渠道（Cohen et al.，2008），提高了信息质量。

位于网络中心的个体不仅从网络中获取知识、经验的渠道更多，更有可能弥补其知识欠缺，提高公司的整体运营效率；还有更强烈的动机降低企业与外部投资者之间的信息不对称，使公司特质信息更好、更全面地融入股票中（Bajo et al.，2016），进而帮助个体做出更好的行为决策。此外，位于网络中心的个体根据动态发展的外部环境，凭借其控制优势，能够调用其所掌握的资源精准、高效地作用于企业发展战略（杨震宁等，2013；刘雯等，2020），促进企业提质增效，助推企业高质量发展。并购作为公司运营表现、发展战略以及各种决策的维度之一，亦可能受到股东关系网络的影响。

基于此，本书聚焦于股东关系网络，探讨其是否对企业并购决策有影响；如果有，股东关系网络是如何影响企业并购的；具体的影响路径、作用机制是什么？

4.2 理论分析与研究假设

效率理论认为，并购能够快速获取技术及稀缺资源、优化资源配置、形成规模经济并实现企业价值创造。然而，由于我国公司整体治理能力较差、资本市场定价效率低下以及生产要素分配不均、获取难度较大等，企业并购成为管理者及企业向外界"自我价值证明"的工具，造成了诸多无效并购及资源扭曲。如何提高并购质量已成为学术界与企业界争相探讨的问题，已有研究主要基于行为金融学理论、市场势力理论以及公司治理理论等展开。其中，嵌入性理论指出，企业的经济行为会受其所嵌入的社会网络结构影响，加之我国还是"关系型"社会，各种关系所形成的非正式制度会对公司的并购决策有非常重要的影响。已有的关于社会网络对企业并购的影响研究主要从董事会内部联结及董事会与外部的联结网络展开，较少有文献从股东关系网络出发，探讨其对并购的影响。因此，本书基于现有研究，以股东关系网络为视角，从以下几个方面探讨其对企业并购的影响：

4.2.1 股东关系网络与管理者过度自信下的并购：知识学习效应

社会网络具有知识学习效应（陈运森，2015），通过学习网络中其他关联个体丰富的并购经验，可以缩小管理层的控制权，进而抑制管理者过度自信导致的并购。

高阶梯队理论指出，高管的个人属性会影响企业战略选择（Ham et al.，2018），特别是过度乐观型和控制幻觉型管理者过度自信会引发低效率的过度投资（Hribar and Yang，2016）。过度乐观型管理者过度自信的心理根源是高估了外部环境的有利性，控制幻觉型管理者过度自信的心理根源在于管理者对自我能力的高估。因此，并购作为企业外延式发展的重要抉择，既会因管理者乐观的投资态度高估企业并购的预期收益，也会因为控制幻觉低估并购过程中及并购整合后的风险，造成项目"风险-收益"错配，陷入"胜利者的诅咒"（Huang et al.，2016），进而侵蚀股东的财富。因此，管理者过度自信是并购的主要原因（Malmendier and Tate，2003）。

　　一方面，股东关系网络使得关联股东在其他公司直接参与并购的过程中或者通过间接的方式学习并购的相关经验，了解并购过程中的不确定性、并购完成后的整合困难以及并购项目未来的成长性和风险，并将这些经验传授给管理者，弥补公司内部管理者决策中的认知不足，修正管理者的客观校对偏差，进而减少管理者因不了解项目的真实价值而导致的"低风险估计式"并购；另一方面，公司的关联股东从其他个体汲取先进的管理模式，通过股东大会提案重塑公司内部的管理制度，缩小管理者的决策权、控制权以及自由裁量权，加强对管理者的监控和干预，这种权力约束有助于抑制管理者对自我经营能力的高估，降低管理者的控制幻觉，进而减少管理者因对于自我高度肯定而导致的"高收益乐观式"并购。除了以上股东关系网络所带来的外部制约外，关联公司为管理者进行交流学习提供了更多的平台和渠道，而加强管理者对于隐性知识的学习及自我认识有利于提高管理者的判断能力、行业分析能力以及专业技术能力，可以增强管理者对并购战略的全局性认知及辨析能力，降低并购过程中选择净现值为负的可能性。

　　综上所述，相互联结的股东可以通过股东关系网络学习并购经验，向公司管理层建言献策，通过汲取关联公司先进的管理模式并应用于焦点公司，抑制管理层权力所带来的控制幻觉，还为管理层加强自我认知提供了平台，进而减少了企业的并购行为。

4.2.2 股东关系网络与低定价效率下的并购：信息传递效应

由于我国股票定价效率较低，股价与企业真实价值严重不符，出现了股价估值低于企业真实价值和高于实际价值两种极端情况。因此，这两类公司基于不同的动机会发起并购。股票定价效率是资本市场有效运行的基础，受个体信息传递速度与信息融入完整性的交互影响，进而作用于企业真实价值的市场表现。在非强式有效的市场上，通过股东联结所形成的网络具有信息传递功能以及声誉机制，作用于股票定价效率进而影响公司的并购选择。

股东关系网络可以发挥信息传递作用，提升定价效率，进而作用于并购。我国资本市场定价效率较低（Jin and Myers，2004；黄俊、郭照蕊，2014），外部投资者与公司之间的信息不对称较为严重、对公司真实价值了解不足，使得公司处于低估值状态。而并购作为备受投资者关注的题材之一，会通过影响投资者的注意力，释放自身价值被低估的信息，进而改变投资者对主并公司原有价值的判断，弥补企业缺失的价值，实现提升股票估值的目标（Adra and Barbopoulos，2018；李善民等，2022）。因此，管理层将并购作为缓解股价下跌压力的策略性手段（潘爱玲等，2019），以提升投资者对公司发展的信心。这些公司的并购动机可能并非实质性转型，而只是维持股价的权宜之计。此外，资本市场定价效率较低同样会促使一部分公司的市场估值高于真实价值，而在短期内，公司真实业绩无法达到市场预期水平，因此，管理者会发起价值破坏性并购以迎合市场对公司增长潜力的预期，维持或者推高股价，避免被辞退（Bouwman et al.，2009）。一方面，有联结关系的股东能够使焦点公司与投资组合中的其他公司信息互相印证，甚至会使用投资组合中其他公司的信息推断焦点公司的信息，促使焦点公司在财务报告中披露更多、更真实的信息，提高公司内部与投资者之间的信息透明度（周微等，2021），从而降低了投资者获取公司异质性信息的成本，加快了投资者了解公司特质信息的速度，提高了股票定价效率，进而弱化了企业这种投机行为并购；另一方面，社会关系可以强化个人的身份认同感，处于网络中心的股东和与其相关联的股东处于同一个精英圈子，精英圈子的成员容易产生一种"关系认同"（Kilduff and Krackhard，1994）。越是处于网络中心位置的股东越在意其他精英对他的评价和认同，越有动机去改善公司与投资者之间的信息沟壑，降低信息不对称，使公司特质信息能够更全面、完整、准确地传递到资本市场，提高股票定价效率。此外，处于网络中心的股东面临较高的声誉成本，如果出现自我机会主义行为或者套利问题等，其声誉将会受损，并通过所在的网络传染给不同的关联方，使其损失各类社会资本。因此，为了避免自我声誉受损，有联结关系的股东不断加强自我约束，抑制了价格驱动下的并购动机。

综上所述，股东关系网络通过提高公司信息透明度，降低了外部投资者获取信息的成本，提高了公司特质信息传递到市场上的速度；通过关系认同和声誉机制，提高了信息融入市场的完整性和准确性，进而提高了股票定价效率，抑制了公司投机式并购动机。

4.2.3 股东关系网络与资源获取下的并购：资源替代效应

在我国正式制度尚不健全、资本分配不均以及市场竞争激烈的情况下，企业主要通过自我内涵式创新以及外延式并购两种方式获取资源，赢得核心竞争力。这两种方式存在既相互依存又相互替代的关系。股东关系网络作为非正式制度，其资源共享、资源互惠以及资源转化的特点有利于企业实现自我创新，进而降低无效并购，达到提质增效的目的。

首先，企业成长主要通过"自我"力量的内涵式发展和"它"力量的外延式并购两种途径。前者注重技术升级及研发创新，而后者强调"拿来主义"。在行业竞争激烈的产品市场中，创新是企业占领行业领先地位、获取超额利润的重要手段，但是研发需要持续不断地注入资源，这就限制了企业的创新动向（鞠晓生，2013）。因此，许多企业退而求其次地选择通过并购的方式来获取各种生产要素，扩大自身的市场势力。然而，随着并购的深入进行，整合过程中所面临的各种困难逐步凸显，进而不利于企业长期可持续发展。社会关系网络中的互惠属性及情感契约特点有利于企业拓宽融资渠道并以较低风险和成本获取企业发展所需要的生产资料，这在一定程度上缓解了企业运转和设备采购资金的压力（严苏艳，2019）。比如银企之间的董事网络以及校园网络显著降低了企业贷款成本（Engelberg et al.，2013），董事网络有利于提高企业商业信用和债务融资规模（许楠、曹春方，2016）。此外，股东网络中有联结关系的个体通过社会关系，能够有效降低单个企业的创新成本（王会娟等，2021）。当企业的创新成本较低且有充足的启动资金和持续发展的资本时，它们会采取集约型创新方式来增强核心竞争力，进而抑制企业的并购扩张行为。

其次，在我国企业逐渐"走出去"以及国家创新战略的驱动下，我国企业逐渐意识到创新是企业提升市场竞争力、实现长期可持续发展的关键，而技术和人才是掣肘企业创新水平提高的关键环节（于开乐、王铁民，2008），因此，企业通过并购汲取标的企业的专利技术，在短期内迅速实现技术升级。但是，并购项目的技术含量难以甄别，有些对主并企业的技术升级作用较小，且与主并企业现有的产品技术、组织文化、人员结构以及管理制度有较大差异，在耦合并转化为企业发展所需的过程中具有较高的风险。社会网络不仅可以帮助网络中的个体获取其他创新主体的资源、知识、经验、技术建议，缩小企业之间在技术方面的差距（Inkpen and Tsang，2005；杨震宁等，

2013），还可以加强人才流动（刘雯等，2020）。因此，靠近网络中心的企业可以凭借其位置优势有针对性地、及时地、精准地调用技术和人才资源，助推企业自主创新，高效率地靶向企业发展，进而消除低效的并购行为（徐经长等，2020）。

最后，我国区位差异、产权分布及产业政策扶持等原因可能造成土地、信贷或者税收等方面的资源分配不均，这使得并购成为企业实现利益再分配和资源重置的一种工具。有些企业频繁发起并购，以期寻找助力企业发展的资源，实现规模增长。然而，这种追求规模扩张的外延式并购只是为了获取资源等暂时利益，没有与现有主业形成经营和财务协同效应，可能造成主并公司价值损失（蔡庆丰、田霖，2019）并挤出企业的创新资源（Paruchuri et al.，2006；李萍等，2020），降低创新效率（Giudice and Maggioni，2014）。在股东关系网络中，股东之间的联结关系有利于消除企业之间不完全契约带来的合作摩擦，同时加强了企业之间的资源共享和战略合作，促进企业创新（王会娟等，2021），强化企业自身主业优势，提高企业市场竞争地位，进而有利于降低企业的投机式并购活动，使企业的发展模式由过去追求规模扩张的粗放式发展转向更加注重研发创新的内涵式增长，在整体上抑制了企业纯粹追求规模扩张的并购行为。

通过以上分析可以发现，股东关系网络凭借其互惠属性及情感契约特点，帮助企业以较低风险和成本获取企业发展所需要的生产要素，加强技术和人才流动，促进企业之间的资源共享和战略合作，促进企业创新，强化企业自身主业优势，提高企业市场竞争地位，抑制企业的投机式并购活动。

通过分析股东关系网络与并购的知识学习效应、信息传递效应以及资源替代效应，我们提出以下假设：

H4-1：股东关系网络能够显著抑制企业并购行为。

4.3 研究设计

4.3.1 样本选择与数据来源

2008 年金融危机波及全球，我国企业也深受其影响。金融危机之后，我国经济急速下滑，为刺激内需，我国推出了"四万亿计划"。因此，本书以 2009—2019 年 A 股上市公司为研究对象，我们对原始数据进行了如下处理：（1）删除了金融保险类企业；（2）删除了资产负债率大于 1 或者小于 0 的样本；（3）删除了原始数据缺失的样本；（4）删除了 ST、*ST 类公司；（5）删除了并购失败以及还未完成的公司；（6）保留了公司地位为买方的公司；（7）上市公司同一年发生多次并购事件的，只计算一次并购事件；（8）删除了未披露前十大股东的公司；（9）删除了所披露的前十大股东数量小于 10 的公司。

为保证检验结果的稳健性，对所有连续变量进行了缩尾处理（1% 和 99% 水平）。本章的研究数据来自 CNRDS（中国研究数据服务平台）、CSMAR（国泰安）数据库以及手工收集的公司年报，数据的处理主要采用 Pajek 软件及 Stata 软件。

4.3.2 模型设计与变量定义

为了分析股东关系网络对企业并购行为的影响，我们建立如下模型：

$$M\&AD/M\&AA = \theta_0 + \theta_1 Net + \theta_2 Lev + \theta_3 Size + \theta_4 Cash + \theta_5 Roe + \theta_6 Growth + \theta_7 Top1 +$$

$$\theta_8 Pper + \theta_9 Age + \theta_{10} Board + \theta_{11} Dulity + \theta_{12} Indep + \theta_{13} Mholding +$$

$$Year + Industry + \varepsilon$$

$$(4\text{-}1)$$

其中：*M&AD* 表示企业有无发起并购的虚拟变量，企业当年若发起并购行为则为 1，否则为 0；*M&AA* 表示企业当年发起并购所支付的金额，取自然对数；*Net* 表示股东关系网络中心度，参考黄灿和李善民（2019）、李善民等（2015）、马连福和杜博（2019）以及李维安等（2017）的研究，选用程度中心度、中介中心度和接近中心度的平均值作为网络中心度的衡量指标。

股东关系网络中心度的计算过程如下：首先，对于前十大股东中的个体股东，通过新浪、百度等进行了重名的处理；其次，根据上市公司的年报对股东数据进行了手工整理，将存在母子公司关系、一致行动人关系的股东进行合并。通过以上步骤，以调整后的前十大股东作为股东关系网络节点，若两个上市公司存在一个或者多个共同股东，那么这两个上市公司是有联结关系的，否则就没有联结关系。具体来说，对于任意两个公司 i 和 j，若它们存在一个或者多个共同股东，那么网络联结的变量 X_{ij} 等于 1，否则 X_{ij} 等于 0。以此类推，我们建立了股东关系网络的一模邻接矩阵，然后根据公司×公司的矩阵使用 Pajek 软件计算出程度中心度、中介中心度和接近中心度。为消除不同个体之间数值相差引起的误差，以及使不同年份的公司间网络指标具有可比性，同时将三个中心度指标进行了标准化处理，最后再用这三个指标的平均值衡量股东关系网络中心度。

（1）程度中心度，表示公司通过共同股东联结其他公司的数量情况。该数值越大，公司联结的其他公司数量越多，传递和接收信息、经验、知识及资源的渠道就越广。其计算公式为：

$$D_i = \sum_{j=1}^{n} X_{ij}/(n-1) \tag{4-2}$$

其中：$\sum_{j=1}^{n} X_{ij}$ 表示公司 i 通过共同股东能够联结到其他公司的数量

之和；n 表示网络中所有公司的总和，$n-1$ 是网络中所有公司的总和减 1，以其进行标准化，最小值为 0，最大值为 1。

（2）中介中心度，衡量公司在多大程度上位于其他两个"点对"公司的"中间桥梁"，测量的是公司对信息、资源的控制程度，其数值越大控制能力就越强。其计算公式为：

$$B_i = \left\{ 2 \sum_{j}^{n} \sum_{k}^{n} \left[g_{jk}(i) \right] / g_{jk} \right\} / n^2 - 3n + 2 \qquad (4-3)$$

其中：$\sum_{j}^{n} \sum_{k}^{n} \left[g_{jk}(i) \right]$ 表示公司 j 与公司 k 通过共同股东联结的最短路径中包含公司 i 的路径数量，$j \neq k \neq i$，并且 $j < k$，除以 $n^2 - 3n + 2$ 以对其进行标准化，最小值为 0，最大值为 1。

（3）接近中心度，衡量的是公司与网络中所有其他公司之间的"距离"，表示公司不受其他个体控制的程度。其计算公式为：

$$C_i = (n-1) / \sum_{j}^{n} d_{ij} \qquad (4-4)$$

其中：$\sum_{j}^{n} d_{ij}$ 表示公司 i 与公司 j 通过共同股东联结的最短路径距离之和，其值越小越不受他人的限制；$(n-1) / \sum_{j}^{n} d_{ij}$ 表示将接近中心性标准化之后的倒数，其值越大能力越强，最小值为 0，最大值为 1。

此外，本书参考逯东等（2019）、李善民等（2020）以及蔡庆丰和陈熠辉（2020）的研究，选取资产负债率、公司规模、现金持有、净资产收益率、成长性、第一大股东持股比例、固定资产比例、公司年龄、董事会规模、二职合一、独立董事占比以及管理层持股比例作为主要控制变量，同时控制了行业与年份固定效应。关于变量的定义见表 4-1。

表 4-1		变量定义表
变量名称	变量定义	变量说明
M&AD	并购行为	哑变量,若发起并购则为1,否则为0
M&AA	并购规模	ln(当年并购金额)
Net	股东关系网络指标	分别求出每一个公司的程度中心度、中介中心度以及接近中心度,然后取三者的平均值
Lev	资产负债率	总负债/总资产
Size	公司规模	总资产的自然对数
Cash	现金持有	现金及现金等价物/(总资产-现金及现金等价物)
Roe	盈利能力	净利润/所有者权益
Growth	主营业务增长率	主营业务增长率
Top1	第一大股东持股	第一大股东持股比例
Pper	固定资产比例	固定资产/总资产
Age	公司年龄	公司成立年限:年份-上市时间
Board	董事会规模	董事人数的自然对数
Dulity	二职合一	董事长与总经理是否兼任
Indep	独立董事规模	独立董事人数/董事会人数
Mholding	高管持股	高管持股比例

4.4 实证结果分析

4.4.1 描述性统计

从表4-2中关于主要变量的描述性统计结果得知,在样本期间内，有 45% 的公司发起过并购（*M&AD* 的均值为 0.45）。并购交易规模（*M&AA*）的最小值为 0，最大值为 2.813，均值为 0.834。并购规模的标准差为 0.952，说明我国上市公司之间并购金额存在较大的波动性。股东关系网络中心度的均值为 0.022，说明平均来看，每个公司与网络中 2.2% 的公司存在联结关系；样本最小值为 0，说明在样本中存在没有共同股东的公司；样本最大值为 0.136，说明在整个样本中，公司最多能够联结到网络中 13.6% 的其他公司。

表 4-2   主要变量描述性统计

Variable	N	Sd	Mean	P50	Min	Max
M&AD	9 455	0.498	0.450	0	0	1
M&AA	9 455	0.952	0.834	0	0	2.813
Net	9 455	0.033	0.022	0.007	0	0.136
Lev	9 455	0.206	0.415	0.405	0.009	0.997
Size	9 455	1.290	22.014	21.847	15.729	28.509
Cash	9 455	0.057	0.067	0.055	0	0.659
Roe	9 455	0.550	0.046	0.069	−28.205	2.191
Growth	9 455	0.651	0.070	0.110	−29.549	0.999
*Top*1	9 455	0.153	0.360	0.340	0.0300	0.900
Pper	9 455	0.169	0.224	0.189	0	0.938
Age	9 455	7.036	9.537	8	0	28
Board	9 455	0.196	2.136	2.197	1.386	2.890
Duality	9 455	0.446	0.274	0	0	1
Indep	9 455	0.054	0.373	0.333	0.125	0.750
Mholding	9 455	0.209	0.137	0.002	0	0.994

从表4-3上市公司并购在行业的分布情况来看，从整体上看，我国上市公司的并购率为45.03%。纵观各个行业的并购情况可以发现，行业C2、C3以及I这三个行业在发起并购的样本中占比较高。横向来看，就同一行业的并购率来说，排名较高的是Q、L和I。综合各行业并购率以及同一行业的并购率情况，信息传输、软件和信息技术服务业的并购比率较高。这是因为信息传输、软件和信息技术服务业属于高精尖行业，在我国上市公司中，该行业发起并购需求的动机最强烈。因此，在我国非正式制度尚不健全的情况下以及我国特殊的关系型社会背景下，探究企业并购的动机对于探索我国行业转型升级背景下企业"减量出清""提质增效"有重要作用。

表4-3　　　　　　　　　　**上市公司并购的行业分布**

行业（代码）	发起并购公司样本	发起并购行业占比（%）	未发起并购公司样本	未并购行业占比（%）	合计	同一行业发起并购比率（%）
农、林、牧、渔业A	44	1.03	73	1.4	117	37.61
采矿业B	99	2.33	176	3.39	275	36.00
食品、副食、烟草、服装加工C1	182	4.27	407	7.83	589	30.90
化学、医药、印刷、娱乐等C2	748	17.57	994	19.13	1742	42.94
金属、汽车、铁路、计算机C3	1 566	36.78	1 893	36.42	3 459	45.27
仪器仪表、修理等C4	90	2.11	74	1.42	164	54.88
电力、热力、燃气及水生产和供应业D	136	3.19	195	3.75	331	41.09
建筑业E	112	2.63	148	2.85	260	43.08
批发和零售业F	198	4.65	255	4.91	453	43.71
交通运输、仓储和邮政业G	112	2.63	255	4.91	367	30.52

行业（代码）	发起并购公司样本	发起并购行业占比（%）	未发起并购公司样本	未并购行业占比（%）	合计	同一行业发起并购比率（%）
住宿和餐饮业 H	9	0.21	24	0.46	33	27.27
信息传输、软件和信息技术服务业 I	436	10.24	268	5.16	704	61.93
房地产业 K	149	3.50	143	2.75	292	51.03
租赁和商务服务业 L	95	2.23	58	1.12	153	62.09
科学研究和技术服务业 M	50	1.17	38	0.73	88	56.82
水利、环境和公共设施管理业 N	82	1.93	80	1.54	162	50.62
教育 P	13	0.31	12	0.23	25	52.00
卫生和社会工作 Q	30	0.70	12	0.23	42	71.43
文化、体育和娱乐业 R	77	1.81	63	1.21	140	55.00
综合 S	30	0.70	29	0.56	59	50.85
合计	4 258	100	5197	100	9455	45.03

表4-4是上市公司并购样本在各个年度的分布情况，从中我们可以看出，2015年、2016年、2017年以及2018年发起并购的公司较多。从图4-1中可以看出，总体来看，2009—2019年我国上市公司并购趋势是稳健上升的，特别是2010—2015年，并购率逐年增长，2015年增长率达到了最高值；2016—2019年呈现下降趋势，但是相对于2009—2014年来说，并购率仍然较高。结合我国的宏观政策可以发现，2015年我国提出供给侧结构性改革，逐步调整经济结构，使生产要素达到最优匹配，并力争实现提质增效目标。由此我们不得不思考要素最优匹配与并购趋势下降之间的关系，这是否因为多数并

购只是为实现某种目的而并没有给企业的主营业务带来增量价值, 最后造成了资源浪费?

表 4-4   上市公司并购年度分布情况

年度	2009	2010	2011	2012	2013	2014	2015	2016	2017	2018	2019	合计
并购	106	69	160	292	345	466	710	635	640	614	221	4 258
未并购	286	410	577	678	598	541	292	442	561	555	257	5 197
合计	392	479	737	970	943	1 007	1 002	1 077	1 201	1 169	478	9 455

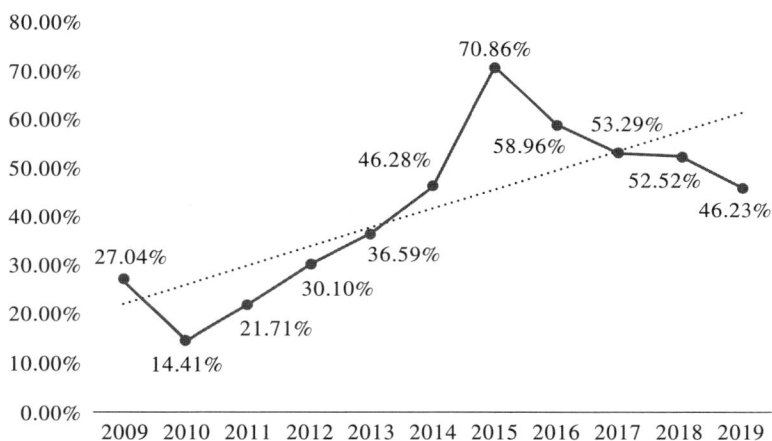

图 4-1   2009—2019 年我国上市公司并购趋势

4.4.2 均值检验

表 4-5 报告了股东关系网络与并购的单变量检验结果。列 (1) 和列 (2) 分别报告了存在股东关系网络和没有股东关系网络两组样本的并购均值检验情况, 可以发现, 在有网络组, 并购发生的概率以及并购规模总体均小于无网络组, 且 T 检验显著支持这一结论。列 (3) 和列 (4) 是以股东关系网络的均值为分组界限而进行的均值检验结果, 从中可以看出, 在股东关系网络大于均值的组别内, 并购概

率和并购规模均显著地小于股东关系网络小于均值的组别。从列（1）、列（2）、列（3）和列（4）的结果对比中，可以初步得到以下结论：股东关系网络能够抑制企业并购。

表 4-5　　　　　　　　　　　　　　单变量检验

	（1）	（2）	（3）	（4）
	无网络组	有网络组	Net<均值	Net>均值
M&AD	0.496	0.447	0.475	0.408
		0.048**		0.067***
M&AA	0.928	0.828	0.878	0.757
		0.100**		0.122***

4.4.3　回归结果分析

表 4-6 是股东关系网络与企业并购的回归结果。列（1）、列（3）为控制年份及行业固定效应之后，股东关系网络与企业并购行为及并购金额之间的关系；列（2）和列（4）为控制行业固定效应及年份之后加入影响公司并购的其他因素的回归结果，股东关系网络中心度与企业并购均在1%的水平上负向显著，说明股东关系网络能够显著地抑制公司的并购行为及并购金额，支持了本书的 H4-1 假设。

表 4-6　　　　　　股东关系网络与企业并购的回归结果

	（1）	（2）	（3）	（4）
	M&AD		M&AA	
Net	−4.498***	−3.635***	−1.861***	−1.696***
	（−5.27）	（−4.12）	（−4.85）	（−4.59）
Lev		1.035***		0.396***
		（6.13）		（6.23）

	（1）	（2）	（3）	（4）
		M&AD		M&AA
Size		0.187***		0.096***
		（6.25）		（8.21）
Cash		-1.576***		-0.471***
		（-3.33）		（-2.69）
Roe		0.069		0.042***
		（1.21）		（3.43）
Growth		0.423***		0.076***
		（3.83）		（3.82）
Top1		-1.628***		-0.659***
		（-8.03）		（-8.46）
Pper		-1.610***		-0.622***
		（-7.90）		（-8.27）
Age		-0.038***		-0.015***
		（-6.77）		（-6.76）
Board		-0.664***		-0.267***
		（-3.61）		（-3.90）
Duality		0.145**		0.057**
		（2.33）		（2.34）
Indep		-0.434		-0.218
		（-0.70）		（-0.93）
Mholding		0.124		0.057
		（0.75）		（0.87）

	（1）	（2）	（3）	（4）
	M&AD		*M&AA*	
Cons	−1.168***	−2.533***	0.362***	−0.594**
	（−3.98）	（−3.25）	（3.22）	（−2.01）
Ind/Year	Yes	Yes	Yes	Yes
N	9 455	9 455	9 455	9 455
R²	0.094	0.135	0.133	0.182

注：对于因变量是 *M&AD* 来说，括号内数据表示 *Z* 值；对于因变量是 *M&AA* 来说，括号内数据表示 *t* 值。***、**、* 分别表示回归系数在 1%、5%、10% 的置信水平上显著。

4.5 稳健性检验

4.5.1 内生性检验

（1）为了避免股东关系网络降低并购的结果是由存在的非随机干扰所导致的内生性问题，本书采用倾向得分匹配（PSM）进行了内生性检验。本书将股东关系网络为 0 的企业设为控制组、将股东关系网络不为 0 的企业设为实验组，选取资产负债率、公司规模、第一大股东持股比例、董事长与总经理是否为同一个人、公司年龄、董事会规模作为匹配变量，采取半径匹配的方法进行匹配，结果见表4-7。匹配后，各变量的偏差绝对值小于10%，说明匹配效果较好。PSM匹配后，再进行回归，结果见表4-9列（1）和列（2），结果仍然支持股东关系网络抑制并购这一假设。

表 4-7 PSM 变量匹配结果

Variable	Unmatched Matched	Mean Treated	Control	%bias
Lev	U	0.42	0.35	33.01
	M	0.40	0.41	−2.22
Size	U	22.06	21.42	56.01
	M	21.86	21.80	4.70
Top1	U	0.36	0.32	24.83
	M	0.35	0.35	−2.33
Duality	U	0.27	0.35	17.61
	M	0.29	0.29	−0.02
Age	U	9.75	5.92	57.71
	M	8.91	9.33	−6.44
Board	U	2.14	2.09	25.34
	M	2.13	2.12	3.70

（2）由于 PSM 排除随机干扰问题会造成样本量的损失，因此可能影响结果的稳健性。我们参照 Hainmueller（2012）提出的熵平衡法，既排除了干扰项的问题，又避免了样本失真的问题。我们将股东关系网络上三分位的样本设为实验组，其余的样本设为处理组，进行熵平衡匹配，匹配前后的结果见表 4-8。我们从中可以看出，匹配后处理组和实验组的均值、方差和偏度均相差较小，匹配效果较好。表4-9 列（3）和列（4）是熵平衡后的回归结果，仍然支持我们的研究假设。

表 4-8   熵匹配前、后结果

| | Before: without weighting | | | | | |
| | Treat | | | Control | | |
	mean	variance	skewness	mean	variance	skewness
Size	0.43	0.041	0.096	0.40	0.04	0.38
Lev	22.40	1.92	0.82	21.63	1.12	0.48
Cash	0.07	0.01	1.70	0.06	0.01	2.53
Roe	0.07	0.13	−41.74	0.03	0.47	−28.87
Growth	0.08	0.17	−11.73	0.06	0.68	−19.30
*Top*1	0.39	0.02	0.40	0.33	0.02	0.56
Pper	0.24	0.03	0.95	0.21	0.03	1.13
Age	10.39	44.85	0.28	8.68	52.73	0.59
Board	2.16	0.04	−0.16	2.11	0.04	−0.53
Duality	0.23	0.18	1.27	0.32	0.22	0.79
Indep	0.37	0.00	1.66	0.37	0.00	1.35
Mholding	0.10	0.03	1.89	0.18	0.05	0.91

| | After: with weighting | | | | | |
| | Treat | | | Control | | |
	mean	variance	skewness	mean	variance	skewness
Lev	0.43	0.04	0.10	0.43	0.04	0.10
Size	22.40	1.92	0.82	22.40	1.92	0.82
Cash	0.07	0.00	1.70	0.07	0.00	1.70
Roe	0.07	0.13	−41.74	0.07	0.13	−41.74
Growth	0.08	0.17	−11.73	0.08	0.17	−11.74
*Top*1	0.39	0.02	0.40	0.39	0.02	0.40
Pper	0.24	0.03	0.95	0.24	0.03	0.95
Age	10.39	44.85	0.28	10.39	44.85	0.28
Board	2.16	0.04	−0.16	2.16	0.04	−0.16
Duality	0.23	0.18	1.27	0.23	0.18	1.27
Indep	0.37	0.00	1.66	0.37	0.00	1.66
Mholding	0.10	0.03	1.89	0.10	0.03	1.89

（3）股东在选择上市公司进行投资时，往往选择那些并购数量较少、并购质量较高的公司，股东关系网络对并购的负向结果可能存在

样本自选择问题。为缓解其内生性，本章采用Heckman两阶段方法控制潜在的选择偏差和遗漏重要控制变量对实证结果的影响。根据股东关系网络构建虚拟变量 *Net_work*，当股东关系网络大于0时，*Net_work* 取1，否则为0。通过 Probit 模型计算出逆米尔斯比率（Inverse Mills Ratio），然后将前面计算出来的逆米尔斯比率带入回归模型中，结果见表4-9列（5）和列（6）。加入逆米尔斯比率之后，本书的研究结论依然成立。

表4-9　　　　　　　　PSM、熵平衡法、Heckman检验

	（1）	（2）	（3）	（4）	（5）	（6）
	PSM		熵平衡法		Heckman检验	
	M&AD	*M&AA*	*M&AD*	*M&AA*	*M&AD*	*M&AA*
Net	−3.886***	−1.869***	−4.072***	−1.806***	−0.773*	−1.555*
	（−3.62）	（−4.22）	（−3.81）	（−3.95）	（−1.69）	（−1.82）
Lev	1.262***	0.460***	1.025***	0.421***	0.230***	0.416**
	（6.23）	（6.23）	（4.24）	（4.56）	（2.66）	（2.56）
Size	0.179***	0.095***	0.144**	0.067**	0.012	0.043
	（4.61）	（6.43）	（2.62）	（3.17）	（0.58）	（1.10）
Cash	−2.103***	−0.654***	−2.049***	−0.648**	−0.136	−0.170
	（−3.70）	（−3.23）	（−3.24）	（−2.72）	（−0.49）	（−0.33）
Roe	0.058	0.034***	0.086	0.049**	0.010	0.027
	（1.13）	（3.40）	（0.65）	（2.26）	（0.36）	（0.54）
Growth	0.422***	0.077***	0.471***	0.166***	0.043*	0.081*
	（3.19）	（3.11）	（3.65）	（4.37）	（1.90）	（1.92）
*Top*1	−1.948***	−0.782***	−1.619***	−0.609***	−0.487***	−0.930***
	（−8.21）	（−8.73）	（−5.95）	（−5.98）	（−3.75）	（−3.82）
Pper	−1.658***	−0.661***	−1.878***	−0.760***	−0.415***	−0.794***
	（−6.59）	（−7.34）	（−6.36）	（−6.58）	（−3.69）	（−3.76）

	（1）	（2）	（3）	（4）	（5）	（6）
	PSM		熵平衡法		Heckman 检验	
	M&AD	M&AA	M&AD	M&AA	M&AD	M&AA
Age	−0.048***	−0.019***	−0.034***	−0.013***	−0.016***	−0.029***
	（−7.21）	（−7.26）	（−5.16）	（−5.09）	（−3.47）	（−3.39）
Board	−0.790***	−0.312***	−0.914***	−0.370***	−0.202**	−0.386**
	（−3.54）	（−3.84）	（−3.54）	（−3.91）	（−2.05）	（−2.09）
Duality	0.087	0.034	0.216**	0.090**	0.026	0.050
	（1.20）	（1.24）	（2.61）	（2.63）	（0.76）	（0.77）
Indep	−0.814	−0.342	−0.918	−0.383	−0.090	−0.228
	（−1.12）	（−1.28）	（−1.21）	（−1.36）	（−0.29）	（−0.39）
Mholding	0.094	0.038	0.354*	0.125	0.156	0.303
	（0.50）	（0.51）	（1.80）	（1.59）	（1.52）	（1.57）
Imr					−1.372**	−2.573**
					（−2.00）	（−2.00）
Cons	−1.499	−0.268	−0.718	0.327	0.966	1.337
	（−1.46）	（−0.69）	（−0.54）	（0.60）	（1.45）	（1.07）
Ind/Year	Yes	Yes	Yes	Yes	Yes	Yes
N	6 193	6 193	9 455	9 455	9 455	9 455
R²	0.145	0.199	0.139	0.186	Wald chi2 =221.31	Wald chi2 =250.90

注：对于因变量是 *M&AD* 来说，括号内数据表示 *Z* 值；对于因变量是 *M&AA* 来说，括号内数据表示 *t* 值。***、**、* 分别表示回归系数在 1%、5%、10% 的置信水平上显著。

（4）本书的结果有可能是反向因果，即那些发起较少并购的企业会主动选择那些有资源、有影响力、有联结关系的股东。因此，本书将所有自变量及控制变量滞后一期进行检验，结果见表 4-10 列（1）

和列（2），依然支持本书的研究结论。

表4-10　　　　滞后一期、工具变量法、个体固定效应检验

	（1）	（2）	（3）	（4）	（5）	（6）
	滞后一期		工具变量法		个体固定效应	
	M&AD	M&AA	M&AD	M&AA	M&AD	M&AA
Net	-4.677***	-1.970***	-0.960**	-1.799**	-0.398*	-0.669*
	（-3.16）	（-3.27）	（-2.51）	（-2.43）	（-1.90）	（-1.67）
Lev	0.659**	0.210**	0.219***	0.394***	0.303***	0.591***
	（2.43）	（2.14）	（6.37）	（6.09）	（5.93）	（6.04）
Size	0.121***	0.062***	0.041***	0.096***	0.053***	0.115***
	（2.69）	（3.65）	（6.21）	（7.66）	（4.44）	（5.00）
Cash	-0.531	-0.184	-0.295***	-0.470***	0.041	0.225
	（-0.74）	（-0.69）	（-3.17）	（-2.69）	（0.40）	（1.14）
Roe	0.032	-0.028	0.017**	0.042***	0.026***	0.062***
	（0.15）	（-0.32）	（2.08）	（3.43）	（2.81）	（3.55）
Growth	0.248	0.075**	0.040***	0.076***	0.019**	0.034**
	（1.10）	（2.31）	（3.99）	（3.82）	（2.26）	（2.13）
Top1	-1.651***	-0.594***	-0.339***	-0.657***	-0.200**	-0.435***
	（-5.29）	（-5.06）	（-8.10）	（-8.36）	（-2.35）	（-2.67）
Pper	-1.185***	-0.393***	-0.324***	-0.622***	-0.104	-0.231*
	（-3.94）	（-3.61）	（-8.12）	（-8.29）	（-1.63）	（-1.89）
Age	-0.054***	-0.020***	-0.008***	-0.015***	0.012***	0.028***
	（-5.99）	（-5.79）	（-7.00）	（-6.74）	（3.28）	（3.94）
Board	-0.494*	-0.194*	-0.135***	-0.266***	-0.047	-0.086
	（-1.73）	（-1.89）	（-3.68）	（-3.88）	（-0.79）	（-0.75）

	（1）	（2）	（3）	（4）	（5）	（6）
	滞后一期		工具变量法		个体固定效应	
	M&AD	*M&AA*	*M&AD*	*M&AA*	*M&AD*	*M&AA*
Duality	0.148	0.057	0.029**	0.057**	0.017	0.030
	(1.46)	(1.49)	(2.21)	(2.34)	(0.95)	(0.87)
Indep	−0.135	−0.058	−0.076	−0.216	0.001	0.056
	(−0.15)	(−0.17)	(−0.61)	(−0.93)	(0.01)	(0.17)
Mholding	0.430*	0.208**	0.029	0.056	−0.364***	−0.615***
	(1.72)	(2.12)	(0.82)	(0.85)	(−5.05)	(−4.44)
Cons	−3.340***	−0.409	−0.088	−0.612*	−0.713**	−1.795***
	(−2.80)	(−0.94)	(−0.52)	(−1.93)	(−2.46)	(−3.24)
Ind/Year	Yes	Yes	Yes	Yes	Yes	Yes
N	3 724	3 724	9 455	9 455	9 455	9 455
R^2	0.170	0.215	0.168	0.181	0.572	0.570

注：对于因变量是 *M&AD* 来说，括号内数据表示 *Z* 值；对于因变量是 *M&AA* 来说，括号内数据表示 *t* 值。***、**、* 分别表示回归系数在 1%、5%、10% 的置信水平上显著。

（5）股东关系网络对并购的影响可能受到其他不可观测的外界因素的影响，因此，为了提高本书研究结论的稳健性、缓解遗漏变量所引发的内生性，借鉴 Zhang 等（2016）的研究思路，选取公司所在行业、年度及地区的网络均值作为工具变量。单个公司的股东关系网络与同行业、同地区及同年度的股东关系网络结构有一定的相关关系，但是同行业、同地区及同年度的股东关系网络不是必然影响单个公司的并购行为，而公司个体并购行为更不会影响行业、地区及年度股东关系网络，满足相关性和外生性的条件，因此运用工具变量法（IV）重新对模型进行回归，结果见表4-10。列（3）和列（4）所示 Net 的系数仍然在5%的水平上负显著。

（6）本书的结果有可能是某种未被观测到的公司特性所致，因此，采用个体固定效应进行检验，结论见表4-10。列（5）和列（6）的结果显著，依然支持股东关系网络对并购负向影响的结论。

4.5.2　其他稳健性检验

（1）为排除本书的结果是由少数大股东所致的，我们采用两种方法检验：第一种方法是删除股东关系网络中上三分位、上四分位以及上五分位的值，结果见表4-11。列（1）和列（2）是删除股东关系网络上三分位的值，列（3）和列（4）是删除股东关系网络上四分位的值，列（5）和列（6）是删除股东关系网络上五分位的值，列（1）至列（6）均支持股东关系网络抑制并购这一研究假设。第二种方法是通过删除股东重新测算股东关系网络，结果见表4-12。列（1）和列（2）是删除第八大股东至第十大股东后所测算的股东关系网络，列（3）和列（4）是删除第五大股东至第七大股东后所测算的股东关系网络，列（5）和列（6）是删除第一大股东至第三大股东后所测算的股东关系网络。在表4-12中，列（1）至列（6）表明本书的研究结论即使是重新测算股东关系网络依然是稳健的。

表4-11　　　　　　　　　删除股东关系网络中的较大值

	（1）	（2）	（3）	（4）	（5）	（6）
	删除网络中		删除网络中		删除网络中	
	上三分位的值		上四分位的值		上五分位的值	
Net	−0.727***	−1.377***	−0.778***	−1.486***	−0.865***	−1.631***
	（−3.25）	（−3.18）	（−3.65）	（−3.63）	（−4.15）	（−4.07）

	（1）	（2）	（3）	（4）	（5）	（6）
	删除网络中		删除网络中		删除网络中	
	上三分位的值		上四分位的值		上五分位的值	
Lev	0.219***	0.404***	0.216***	0.394***	0.208***	0.378***
	（5.31）	（5.15）	（5.57）	（5.33）	（5.58）	（5.35）
$Size$	0.029***	0.070***	0.032***	0.077***	0.033***	0.079***
	（4.11）	（5.11）	（4.76）	（5.92）	（5.04）	（6.33）
$Cash$	−0.309***	−0.529**	−0.345***	−0.556***	−0.361***	−0.593***
	（−2.69）	（−2.44）	（−3.21）	（−2.74）	（−3.51）	（−3.05）
Roe	0.001	0.037	0.014	0.036***	0.014*	0.036***
	（0.03）	（1.33）	（1.56）	（3.15）	（1.71）	（3.29）
$Growth$	0.063***	0.117***	0.039***	0.073***	0.040***	0.075***
	（3.77）	（3.57）	（3.33）	（3.19）	（3.56）	（3.40）
$Top1$	−0.293***	−0.568***	−0.293***	−0.569***	−0.287***	−0.555***
	（−6.00）	（−6.15）	（−6.35）	（−6.52）	（−6.40）	（−6.58）
$Pper$	−0.276***	−0.543***	−0.288***	−0.557***	−0.285***	−0.547***
	（−5.92）	（−6.13）	（−6.53）	（−6.69）	（−6.66）	（−6.79）
Age	−0.008***	−0.014***	−0.008***	−0.013***	−0.008***	−0.015***
	（−5.87）	（−5.32）	（−5.83）	（−5.35）	（−6.53）	（−6.06）
$Board$	−0.106**	−0.177**	−0.112***	−0.199**	−0.108***	−0.198***
	（−2.39）	（−2.15）	（−2.70）	（−2.58）	（−2.67）	（−2.65）
$Duality$	0.058***	0.100***	0.051***	0.092***	0.047***	0.085***
	（3.58）	（3.31）	（3.35）	（3.25）	（3.17）	（3.10）
$Indep$	−0.048	−0.099	−0.018	−0.069	−0.022	−0.081
	（−0.33）	（−0.36）	（−0.13）	（−0.27）	（−0.16）	（−0.32）

	（1）	（2）	（3）	（4）	（5）	（6）
	删除网络中		删除网络中		删除网络中	
	上三分位的值		上四分位的值		上五分位的值	
Mholding	0.153***	0.307***	0.119***	0.247***	0.084**	0.180**
	(3.32)	(3.59)	(2.82)	(3.16)	(2.06)	(2.39)
Cons	0.029	−0.386	−0.014	−0.479	−0.015	−0.470
	(0.16)	(−1.12)	(−0.08)	(−1.45)	(−0.08)	(−1.45)
Ind/Year	Yes	Yes	Yes	Yes	Yes	Yes
N	6 303	6 303	7 091	7 091	7 564	7 564
R²	0.177	0.187	0.175	0.186	0.174	0.185

注：对于因变量是 *M&AD* 来说，括号内数据表示 *Z* 值；对于因变量是 *M&AA* 来说，括号内数据表示 *t* 值。***、**、* 分别表示回归系数在 1%、5%、10% 的置信水平上显著。

表 4-12　　　　　　　　　　**重新测算股东关系网络**

	（1）	（2）	（3）	（4）	（5）	（6）
	删除第八到		删除第五到		删除第一到	
	第十大股东		第七大股东		第三大股东	
Net	−0.475***	−0.922***	−0.522***	−1.024***	−0.176**	−0.404**
	(−5.14)	(−5.23)	(−4.44)	(−4.55)	(−2.00)	(−2.39)
Lev	0.218***	0.391***	0.224***	0.402***	0.232***	0.416***
	(6.47)	(6.18)	(6.61)	(6.31)	(6.85)	(6.53)
Size	0.040***	0.096***	0.039***	0.093***	0.036***	0.089***
	(6.68)	(8.34)	(6.39)	(8.02)	(5.98)	(7.70)
Cash	−0.297***	−0.475***	−0.294***	−0.469***	−0.301***	−0.481***
	(−3.21)	(−2.72)	(−3.16)	(−2.68)	(−3.24)	(−2.74)
Roe	0.017**	0.041***	0.017**	0.042***	0.017**	0.042***
	(2.04)	(3.40)	(2.08)	(3.43)	(2.10)	(3.47)

	（1）	（2）	（3）	（4）	（5）	（6）
	删除第八到		删除第五到		删除第一到	
	第十大股东		第七大股东		第三大股东	
Growth	0.039***	0.075***	0.040***	0.076***	0.041***	0.078***
	（3.97）	（3.80）	（3.99）	（3.83）	（4.00）	（3.84）
Top1	−0.335***	−0.648***	−0.340***	−0.658***	−0.352***	−0.681***
	（−8.08）	（−8.34）	（−8.20）	（−8.45）	（−8.47）	（−8.73）
Pper	−0.325***	−0.622***	−0.325***	−0.623***	−0.326***	−0.624***
	（−8.11）	（−8.28）	（−8.13）	（−8.30）	（−8.11）	（−8.27）
Age	−0.008***	−0.014***	−0.008***	−0.015***	−0.008***	−0.015***
	（−6.87）	（−6.60）	（−6.96）	（−6.69）	（−7.21）	（−6.94）
Board	−0.135***	−0.265***	−0.139***	−0.274***	−0.142***	−0.277***
	（−3.70）	（−3.89）	（−3.81）	（−4.00）	（−3.84）	（−4.02）
Duality	0.029**	0.056**	0.029**	0.057**	0.030**	0.058**
	（2.19）	（2.32）	（2.22）	（2.35）	（2.26）	（2.39）
Indep	−0.069	−0.203	−0.080	−0.223	−0.088	−0.236
	（−0.56）	（−0.87）	（−0.64）	（−0.96）	（−0.69）	（−1.00）
Mholding	0.030	0.056	0.032	0.060	0.038	0.071
	（0.84）	（0.85）	（0.89）	（0.91）	（1.07）	（1.08）
Cons	−0.091	−0.629**	−0.044	−0.541*	0.016	−0.444
	（−0.58）	（−2.14）	（−0.28）	（−1.83）	（0.10）	（−1.50）
Ind/Year	Yes	Yes	Yes	Yes	Yes	Yes
N	9 455	9 455	9 455	9 455	9 455	9 455
R^2	0.169	0.182	0.168	0.181	0.166	0.180

注：对于因变量是 *M&AD* 来说，括号内数据表示 *Z* 值；对于因变量是 *M&AA* 来说，括号内数据表示 *t* 值。***、**、* 分别表示回归系数在 1%、5%、10% 的置信水平上显著。

（2）排除性检验。代理成本假说认为，管理层为了提高公司对自己的依赖以及获取私利等做出并购决策，而股东关系网络的信息传递效应能使管理层的"劣迹"在经理人市场传播，因此，本书的结论有可能是基于代理成本假说形成的。为排除这一点，参考 Ang 等（2000）的研究，构建两个代理成本指标：一是管理费用率（管理费用/营业总收入），值越大，代理成本越高，衡量的是在职消费；二是资产周转率（营业收入/总资产），值越小，代理成本越高，衡量的是公司管理层对公司资产的利用率。分别将其加入模型中，结论见表4-13列（1）至列（4），本书的研究结论依然成立。

表4-13　　　　　　　　　　　其他稳健性检验

	（1）	（2）	（3）	（4）	（5）	（6）
	M&AD	M&AA	M&AD	M&AA	更换自变量	
Net	−3.647***	−1.699***	−3.611***	−1.688***	−0.041***	−0.019***
	(−4.13)	(−4.60)	(−4.09)	(−4.57)	(−3.14)	(−3.85)
Ope	0.649	0.140**				
	(0.98)	(2.10)				
Ato			−0.114*	−0.049**		
			(−1.78)	(−2.07)		
Lev	1.075***	0.406***	1.088***	0.418***	1.057***	0.405***
	(6.10)	(6.35)	(6.40)	(6.55)	(6.26)	(6.37)
Size	0.201***	0.099***	0.186***	0.095***	0.182***	0.094***
	(6.21)	(8.43)	(6.21)	(8.20)	(6.07)	(8.01)
Cash	−1.530***	−0.461***	−1.430***	−0.408**	−1.574***	−0.469***
	(−3.22)	(−2.63)	(−2.98)	(−2.30)	(−3.33)	(−2.67)
Roe	0.077	0.044***	0.072	0.043***	0.071	0.043***
	(1.27)	(3.46)	(1.26)	(3.57)	(1.23)	(3.49)
Growth	0.490***	0.090***	0.440***	0.080***	0.430***	0.078***
	(3.66)	(3.69)	(3.90)	(3.89)	(3.86)	(3.87)
Top1	−1.584***	−0.646***	−1.597***	−0.645***	−1.638***	−0.665***
	(−7.74)	(−8.31)	(−7.86)	(−8.27)	(−8.08)	(−8.54)

	（1）	（2）	（3）	（4）	（5）	（6）
	M&AD	*M&AA*	*M&AD*	*M&AA*	更换自变量	
Pper	−1.564***	−0.613***	−1.618***	−0.624***	−1.625***	−0.629***
	（−7.64）	（−8.16）	（−7.92）	（−8.28）	（−7.98）	（−8.38）
Age	−0.038***	−0.015***	−0.037***	−0.015***	−0.038***	−0.015***
	（−6.85）	（−6.82）	（−6.72）	（−6.70）	（−6.91）	（−6.97）
Board	−0.683***	−0.271***	−0.655***	−0.264***	−0.672***	−0.271***
	（−3.70）	（−3.96）	（−3.56）	（−3.85）	（−3.65）	（−3.95）
Duality	0.144**	0.057**	0.143**	0.056**	0.144**	0.057**
	（2.31）	（2.33）	（2.30）	（2.29）	（2.33）	（2.34）
Indep	−0.480	−0.226	−0.432	−0.217	−0.427	
	（−0.77）	（−0.97）	（−0.70）	（−0.93）	（−0.69）	
Mholding	0.133	0.060	0.119	0.055	0.127	0.058
	（0.80）	（0.92）	（0.72）	（0.84）	（0.77）	（0.88）
Cons	−2.886***	−0.679**	−2.501***	−0.583**	−2.361***	−0.533*
	（−3.43）	（−2.27）	（−3.20）	（−1.97）	（−3.04）	（−1.79）
Ind/Year	Yes	Yes	Yes	Yes	Yes	Yes
N	9 455	9 455	9 455	9 455	9 455	9 455
R^2	0.136	0.183	0.135	0.182	0.134	0.180

注：对于因变量是 *M&AD* 来说，括号内数据表示 *Z* 值；对于因变量是 *M&AA* 来说，括号内数据表示 *t* 值。***、**、* 分别表示回归系数在 1%、5%、10% 的置信水平上显著。

（3）更换自变量。参考黄灿和李善民（2019）的研究，本书采用特征向量中心度来衡量股东关系网络，结果见表4-13列（5）和列（6），股东关系网络显著抑制并购的假设仍然成立。

4.6 影响机制分析

效率理论认为，并购能够快速获取技术及稀缺资源、优化资源配置、形成规模经济并实现企业价值创造。然而，由于我国公司整体治理能力较差、资本市场定价效率低下以及生产要素分配不均、获取难度较大等，企业并购成为管理者及企业向外界"自我价值证明"的工具，造成了诸多无效并购及资源扭曲。如何提高并购质量已成为学术界与企业界争相探讨的问题。有些学者主要基于行为金融学理论、市场势力理论以及公司治理理论对提高并购质量进行研究。其中，嵌入性理论指出，企业的经济行为会受其所嵌入的社会网络结构影响，加之我国的"关系型"社会，各种关系所形成的非正式制度对公司的并购决策具有非常重要的影响。已有的关于社会网络对企业并购的影响研究主要从董事会内部联结及董事会与外部的联结网络展开，较少有文献从股东关系网络出发，探讨其对并购的影响。因此，研究股东关系网络对并购的影响对于企业的经营实践具有重要意义。

4.6.1　知识学习效应

并购作为企业外延式发展的重要抉择，既会因管理者能力和认知的局限低估并购过程中及并购整合后的风险，又会因管理者控制幻觉及乐观的投资态度高估企业并购的预期收益，造成项目"风险–收益"错配，陷入"胜利者的诅咒"，进而侵蚀股东财富。一方面，股东关系网络使得关联股东在其他公司直接参与并购的过程中或者通过间接的方式学习并购的相关经验，了解并购过程中的不确定性、并购完成后的整合困难以及并购项目未来的成长性和风险，并将这些经验传授给管理者，弥补了公司内部管理者决策中的认知不足；另一方面，公司的关联股东从其他个体汲取先进的管理模式，通过股东大会提案重塑公司内部的管理制度，缩小管理者的决策权、控制权以及自由裁量权，加强对管理者的监控和干预，这种权力约束有助于抑制管理者对自我经营能力的高估，降低管理者的控制幻觉。因此，股东关系网络通过弥补管理者的认知缺陷及降低管理者的控制幻觉，降低了管理者的过度自信，进而抑制公司并购。

参考姜付秀（2009）的做法，用高管前三名薪酬总额与高管薪酬总额的比值来衡量管理者过度自信，该指标越大，管理者过度自信倾向越严重。采用温忠麟的中介效应三步检验法，首先重复公式（4-1），然后利用公式（4-5）和公式（4-6）进行检验。

$$Overcon=\theta_0+\theta_1Net+\theta_2Lev+\theta_3Size+\theta_4Cash+\theta_5Roe+\theta_6Growth+\theta_7Top1+\theta_8Pper+$$

$$\theta_9Age+\theta_{10}Board+\theta_{11}Dulity+\theta_{12}Indep+\theta_{13}Mholding+$$

$$Year+Industry+\varepsilon \qquad (4\text{-}5)$$

$$M\&AD/M\&AA=\theta_0+\theta_1Net+\theta_2Overcon+\theta_3Lev+\theta_4Size+\theta_5Cash+\theta_6Roe+\theta_7Growth+$$

$$\theta_8Top1+\theta_9Pper+\theta_{10}Age+\theta_{11}Board+\theta_{12}Dulity+\theta_{13}Indep+$$

$$\theta_{14}Mholding+Year+Industry+\varepsilon \qquad (4\text{-}6)$$

结果见表4-14，列（1）表示股东关系网络可以显著地抑制管理者过度自信，列（2）和列（3）中 $Overcon$ 的系数为正，说明管理者过度自信能够助推企业发起并购行为。根据中介中心度的计算公式，表4-14列（1）至列（3）表明，降低管理者过度自信是股东关系网络抑制公司并购的一个渠道。

表4-14　　　　　　股东关系网络与并购：知识学习效应

	（1）	（2）	（3）
	$Overcon$	$M\&AD$	$M\&AA$
$Overcon$		0.007***	0.003***
		(2.90)	(3.29)
Net	−16.125***	−3.632***	−1.688***
	(−3.03)	(−4.12)	(−4.58)
Lev	−0.660	1.038***	0.397***
	(−0.61)	(6.14)	(6.25)

	（1）	（2）	（3）
	Overcon	*M&AD*	*M&AA*
Size	−1.739***	0.202***	0.102***
	（−8.18）	（6.64）	（8.68）
Cash	14.207***	−1.656***	−0.508***
	（5.75）	（−3.50）	（−2.92）
Roe	0.168	0.066	0.041***
	（0.76）	（1.20）	（3.42）
Growth	−0.246	0.429***	0.078***
	（−0.80）	（3.90）	（3.83）
*Top*1	3.018**	−1.660***	−0.672***
	（2.11）	（−8.13）	（−8.60）
Pper	−2.261	−1.592***	−0.614***
	（−1.62）	（−7.82）	（−8.19）
Age	0.183***	−0.039***	−0.015***
	（4.97）	（−6.98）	（−7.04）
Board	−12.758***	−0.582***	−0.230***
	（−10.81）	（−3.12）	（−3.32）
Duality	1.292***	0.136**	0.053**
	（3.24）	（2.17）	（2.16）
Indep	−11.667***	−0.349	−0.180
	（−2.76）	（−0.57）	（−0.78）
Mholding	−5.251***	0.158	0.072
	（−5.14）	（0.95）	（1.10）
Cons	110.867***	−3.358***	−0.955***
	（19.96）	（−4.06）	（−3.07）
Ind/Year	Yes	Yes	Yes
N	9 446	9 446	9 446
R^2	0.132	0.136	0.184
*Sobel*绝对值		2.174	2.211

注：对于因变量是*M&AD*来说，括号内数据表示*Z*值；对于因变量是*M&AA*来说，括号内数据表示*t*值。***、**、*分别表示回归系数在1%、5%、10%的置信水平上显著。

4.6.2　信息传递效应

　　股东关系网络可以发挥其信息传递效应，提升定价效率，进而作用于企业并购。一方面，我国资本市场定价效率较低，外部投资者与公司之间的信息不对称较为严重，投资者对公司真实价值了解不足，使得公司处于低估值状态。这类企业有动机将备受投资者关注的题材并购作为吸引投资者的注意力、提升股票估值的手段。有联结关系的股东能够使焦点公司与投资组合中的其他公司的信息互相印证，甚至使用投资组合中其他公司的信息推断焦点公司的信息，促使焦点公司在财务报告中披露更多、更真实的信息，提高公司内部与投资者之间的信息透明度，从而降低投资者获取公司异质性信息的成本，加快了投资者了解公司特质信息的速度，提高了股票定价效率。另外，较低的资本市场定价效率促使那些市场估值高于真实价值的公司发起并购以维持或者推高股价。社会关系中的"关系认同"促使处于中心位置的股东为了赢得他人较高的评价和认同而去改善公司与投资者之间的信息沟壑，降低信息不对称程度，使公司特质信息能够更全面、完整、准确地传递给资本市场，提高了股票定价效率。因此，股东关系网络能够通过改善市场定价效率降低企业并购行为。

　　参考 Hou 和 Moskowitz（2005）以及李志生等（2015）的研究，利用资产价格对市场信息调整速度的相对效率来构建价格滞后指标，并采用温忠麟的中介效应三步检验法，首先重复公式（4-1），然后利用公式（4-7）和公式（4-8）进行检验。

$$Efficiency = \theta_0 + \theta_1 Net + \theta_2 Lev + \theta_3 Size + \theta_4 Cash + \theta_5 Roe + \theta_6 Growth + \theta_7 Top1 + \theta_8$$

$$Pper + \theta_9 Age + \theta_{10} Board + \theta_{11} Dulity + \theta_{12} Indep + \theta_{13} Mholding +$$

$$Year + Industry + \varepsilon \tag{4-7}$$

$$M\&AD/M\&AA=\theta_0+\theta_1 Net+\theta_2 Efficiency+\theta_3 Lev+\theta_4 Size+\theta_5 Cash+\theta_6 Roe+$$
$$\theta_7 Growth+\theta_8 Top1+\theta_9 Pper+\theta_{10}Age+\theta_{11}Board+\theta_{12}Dulity+$$
$$\theta_{13}Indep+\theta_{14}Mholding+Year+Industry+\varepsilon \tag{4-8}$$

股票定价效率指标（Efficiency）用以下方法计算得出：

如果市场不能及时将信息融入股价中，便进一步形成了价格反应的滞后，具体定义如下：

$$\gamma_{i,t}=\alpha_i+\beta_i^0 r_{m,t}+\varepsilon_{i,t} \quad (Base\ model) \tag{4-9}$$

$$\gamma_{i,t}=\alpha_i+\beta_i^0 r_{m,t}+\sum_{n=1}^{5}\beta_i^n r_{m,t-n}+\varepsilon_{i,t} \quad (Extended\ market\ model) \tag{4-10}$$

其中：$\gamma_{i,t}$表示公司i在t日的回报率；$r_{m,t}$表示市场在t日的回报率；$r_{m,t-n}$表示市场在t交易日之前n个交易日的回报率。如果公司的信息及时融入股价中，那么β_i^0显著不为0，而β_i^n为0；反之，如果公司的信息没有及时融入股价中，那么滞后市场的回报系数β_i^n将显著不为0。这里使用的滞后交易日数为5，相当于一周的交易日数。

根据公式（4-9）和公式（4-10）估计出R^2代入公式（4-11）进行计算。

$$Efficiency_{i,t}=1-R^2_{base}/R^2_{extended} \tag{4-11}$$

$Efficiency_{i,t}$的值越小，包含滞后期的信息越少，定价效率越高。为了方便解读，本书取相反数表示股票定价效率。

在表4-15中，列（1）中Net的系数显著为负，说明股东关系网络能够显著提高股票定价效率；列（2）和列（3）中$Efficiency$的系数显著为正，说明股票定价效率的提升有助于降低企业并购。综合列（1）至列（3）可以看出，提高股票定价效率是股东关系网络抑制并购的渠道之一。

	（1）	（2）	（3）
表4-15	股东关系网络与并购：信息传递效应		
	Efficiency	M&AD	M&AA
Efficiency		−3.518***	−1.441***
		（10.60）	（13.87）
Net	0.212***	−3.156***	−1.398***
	（−5.78）	（−3.54）	（−3.82）
Lev	0.035***	0.941***	0.348***
	（4.02）	（5.51）	（5.55）
Size	−0.009***	0.231***	0.111***
	（−6.08）	（7.40）	（9.41）
Cash	0.079***	−1.882***	−0.565***
	（3.51）	（−3.98）	（−3.27）
Roe	0.001	0.069	0.041***
	（0.41）	（1.26）	（3.46）
Growth	0.002	0.407***	0.074***
	（0.90）	（3.83）	（3.95）
Top1	−0.011	−1.627***	−0.639***
	（−1.44）	（−8.01）	（−8.37）
Pper	−0.027***	−1.573***	−0.594***
	（−3.58）	（−7.66）	（−8.06）
Age	−0.000	−0.038***	−0.015***
	（−0.74）	（−6.84）	（−6.79）
Board	−0.018**	−0.630***	−0.248***
	（−2.40）	（−3.37）	（−3.67）
Duality	−0.001	0.150**	0.058**
	（−0.27）	（2.38）	（2.41）
Indep	0.001	−0.473	−0.236
	（0.05）	（−0.75）	（−1.02）

	（1）	（2）	（3）
	Efficiency	*M&AD*	*M&AA*
Mholding	0.000	0.122	0.062
	（0.06）	（0.73）	（0.96）
Cons	0.310***	−3.772***	−1.058***
	（9.41）	（−4.65）	（−3.53）
Ind/Year	Yes	Yes	Yes
N	9 431	9 431	9 431
R^2	0.161	0.151	0.205
Sobel 绝对值		6.475	6.608

注：对于因变量是 *M&AD* 来说，括号内数据表示 *Z* 值；对于因变量是 *M&AA* 来说，括号内数据表示 *t* 值。***、**、*分别表示回归系数在 1%、5%、10% 的置信水平上显著。

4.6.3　资源替代效应

首先，在激烈的市场竞争中，技术创新对形成企业竞争优势以获取超额利润的重要性日趋增强，但是，研发融资市场的"柠檬"市场特点使得企业创新需要充足、持续的资金支持，这就促使越来越多的企业选择通过并购的方式获取创新能力和资源。随着企业规模逐渐扩大，并购所带来的内部组织成本上升的缺点逐步凸显，不利于企业的长期经营。社会关系网络的互惠属性及情感契约特点有利于企业拓宽融资渠道，并以较低风险和成本获取企业发展所需要的生产资料，这在一定程度上缓解了企业的运转和设备采购资金压力。当企业的创新成本较低且不必为未来资金担忧时，它们会逐渐强化通过集约型创新方式来增强核心竞争力的意识，并抑制企业的并购扩张行为。

其次，企业通过并购获取专利虽然可以在短时间内满足企业对技术的需要，但是，由于被并企业的质量难以甄别，对主并企业的技术升级不一定有作用，因此，公司逐渐提高了自主创新意识。技术和人才作为创新的核心要素可能掣肘企业的研发产出，而社会网络不仅可以帮助焦点公司获取其他创新主体的技术和经验，还能加强技术和人才引进，助推企业自主创新，消除无序的并购行为。

最后，我国资源分配不均使得并购成为某些企业进行利益再分配和资源重置的一种工具，然而，这种追求规模扩张的外延式并购只是为了获取资源等暂时利益，没有与现有主业形成经营和财务协同效应，可能使主并公司价值受到损失并挤出企业的创新资源，降低创新效率。股东关系网络的形成有利于加强企业之间的资源共享和战略合作，能促进企业创新，强化企业自身的主业优势，进而减少企业的投机式并购活动。

借鉴现有文献（曹春方、张超，2020），选取企业研发投入占营业收入的比重作为创新投入（*Rd*）的代理变量衡量创新水平，并采用温忠麟的中介效应三步检验法，首先重复公式（4-1），然后利用公式（4-12）和公式（4-13）进行检验。

$$Rd=\theta_0+\theta_1 Net+\theta_2 Lev+\theta_3 Size+\theta_4 Cash+\theta_5 Roe+\theta_6 Growth+\theta_7 Top1+\theta_8 Pper+$$

$$\theta_9 Age+\theta_{10} Board+\theta_{11} Dulity+\theta_{12} Indep+\theta_{13} Mholding+Year+Industry+\varepsilon \quad (4-12)$$

$$M\&AD/M\&AA=\theta_0+\theta_1 Net+\theta_2 Rd+\theta_3 Lev+\theta_4 Size+\theta_5 Cash+\theta_6 Roe+\theta_7 Growth+$$

$$\theta_8 Top1+\theta_9 Pper+\theta_{10} Age+\theta_{11} Board+\theta_{12} Dulity+\theta_{13} Indep+$$

$$\theta_{14} Mholding+Year+Industry+\varepsilon \quad (4-13)$$

结果见表4-16，其中列（1）表示股东关系网络能够显著提高企业的创新投入，列（2）和列（3）表示企业创新能够显著抑制并购。列（1）至列（3）共同说明创新是股东关系网络抑制企业并购的另外一条渠道。

	(1) Rd	(2) M&AD	(3) M&AA
Rd		-0.016^{***}	-0.004^{**}
		(-3.14)	(-2.35)
Net	12.894^{***}	-2.996^{***}	-1.455^{***}
	(2.88)	(-3.11)	(-3.71)
Lev	-2.388^{**}	0.910^{***}	0.343^{***}
	(-2.22)	(4.48)	(4.42)
Size	3.571^{***}	0.219^{***}	0.101^{***}
	(5.98)	(5.33)	(6.76)
Cash	0.240	-1.924^{***}	-0.695^{***}
	(0.12)	(-3.31)	(-3.23)
Roe	0.143	0.001	0.034
	(0.98)	(0.02)	(1.09)
Growth	-1.100^{**}	1.081^{***}	0.403^{***}
	(-2.17)	(8.10)	(8.91)
Top1	1.241	-1.905^{***}	-0.772^{***}
	(0.84)	(-8.35)	(-8.84)
Pper	-3.538^{*}	-1.629^{***}	-0.669^{***}
	(-1.81)	(-6.45)	(-6.96)
Age	-0.067^{**}	-0.039^{***}	-0.015^{***}
	(-2.27)	(-6.06)	(-5.99)
Board	1.180	-0.753^{***}	-0.308^{***}
	(0.53)	(-3.59)	(-3.88)
Duality	0.360	0.179^{***}	0.066^{**}
	(1.59)	(2.62)	(2.51)
Indep	9.339	-0.656	-0.357
	(1.78)	(-0.93)	(-1.32)

	（1）	（2）	（3）
	Rd	*M&AD*	*M&AA*
Mholding	0.767	−0.073	−0.036
	（1.38）	（−0.41）	（−0.52）
Cons	−80.906***	−3.053***	−0.609
	（−5.28）	（−2.95）	（−1.62）
Ind/Year	Yes	Yes	Yes
N	7 286	7 286	7 286
*R*²	0.138	0.138	0.190
*Sobel*绝对值		1.896	1.928

注：对于因变量是 *M&AD* 来说，括号内数据表示 *Z* 值；对于因变量是 *M&AA* 来说，括号内数据表示 *t* 值。***、**、* 分别表示回归系数在 1%、5%、10% 的置信水平上显著。

4.7 中介效应比较

参考宋献中等（2017）的研究，我们对股东关系网络对并购影响的三条路径的重要性进行了比较，结果见表4-17。股东关系网络降低管理者过度自信的系数是−16.125、提高股票定价效率的系数是0.212、提高创新水平的系数是12.894。就并购可能性而言，管理者过度自信提高并购的系数是 0.007，股票定价效率抑制并购的系数是−3.518，创新水平抑制并购的系数是−0.016。就并购规模而言，管理者过度自信提高并购的系数是 0.003，股票定价效率抑制并购的系数是−1.441，创新水平抑制并购的系数是−0.004。就并购可能性而言，股东关系网络抑制管理者过度自信占比为 0.113/（0.113+0.746+0.206）=10.61%；提高股票定价效率占比为 0.746/（0.113+0.746+

0.206）=70.05%；提高创新水平占比为 0.206/（0.113+0.746+0.206）=19.34%。就并购规模而言，股东关系网络抑制管理者过度自信占比为 0.048/（0.048+0.305+0.052）=11.85%；提高股票定价效率 0.305/（0.048+0.305+0.052）=75.31%；提高创新水平占比为 0.052/（0.048+0.305+0.052）=12.84%。综上分析，股票定价效率占据主导位置，其次为创新水平，最后为管理者过度自信。

表 4-17　　　　　　　　　　　　中介效应比较

	系数值	占总效应的比例
股东关系网络降低管理者过度自信	-16.125	并购可能性：
管理者过度自信提高并购（并购可能性）	0.007	0.113/（0.113+0.746+0.206）=10.61%
管理者过度自信提高并购（并购规模）	0.003	并购规模：
股东关系网络通过知识学习效应抑制并购（并购可能性）	0.113/（-16.125×0.007）	0.048/（0.048+0.305+0.052）=11.85%
股东关系网络通过知识学习效应抑制并购（并购规模）	0.048/（-16.125×0.003）	
股东关系网络提高股票定价效率	0.212	并购可能性：
股票定价效率抑制并购（并购可能性）	-3.518	0.746/（0.113+0.746+0.206）=70.05%
股票定价效率抑制并购（并购规模）	-1.441	并购规模：
股东关系网络通过信息传递效应抑制并购（并购可能性）	0.746/-3.518×0.212	0.305/（0.048+0.305+0.052）=75.31%
股东关系网络通过信息传递效应抑制并购（并购规模）	0.305/（-1.441×0.212）	
股东关系网络提高创新水平	12.894	并购可能性：
创新水平抑制并购（并购可能性）	-0.016	0.206/（0.113+0.746+0.206）=19.34%
创新水平抑制并购（并购规模）	-0.004	并购规模：
股东关系网络通过资源替代效应抑制并购（并购可能性）	0.206/（-0.016×12.894）	0.052/（0.048+0.305+0.052）=12.84%
股东关系网络通过资源替代效应抑制并购（并购规模）	0.052/（-0.004×12.894）	

4.8 本章小结

并购交易能够在一定程度上为公司创造价值，因为并购可以促进主并方整合优势资源，有效提高公司的运营管理效率。然而，近年来，我国资本市场并购热潮的背后实则乱象丛生，对主并公司的股东利益和财务绩效产生了负面影响。如何抑制这种无效并购成为各界探讨的问题。基于此，本章以我国 2009—2019 年 A 股上市公司为研究样本，探索了股东关系网络与企业并购的关系，研究结果如下：

（1）股东关系网络能够显著抑制企业并购行为，具体表现为股东关系网络越大，企业并购的可能性越小，并购的规模越小。这一结论经过 PSM、熵平衡法、Heckman 检验、滞后一期、工具变量法、个体固定效应、更换股东关系网络的衡量范围、排除性检验、更换自变量以及更换因变量等一系列稳健性检验之后仍然不变。

（2）为进一步探究股东关系网络影响企业并购的作用机制，本书对其作用路径进行了检验。结果表明，股东关系网络通过降低管理者过度自信、提高股票定价效率以及提高创新水平三条渠道抑制企业并购。具体来说，股东关系网络增加了焦点公司学习先进管理制度、并购经验的渠道，弥补了管理者的认知缺陷，降低了管理者的控制幻觉，进而抑制了管理者过度自信；能够帮助企业向市场和投资者传递公司特质信息，降低了公司与外部投资者之间的信息不对称程度，减少了市场摩擦和噪声，提高了股票定价效率；有利于企业以较低的成本和风险获取高效率的企业发展所需资源，提高了企业创新水平，进而抑制了外延式"低效"并购。

我国资本市场尚不完善、正式制度尚不完备，可能导致损害公司价值的无效并购，造成资源扭曲及浪费。股东关系网络作为一种非正式制度，能够推动市场交易及信任建立，与正式制度相互作用，可以抑制无效并购。基于此，本章有如下两方面的启示：一方面，从宏观视角来看，股东关系网络是股东通过共同持股所构建的网络，是各公司之间相互联结的众多形式之一，也是公司社会资本的表现形式之一。因此，监管机构在确保公司合规交易的同时，应促进企业之间及企业与外部主体之间的交流，如召开企业交流会、行业学术峰会，强化产学研一体化等，着力构建多层次、立体化及全方位的社会资本维度，以促进知识、信息、技术及资源在个体之间的有效流动。另一方面，从微观视角来看，处于网络中不同位置的个体对知识、信息及生产要素有不同的重置作用，进而可以作用于企业的战略决策。因此，公司应该重视社会网络的作用，积极引进有"关系"的股东，加强股东关系网络的建设。特别是在我国经济转型及产业升级背景下，要实现企业做优做强、走向世界的目标，就要更多地引进那些具有先进技术及丰富管理经验的优质外国股东，充分获取异质资源，以期为公司发展所用。

第 5 章

企业异质性、股东关系网络与并购行为

5.1 引言

　　企业的属性影响企业各种生产要素的形态，进而能够影响企业的战略决策。因此，在分析股东关系网络对并购的影响时，探讨这种影响机制在不同属性企业之间的差异是非常必要的。在我国经济转型及产业升级背景下，产权性质是企业最基本、最重要的特征。按照企业是否由政府控股，可以将企业分为国有和非国有企业。不同属性的企业的行为决策过程是不同的。每一个企业都内生于时代发展并有其成长轨迹，没有一个企业是永远"业绩长红"的，也没有一个企业是永远"衰落"的，企业都是有其固有的生命周期的。处于生命周期不同阶段的企业，其盈利表现、风险承担水平、财务表现、投资策略等方面均有所不同，企业的竞争优势也在不断变化。随着我国企业改革的持续推进及放权让利政策的实施，企业管理层的权力不断得到强化。在新兴加转轨经济这样的特殊时期，我国公司监管机制相对薄弱，外部约束尚待完善，难以有效制约管理层权力扩张行为，加之政府逐渐放松对企业的管制，企业管理层也由委派变为聘任，使管理层在干预企业的各项决策中更具影响力。因此，有必要探讨在不同产权属性、企业生命周期以及高管权力差异下股东关系网络对并购的影响。

　　就产权属性来说，现有学者的研究将国有企业的经济后果分为积极肯定的、消极否定的以及非线性的三种状态。一部分持积极肯定观点的学者认为，国有企业因其与政府特殊的关系，能获得较多来自政府的补贴（孔东民、刘莎莎，2013），因此其融资成本较低，更易获得较多的启动资金，公司的各种决策受制于融资约束的情况较少（刘瑞明，2011）；且国有企业在创新投入、创新产出等方面均有较好的表现，相比非国有企业有更好的绩效指标（李春涛、宋敏，2010）。

此外，在国有企业中，鉴于其强有力的治理机制，外部治理机制发挥的作用不明显（薛宏刚等，2022）。还有一部分学者对国有企业所带来的影响持消极否定态度，他们认为，国有企业剩余价值索取权与控制权是分开的，存在"内部人"控制问题，企业内部的监督机制和激励机制不到位，这导致了企业的科研投入较少，不利于企业研发，且研发后的科研成果转化为实践应用的比率较低（肖仁桥等，2015）。由于国有企业半政半企的性质，公司的发展不仅是实现绩效增长，更重要的是完成国家的各项政治任务，因此存在预算软约束问题（林毅夫、李志赟，2004），这使企业的发展不是严格遵守市场竞争规则，最终导致国有企业的投资收益对资金成本的敏感性较低（马海涛、朱梦珂，2022）。此外，国企内部存在比较严重的寻租行为，严重抑制了企业经营效率的提高（董晓庆等，2014）。除了积极肯定观点和消极否定观点外，还有一部分学者认为，国有企业能够发挥较好的作用取决于国有控股的持股比例。他们的研究发现，国有控股的持股比例与创新绩效之间呈现出非线性的 U 形的关系。在前期，国有控股的持股比例越大，企业的创新绩效提升得越多。当持股比例达到一定阈值后，国有控股的持股比例越大，企业的创新绩效越呈现下降的趋势（林莞娟等，2016）。还有一部分学者认为，产权性质对创新水平的影响还会因项目能够产生的利润率、企业规模的大小以及产业类型而不同（陈林等，2019）。因此，产权性质所发挥的作用不能一概而论，而是应该结合国有控制的持股比例、企业当时所面临的环境以及要解决的问题而具体分析。

就企业的生命周期而言，生命周期是企业的发展状态，体现企业资源需求，对企业战略的制定具有极为重要的意义（Dickinson，2011）。而并购是企业获取资源的一种形式，因此并购行为会受到企业生命周期的影响。随着生命周期的变化，企业在各个阶段的发展战略以及资源获取能力是不同的，这可能导致企业的并购动机存在差异。国内外学者对企业生命周期与并购的关系展开了一系列研究，一些学者探讨了企业生命周期与并购行为的关系。Owen 和 Yawson（2010）的研究结果表明，初创期企业并购的动机和能力都较弱；成长期和成熟期企业更可能发生并购行为；而衰退期企业具有较强的组织惰性，并购的意愿较低。Arikan 等（2016）在研究中发现，初创期和成熟期企业的并购频率比成长期企业高，初创期企业进行相关并购时，往往会损害股东利益；而成熟期企业无论是并购非相关企业还是并购相关企业，都不利于股东价值的增加。还有一部分学者就企业生命周期与并购模式及行业展开研究。范从来和袁静（2002）发现，成长期企业并购的主要目的是扩大市场规模，因此选择横向并购的概率更大；成熟期企业并购的主要目的是实现规模经济，因此选择纵向并购和混合并购的概率更大；衰退期企业并购的主要目的是分散风险、抵御风险，因此更有可能选择混合并购。杨艳等（2014）对于成长期企业并购选择模式持相同的观点，但是对成熟期和衰退期企业并购选择模式有不同的观点。他们在研究中表明，成熟期企业选择混合并购和横向并购的可能性更大，而衰退期企业选择混合并购和纵向并购的可能性更大。对于企业生命周期与并购行业的关系研究表明，成长期企业会基于自身发展选择相关并购，而成熟期和衰退期企业会选择多元化并购（刘文楷等，2017）。因此，企业生命周期会对企业并购产生一定的影响，不论是体现在行为上还是体现在并购类型上。

就高管权力而言，高管权力是指在企业存在内部治理漏洞、外部制约机制欠缺的情境下，管理层抵制不同建议，强制执行个人意愿的能力及展现出的控制力和影响力（Finkelstein，1992；权小锋等，2010；王雄元等，2014）。现有的关于管理层权力对并购所产生的影响研究褒贬不一，一部分学者认为高管权力对企业以及资本市场的发展产生了负面影响。

对于资本市场来说，管理层权力会加大股票崩盘的风险，并且会受到企业内部控制制度和外部分析师跟踪的影响。当内部控制机制健全、外部分析师跟踪更多的时候，管理层权力对股价崩盘风险的促进作用会得到抑制（郑珊珊，2019）。对于企业行为来说，高管权力变大会加速国企高管的腐败程度（刘瑾等，2021），降低了企业的信息质量，造成更高水平的盈余预测偏差（陈淑芳等，2020），使现金持有的竞争效应变弱（杨兴全、张玲玲，2017）。此外，谢佩洪和汪春霞（2017）在其研究中将高管权力、企业生命周期和投资效率放到一个研究框架内，他们研究发现，对于成长期企业来说，高度集中的管理层权力会增加企业的过度投资行为；对于成熟期企业来说，管理层权力会减少企业的过度投资问题；而对于衰退期企业来说，管理层权力对投资效率无影响。具体到并购，受集中权力支配的管理层更有能力支配自由现金流，因此会产生非理性过度并购行为（丁婉玲等，2019）。另一部分学者认为，高管权力变大能够提高企业的投资水平，抑制企业的非效率投资（唐学华等，2015），高度集中的高管权力所引发的高管持股能够显著提升企业的成长性（李益娟等，2016）。鉴于学者们对高管权力所发挥的作用褒贬不一，因此有必要探讨当高管权力不同时，股东关系网络对并购的影响。

5.2　理论分析与研究假设

5.2.1　产权性质、股东关系网络与并购行为

股权制度作为我国最基本的正式制度之一，一方面要与非正式制

度建立一种相互补充、相互替代的关系；另一方面，也使国有企业与非国有企业在资源获取、信息传递、知识学习、债务契约以及管理制度等方面存在较大的差异。这不仅会影响外部制度所发挥的作用，还会影响企业的并购决策。

首先，国有企业是国家意志的执行者，有半政半企的身份，其政治使命决定了企业内部的治理机制和工作流程具有一定的程序化特点。特别是涉及企业发展规划和未来战略的决策，国有企业的管理人员需要逐级上报，等待上级审批。因此，国有企业的各项决策是很难受到外部非正式制度影响和干扰的。相反，由于非国有企业的形成机制及服务对象等，它的发展是以市场机制为导向的，具有一定的灵活性，因此，外部非正式制度比较容易发挥补充和替代的作用。

其次，由于我国资本市场是弱式有效的，个股的波动率受市场影响较大，市场噪声也较大。国有企业凭借国家信用做背书，受市场波动噪声的影响相对较小，加之国有企业与政府天然的债务契约关系，其信息不对称现象更少，个体信息融入股价中的效率更高（李增福等，2011），因此，股东关系网络所发挥的信息传递效应受到一定限制。

最后，国有企业与政府具有天然的产权关系，能够得到更多政策倾斜和资源，这对民营企业的资源获取具有挤出效应，迫使民营企业不惜以牺牲自我利益的并购方式满足其对资源的需求，这可能造成更多的低效并购。股东关系网络以其低成本、高收益的方式为企业带来稀缺资源，经济利益导向促使企业减少高风险的并购活动。因此，股东关系网络对并购的抑制作用在民营企业中更加显著。

综上分析，我们提出如下假设：

H5-1：在非国有企业，股东关系网络对并购的抑制作用更加显著。

5.2.2 企业生命周期、股东关系网络与并购行为

Haire（1959）提出了企业生命周期的观点并将企业的成长过程划分为初创期、成长期、成熟期和衰退期。企业处于生命周期的不同阶段，其在盈利表现、风险承担水平、财务表现、投资策略等方面均有所不同（Miller and Friesen，1984）。企业从初创期到成长期，到成熟期，再到衰退期，企业的竞争优势也在不断变化（Vojislav and Gordon，2008），因此，不同时期的企业的并购决策和并购效果也不同。本书样本企业的年龄均值为9年，所以，我们重点分析企业在成长期、成熟期以及衰退期的不同阶段，股东关系网络对并购的影响差异。

首先，处于成长期的企业所生产的产品在消费者市场已经有了一定的知名度，销售业绩也处于上升阶段，企业的盈利水平在不断增长，此时企业需要进行市场扩张以提高市场竞争力以及占有率，因此企业更倾向于实施并购。然而，虽然企业处于盈利状态，但是企业内部组织、制度以及人才结构等均不能匹配现有的生产力水平，并购后对资源的协调和管理能力较差，不利于企业的长期发展。邓可斌和李洁妮（2018）在研究中指出，在企业整个生命周期中，处于成长期的企业的并购绩效是最差的。

其次，成长期企业的经营面临较高的不确定性，加之市场需求以及企业所处的行业发展前景具有一定的模糊性，企业面临内外交加的高度不确定性和信息不对称的困扰（Habib and Hasan，2020），因此，并购后实现经营协同效应的可能性较低。

最后，虽然处于成长期的企业市场发展向好，但是企业的技术竞争力、生产要素优势以及人员优势仅限于特定行业（李善民、周小春，2007）。如果企业将原本集中的资源投入并购整合后的企业，可

能削弱企业的主业优势，不利于企业的长期发展。因此，成长期企业所实施的并购带来的弊可能大于利，属于低效率的并购行为。

成熟期的公司利润水平比较稳定，发展态势较好，在行业内具有一定的市场占有率（佟岩、陈莎莎，2010）。受企业较高盈利水平及较好发展趋势的影响，根据归因理论，管理者把这种成功归结为自身较高的能力，因此管理者过度自信水平较高。过度自信使管理者高估所搜寻并购项目的收益并低估并购过程中以及并购后的风险，并且认为他们有能力管理好合并后的企业。他们甚至认为，即使有风险，目前主并企业较高的风险承担水平也能够托住未来会发生的问题。因此，基于管理者过度自信，成熟期企业会频繁发生并购行为。另外，对于成熟期企业来说，其所面临的内部经营风险较低，应对外部不确定风险的能力较强，财务指标比较稳定，企业的市场占有率也趋于稳定（黄宏斌等，2016）；创新水平所带来的边际利润逐渐下降，企业创新的意愿相对较低（吴先明等，2017）。此时，企业更可能选择以并购的方式来实现企业成长，然而，外延式并购只是为了扩大企业规模"量"级，并没有带给企业"质"的增长。

处于衰退期的企业面临的市场竞争压力较大，市场份额急剧下降，营业利润呈现下降趋势，公司面临生存危机（崔也光、唐玮，2015），因此，风险最小化成为企业主要的发展战略。衰退期企业并购结果具有非常大的风险和不确定性（赵立祥、张文源，2015），一旦失败，企业将面临倒闭问题。管理层为了个人在经理人市场的声誉和未来的职业规划等，并购的动机较弱，执行的并购行为较为谨慎。如果实施并购策略，那么这个并购项目一定是经过多方考察，对企业的成功转型有实际帮助的，是有质量、有效率的并购，并非"野蛮"追求数量增长的并购行为。

综上分析，企业在成长期和成熟期更容易追求并购的"量"而发生低效并购行为，而在衰退期发生并购的可能性较小，一旦发生并购则更多追求"质"的高效率。因此，股东关系网络对企业并购的抑制作用在成长期和成熟期更加显著。

综上分析，提出如下假设：

H5-2：企业处于成长期和成熟期，股东关系网络对并购的抑制作用更加显著。

5.2.3 高管权力、股东关系网络与并购行为

高管权力是管理者行为决策的一种有力的支撑工具，当高管拥有较大的决策权力时，其决策更能体现出高管的意愿。因此，高管权力不仅对公司内部治理体系有影响，而且对向外发展的资源配置、战略决策也具有一定的影响（卢锐等，2008；刘焱、姚海鑫，2014）。

高管权力作为其支配范围的体现，在很大程度上容易触发过激的决策行为。Fresard 和 Salva（2010）在研究中指出，权力较大的管理者在企业各项决策中有较大的话语权，他们更容易出现过度投资行为。同样，Dutta 等（2011）在其研究中发现，拥有较大权力的 CEO 会发生更多对外收购行为。

此外，高管权力还会通过触发管理层的过度自信诱发更多并购行为。一方面，已有的研究表明，高管受权力的影响更容易产生主观的领导权意识，更加关注有价值的、积极的信息，会倾注更多精力、花更多时间进行积极的活动（Keltner et al.，2003）。由此，在对积极信息和活动的关注下，高管相比其他人更容易感知未来潜在的成功并激活其自我归属感，更容易出现过度自信的心理（Adams，Almeida and Ferreira，2005）。而管理者过度自信更容易激发其实施对外并购（Malmendier and Tate，2003）。另一方面，管理者过度自信的主要原因是控制幻觉，而高管的权力是控制幻觉的来源。当高管的权力相对

集中时，他们相信自己有能力主导并控制公司内部活动以及对外的各种决策，包括投资、融资以及经营决策，并高估其对结果的控制力（Langer，1975；Adams et al.，2005）。因此，当权力高度集中时，过度自信的管理者常常会进行企业过度投资（李莉等，2014）。特别是当管理者既是总经理又是董事长的时候，管理者过度自信对于企业的投资促进作用更加显著。并购决策作为企业决策之一，势必会受到管理者权力所带来的过度自信的影响。当过度自信的高管权力相对集中时，他们非常自信地认为自己有足够的能力筛选出未来企业绩效较好并且风险相对较低的并购项目，因此更可能发生并购行为。当过度自信的管理者所做出的并购决策遭受不同意见的时候，相对集中的高管权力为他们抵抗反对声音提供了保证，高管会逼迫其他人服从自己的决策。因此，当权力高度集中时，管理者过度自信与并购的正向相关关系将更加显著。

然而，当高管的权力比较集中、缺乏相对制衡的力量时，企业的并购并未为企业带来可持续发展的价值增量。Grinstein 和 Hribar（2004）在研究中发现，当高管权力缺乏制衡时，其并购行为会得到资本市场的负面评价。Glaser等（2013）在其研究中也发现，权力集中的高管所在的部门更易引发过度投资行为，并在事后表现为较低的生产率和绩效。我国学者（赵息、张西栓，2013）基于我国的国情展开了相应的研究，他们得出了与国外学者同样的结论，当高管的权力相对较大且缺乏制衡的时候，他们所发起的并购行为既带来了较差的并购绩效又损害了股东的利益。

综上所述，当高管权力较大时，企业更容易发生对外收购行为，同时会诱发管理者过度自信的对外并购决策。因此，股东关系网络对企业并购的抑制作用在高管权力较为集中、缺乏制衡时更加显著。

综上分析，提出如下假设：

H5-3：当高管权力较为集中时，股东关系网络对并购的抑制作用更加显著。

5.3 研究设计与变量定义

5.3.1 样本选择与数据来源

2008年金融危机波及全球，我国企业也深受其影响。金融危机之后，我国经济急速下滑，为刺激内需，我国推出了"四万亿计划"。因此，本书以2009—2019年A股上市公司为研究对象，我们对原始数据进行了如下处理：（1）删除了金融保险类企业；（2）删除了资产负债率大于1或者小于0的样本；（3）删除了原始数据缺失的样本；（4）删除了ST、*ST类公司；（5）删除了并购失败以及还未完成的公司；（6）保留了公司地位为买方的公司；（7）上市公司同一年发生多次并购事件的，只计算一次并购事件；（8）删除了未披露前十大股东的公司；（9）删除了所披露的前十大股东数量小于10的公司。

为保证检验结果的稳健性，对所有连续变量进行了缩尾处理（1%和99%水平）。本章的研究数据来自CSMAR数据库，数据处理主要采用Pajek软件及Stata软件。

5.3.2 模型设计与变量定义

为了分析股东关系网络对企业并购行为的影响，我们建立如下模型：

$$M\&AD/M\&AA=\theta_0+\theta_1Net+\theta_2Lev+\theta_3Size+\theta_4Cash+\theta_5Roe+\theta_6Growth+$$
$$\theta_7Top1+\theta_8Pper+\theta_9Age+\theta_{10}Board+\theta_{11}Dulity+\theta_{12}Indep+$$
$$\theta_{13}Mholding+Year+Industry+\varepsilon \tag{5-1}$$

（1）被解释变量。

M&AD 度量企业有无发起并购的虚拟变量，企业当年若发起并购行为则为 1，否则为 0；*M&AA* 度量公司当年发起并购所支付的金额的自然对数。

（2）解释变量。

Net 为股东关系网络中心度，参考黄灿和李善民（2019）、李善民等（2015）、马连福和杜博（2019）以及李维安等（2017）的研究，选用程度中心度、中介中心度和接近中心度的平均值作为网络中心度的衡量指标。

股东关系网络中心度的计算过程如下：首先，对于前十大股东中的个体股东，通过新浪、百度等进行了重名的处理；其次，根据上市公司的年报对股东数据进行了手工整理，将存在母子公司关系、一致行动人关系的股东进行合并。通过以上步骤，以调整后的前十大股东作为股东关系网络节点，若两个上市公司存在一个或者多个共同股东，那么这两个上市公司是有联结关系的，否则就没有联结关系。具体来说，对于任意两家公司 i 和 j，若它们存在一个或者多个共同股东，那么网络联结的变量 X_{ij} 等于 1，否则 X_{ij} 等于 0。以此类推，我们建立了股东关系网络的一模邻接矩阵，然后根据公司×公司的矩阵使用 Pajek 软件计算出程度中心度、中介中心度和接近中心度。为消除不同个体之间数值相差引起的误差，以及使不同年份的公司间网络指标具有可比性，同时将三个中心度指标进行了标准化处理，最后再用这三个指标的平均值衡量股东关系网络中心度。

（3）调节变量。

企业性质：根据企业股权性质，将企业划分为国有企业和非国有企业两大类。国有企业取值为 1，非国有企业取值为 0。

企业生命周期：参考 Dickinson（2011）的研究采用现金流模

式法。

高管权力：借鉴杨兴全（2017）的研究，若董事长担任企业CEO，取值为1，否则为0；若董事会规模高于样本中值，取值为1，否则为0；董事会中独立董事占比高于样本中值，取值为1，否则为0；若CEO具有硕士及以上学历，取值1，否则为0；最后将以上四项合成管理层权力（*Power*）指标。

（4）控制变量。

本书参考逯东等（2019）、李善民等（2020）以及蔡庆丰和陈熠辉（2020）的研究，选取资产负债率、公司规模、现金持有、净资产收益率、成长性、第一大股东持股比例、固定资产比例、公司年龄、董事会规模、二职合一、独立董事占比以及管理层持股比例作为主要控制变量，同时控制了行业与年份固定效应。关于变量的定义见表5-1。

表5-1　　　　　　　　　　　　**变量定义表**

变量名称	变量定义	变量说明
M&AD	并购行为	哑变量，若发起并购则为1，否则为0
M&AA	并购规模	ln（当年并购金额）
Net	股东关系网络指标	分别求出每一个公司的程度中心度、中介中心度以及接近中心度，然后取三者的平均值
Lev	资产负债率	总负债/总资产
Size	公司规模	总资产的自然对数
Cash	现金持有	现金及现金等价物/（总资产-现金及现金等价物）
Roe	盈利能力	净利润/所有者权益
Growth	主营业务增长率	主营业务增长率
*Top*1	第一大股东持股	第一大股东持股比例
Pper	固定资产比例	固定资产/总资产
Age	公司年龄	公司成立年限：年份-上市时间
Board	董事会规模	董事人数的自然对数
Dulity	二职合一	董事长与总经理是否兼任

变量名称	变量定义	变量说明
Indep	独立董事规模	独立董事人数/董事会人数
Mholding	高管持股	高管持股比例
Soe	产权性质	若为国有企业则为1，否则为0
Liff_cycle	企业生命周期	现金流法
Power	高管权力	采用合成指标

5.4 实证结果与分析

表5-2报告了产权性质、股东关系网络与企业并购之间的关系。列（1）和列（3）显示在非国有企业中，股东关系网络与并购的关系是负向显著的；而列（2）和列（4）显示在国有企业样本中，股东关系网络与并购的关系在统计意义上并不显著。以上结果说明，在非国有企业中，股东关系网络对并购能够发挥更好的抑制作用。

表5-2　　产权性质、股东关系网络与企业并购

	（1）	（2）	（3）	（4）
	M&AD		*M&AA*	
	非国有	国有	非国有	国有
Net	−2.888**	−1.616	−1.396***	−0.507
	(−2.35)	(−1.17)	(−2.98)	(−0.86)
Lev	1.361***	0.723**	0.501***	0.285***
	(6.16)	(2.55)	(6.15)	(2.83)
Size	0.273***	0.168***	0.128***	0.077***
	(6.18)	(3.62)	(7.98)	(4.39)
Cash	−2.066***	−2.133**	−0.710***	−0.513*
	(−3.55)	(−2.50)	(−3.29)	(−1.78)
Roe	0.095	0.011	0.033***	0.046*
	(1.42)	(0.12)	(2.61)	(1.68)
Growth	0.325***	0.610***	0.081***	0.062**
	(3.32)	(3.15)	(3.65)	(2.05)

	（1）	（2）	（3）	（4）
	M&AD		M&AA	
	非国有	国有	非国有	国有
Top1	−1.202***	−1.012***	−0.467***	−0.389***
	（−4.51）	（−2.87）	（−4.57）	（−3.01）
Pper	−1.425***	−1.334***	−0.601***	−0.437***
	（−4.89）	（−4.57）	（−5.53）	（−4.30）
Age	−0.023***	−0.007	−0.008***	−0.003
	（−2.92）	（−0.83）	（−2.63）	（−0.80）
Board	−0.473*	−0.256	−0.189**	−0.091
	（−1.94）	（−0.89）	（−2.11）	（−0.88）
Duality	0.015	0.133	0.008	0.038
	（0.21）	（0.88）	（0.31）	（0.68）
Indep	−0.276	0.244	−0.188	0.056
	（−0.35）	（0.27）	（−0.64）	（0.16）
Mholding	−0.228	2.575	−0.091	1.280
	（−1.24）	（1.28）	（−1.30）	（1.50）
Cons	−5.363***	−3.394***	−1.663***	−0.766*
	（−4.56）	（−3.03）	（−3.79）	（−1.87）
Ind/Year	Yes	Yes	Yes	Yes
N	5 839	3 615	5 839	3 616
R^2	0.152	0.079	0.211	0.097

注：对于因变量是 *M&AD* 来说，括号内数据表示 *Z* 值；对于因变量是 *M&AA* 来说，括号内数据表示 *t* 值。***、**、* 分别表示回归系数在 1%、5%、10% 的置信水平上显著。

表5-3报告了企业生命周期、股东关系网络与企业并购之间的关系。在列（1）、列（4）成长期以及列（2）、列（5）成熟期，股东关系网络与企业并购的关系是负向显著的；而在列（3）和列（6）的衰退期，股东关系网络与企业并购的关系在统计意义上并不显著。以上结果说明，在企业成长期和成熟期，股东关系网络对并购能够发挥更好的抑制作用。

表 5-3		企业生命周期、股东关系网络与企业并购				
	（1）	（2）	（3）	（4）	（5）	（6）
		M&AD			M&AA	
	成长期	成熟期	衰退期	成长期	成熟期	衰退期
Net	−2.535**	−3.472**	−2.563	−1.038**	−1.608***	−1.263
	(−1.97)	(−2.55)	(−1.34)	(−2.05)	(−2.83)	(−1.49)
Lev	0.496**	0.919***	1.145***	0.167*	0.345***	0.378***
	(1.97)	(3.45)	(3.39)	(1.82)	(3.59)	(2.77)
Size	0.241***	0.111**	0.182***	0.117***	0.051***	0.110***
	(5.44)	(2.44)	(2.79)	(7.11)	(3.06)	(3.96)
Cash	0.224	−0.647	−0.845	0.254	−0.162	−0.158
	(0.27)	(−0.91)	(−0.88)	(0.84)	(−0.64)	(−0.40)
Roe	0.264	−0.101	0.183*	0.047**	0.017	0.041*
	(1.32)	(−1.18)	(1.77)	(2.42)	(0.86)	(1.89)
Growth	0.792***	0.867***	0.046	0.169***	0.290***	0.006
	(5.04)	(3.83)	(1.06)	(2.78)	(4.74)	(0.45)
Top1	−1.813***	−1.400***	−0.787*	−0.660***	−0.529***	−0.387**
	(−6.23)	(−4.76)	(−1.91)	(−5.99)	(−4.79)	(−2.31)
Pper	−1.940***	−0.990***	−1.030**	−0.820***	−0.354***	−0.325*
	(−6.35)	(−3.36)	(−2.25)	(−7.28)	(−3.40)	(−1.77)
Age	−0.035***	−0.036***	−0.023**	−0.013***	−0.013***	−0.011**
	(−4.36)	(−4.32)	(−2.20)	(−4.16)	(−3.99)	(−2.39)
Board	−0.723***	−0.504*	−0.684*	−0.268***	−0.183*	−0.290*
	(−2.79)	(−1.78)	(−1.83)	(−2.93)	(−1.82)	(−1.89)

	（1）	（2）	（3）	（4）	（5）	（6）
	M&AD			M&AA		
	成长期	成熟期	衰退期	成长期	成熟期	衰退期
Duality	0.197**	0.180*	−0.094	0.076**	0.059	−0.012
	（2.25）	（1.85）	（−0.73）	（2.33）	（1.59）	（−0.22）
Indep	−0.376	−0.715	−0.825	−0.188	−0.297	−0.311
	（−0.45）	（−0.72）	（−0.62）	（−0.62）	（−0.83）	（−0.56）
Mholding	0.133	−0.026	0.366	0.093	−0.034	0.119
	（0.58）	（−0.10）	（0.97）	（1.07）	（−0.34）	（0.74）
Cons	−3.586***	−1.470	−2.530	−1.113***	0.117	−0.925
	（−3.20）	（−1.27）	（−1.51）	（−2.68）	（0.28）	（−1.33）
Ind/Year	Yes	Yes	Yes	Yes	Yes	Yes
N	4 367	3 413	1 612	4 367	3 413	1 612
R^2	0.165	0.097	0.096	0.224	0.118	0.135

注：对于因变量是 M&AD 来说，括号内数据表示 Z 值；对于因变量是 M&AA 来说，括号内数据表示 t 值。***、**、* 分别表示回归系数在 1%、5%、10% 的置信水平上显著。

表 5-4 报告了高管权力、股东关系网络与企业并购之间的关系。在列（1）和列（3）高管权力小时，股东关系网络与企业并购的关系在统计意义上并不显著；而在列（2）和列（4）高管权力大时，股东关系网络与企业并购的关系是负向显著的。以上结果说明，在高管权力大时，股东关系网络对并购能够发挥更好的抑制作用。

表 5-4   高管权力、股东关系网络与企业并购

	（1）	（2）	（3）	（4）
	M&AD		M&AA	
	高管权力小	高管权力大	高管权力小	高管权力大
Net	−1.693	−4.763***	−0.785	−2.181***
	（−1.15）	（−4.40）	（−1.23）	（−4.98）
Lev	0.797**	1.060***	0.371***	0.389***
	（2.48）	（5.29）	（3.06）	（5.25）
Size	0.178***	0.201***	0.090***	0.098***
	（3.20）	（5.74）	（4.07）	（7.38）
Cash	−0.830	−2.021***	−0.249	−0.636***
	（−1.04）	（−3.50）	（−0.82）	（−2.99）
Roe	−0.214	0.086	0.170*	0.040***
	（−0.70）	（1.20）	（1.73）	（3.36）
Growth	0.768**	0.342***	0.116**	0.063***
	（2.51）	（3.19）	（2.25）	（3.24）
Top1	−1.582***	−1.541***	−0.657***	−0.609***
	（−4.58）	（−6.29）	（−4.75）	（−6.68）
Pper	−1.601***	−1.657***	−0.619***	−0.633***
	（−4.72）	（−6.75）	（−4.88）	（−7.02）
Age	−0.037***	−0.039***	−0.015***	−0.015***
	（−3.97）	（−5.69）	（−3.94）	（−5.77）
Board	−0.348	−0.888***	−0.194	−0.319***
	（−1.08）	（−4.09）	（−1.56）	（−4.01）

	（1）	（2）	（3）	（4）
	M&AD		M&AA	
	高管权力小	高管权力大	高管权力小	高管权力大
Duality	0.133	0.109	0.041	0.045
	（0.99）	（1.52）	（0.77）	（1.63）
Indep	0.344	−0.971	−0.015	−0.366
	（0.32）	（−1.30）	（−0.04）	（−1.31）
Mholding	0.508*	−0.135	0.213*	−0.044
	（1.67）	（−0.68）	（1.68）	（−0.58）
Cons	−3.409**	−2.143**	−0.764	−0.481
	（−2.40）	（−2.34）	（−1.40）	（−1.39）
Ind/Year	Yes	Yes	Yes	Yes
N	3 236	6 217	3 238	6 217
R^2	0.103	0.154	0.1398	0.204

注：对于因变量是 M&AD 来说，括号内数据表示 Z 值；对于因变量是 M&AA 来说，括号内数据表示 t 值。***、**、* 分别表示回归系数在 1%、5%、10% 的置信水平上显著。

5.5　稳健性检验

5.5.1　变化解释变量范围

为了排除本书的结果是由少数关联度较高的股东所致，变化解释变量的范围，就是删除股东关系网络中上五分位的值。表5-5是基于产权不同视角，检验删除上五分位后股东关系网络对并购的影响，在列（1）和列（3）非国有企业样本中，*Net* 的系数显著为负，分别为 −2.921 和 −1.407；在列（2）和列（4）国有企业样本中，*Net* 的系数虽然为负但是在统计意义上是不显著的，这支持了在非国有企业中股东关系网络发挥的抑制作用更大的假设。

表 5-5　产权性质、股东关系网络与企业并购的稳健性检验

	（1）	（2）	（3）	（4）
	M&AD		*M&AA*	
	非国有	国有	非国有	国有
Net	−2.921**	−1.402	−1.407***	−0.484
	（−2.34）	（−0.93）	（−2.95）	（−0.77）
Lev	1.361***	0.761**	0.498***	0.297***
	（5.82）	（2.41）	（5.76）	（2.62）
Size	0.281***	0.187***	0.133***	0.089***
	（5.87）	（3.46）	（7.66）	（4.38）
Cash	−2.246***	−2.973***	−0.733***	−0.791**
	（−3.62）	（−3.15）	（−3.17）	（−2.42）
Roe	0.099	0.233	0.034***	0.088**
	（1.40）	（1.14）	（2.64）	（2.45）
Growth	0.341***	0.685***	0.082***	0.061**
	（3.11）	（3.49）	（3.60）	（2.12）
*Top*1	−1.333***	−1.415***	−0.520***	−0.530***
	（−4.77）	（−3.59）	（−4.82）	（−3.62）
Pper	−1.528***	−1.452***	−0.631***	−0.496***
	（−4.99）	（−4.52）	（−5.39）	（−4.38）

	（1）	（2）	（3）	（4）
	M&AD		M&AA	
	非国有	国有	非国有	国有
Age	−0.020**	−0.008	−0.007**	−0.002
	(−2.45)	(−0.86)	(−2.34)	(−0.66)
Board	−0.472*	−0.348	−0.182*	−0.113
	(−1.85)	(−1.08)	(−1.93)	(−0.94)
Duality	−0.008	0.056	0.003	0.020
	(−0.11)	(0.33)	(0.09)	(0.31)
Indep	−0.377	0.285	−0.204	0.109
	(−0.44)	(0.27)	(−0.64)	(0.27)
Mholding	−0.243	2.972	−0.103	1.470*
	(−1.27)	(1.49)	(−1.42)	(1.75)
Cons	−5.567***	−3.386**	−1.800***	−0.937*
	(−4.54)	(−2.56)	(−3.93)	(−1.91)
Ind/Year	Yes	Yes	Yes	Yes
N	4 922	2 641	4 922	2 642
R^2	0.148	0.091	0.205	0.108

注：对于因变量是 *M&AD* 来说，括号内数据表示 *Z* 值；对于因变量是 *M&AA* 来说，括号内数据表示 *t* 值。***、**、* 分别表示回归系数在 1%、5%、10% 的置信水平上显著。

为了排除本书的结果是由少数关联度较高的股东所致，变化解释变量的范围，就是删除股东关系网络中上五分位的值。表5–6是基于企业生命周期不同视角，检验删除上五分位后股东关系网络对并购的影响。在列（1）和列（4）成长期样本中，*Net* 的系数显著为负，分别为−2.358 和−1.042；在列（2）和列（5）成熟期样本中，*Net* 的系数分别为−3.678 和−1.7.2，且在统计意义上是显著的；在列（3）和列（6）衰退期样本中，*Net* 的系数为负，但是在统计意义上是不显著的。以上结果支持股东关系网络抑制企业并购在成长期和成熟期的样本中更加显著的假设。

表5-6　企业生命周期、股东关系网络与企业并购的稳健性检验

	（1）	（2）	（3）	（4）	（5）	（6）
	M&AD			*M&AA*		
	成长期	成熟期	衰退期	成长期	成熟期	衰退期
Net	−2.358*	−3.678***	−2.638	−1.042**	−1.702***	−1.330
	(−1.76)	(−2.60)	(−1.35)	(−2.01)	(−2.88)	(−1.54)
Lev	0.421	0.824***	1.383***	0.131	0.304***	0.499***
	(1.50)	(2.77)	(3.87)	(1.29)	(2.77)	(3.39)
Size	0.260***	0.144***	0.161**	0.129***	0.066***	0.104***
	(5.05)	(2.77)	(2.32)	(6.91)	(3.39)	(3.48)
Cash	−0.680	−0.816	−0.889	−0.010	−0.215	−0.202
	(−0.76)	(−1.02)	(−0.84)	(−0.03)	(−0.74)	(−0.46)
Roe	0.192	−0.025	0.180*	0.040**	0.044	0.043*
	(1.10)	(−0.18)	(1.73)	(2.33)	(0.96)	(1.96)
Growth	0.929***	0.786***	0.078	0.171***	0.276***	0.017
	(5.09)	(3.25)	(1.58)	(2.65)	(4.27)	(1.28)
*Top*1	−2.026***	−1.876***	−0.828*	−0.725***	−0.718***	−0.402**
	(−6.33)	(−5.78)	(−1.84)	(−5.99)	(−5.85)	(−2.17)

	（1）	（2）	（3）	（4）	（5）	（6）
	M&AD			M&AA		
	成长期	成熟期	衰退期	成长期	成熟期	衰退期
Pper	−2.121***	−1.301***	−0.957**	−0.902***	−0.469***	−0.321*
	(−6.24)	(−4.04)	(−2.00)	(−7.08)	(−3.99)	(−1.68)
Age	−0.038***	−0.032***	−0.022**	−0.014***	−0.012***	−0.009**
	(−4.43)	(−3.61)	(−1.96)	(−4.18)	(−3.39)	(−1.98)
Board	−0.707**	−0.564*	−0.741*	−0.255**	−0.205*	−0.289*
	(−2.47)	(−1.85)	(−1.85)	(−2.47)	(−1.84)	(−1.76)
Duality	0.142	0.132	−0.101	0.057	0.045	−0.004
	(1.51)	(1.25)	(−0.73)	(1.62)	(1.09)	(−0.07)
Indep	−0.433	−0.442	−1.299	−0.226	−0.152	−0.469
	(−0.47)	(−0.40)	(−0.90)	(−0.66)	(−0.37)	(−0.78)
Mholding	0.031	−0.179	0.379	0.061	−0.118	0.139
	(0.12)	(−0.64)	(0.95)	(0.65)	(−1.10)	(0.81)
Cons	−3.675***	−1.904	−2.225	−1.266***	−0.117	−0.918
	(−2.87)	(−1.45)	(−1.21)	(−2.63)	(−0.24)	(−1.20)
Ind/Year	Yes	Yes	Yes	Yes	Yes	Yes
N	3 494	2 638	1 370	3 494	2 647	1 370
R^2	0.164	0.095	0.095	0.218	0.117	0.132

注：对于因变量是 M&AD 来说，括号内数据表示 Z 值；对于因变量是 M&AA 来说，括号内数据表示 t 值。***、**、* 分别表示回归系数在 1%、5%、10% 的置信水平上显著。

为了排除本书的结果是由少数关联度较高的股东所致，变化解释变量的范围，就是删除股东关系网络中上五分位的值。表5-7是基于高管权力不同视角，检验删除上五分位后股东关系网络对并购的影响。在列（1）和列（3）高管权力小的样本中，*Net*的系数显著为负，但是统计意义上不显著；在列（2）和列（4）高管权力大的样本中，*Net*的系数分别为-4.866和-2.257，并且在统计意义上是显著的。以上结果支持股东关系网络抑制企业并购在高管权力大的样本中更加显著的假设。

表5-7　　高管权力、股东关系网络与企业并购的稳健性检验

	（1）	（2）	（3）	（4）
	M&AD		M&AA	
	高管权力小	高管权力大	高管权力小	高管权力大
Net	−1.606	−4.866***	−0.794	−2.257***
	（−1.02）	（−4.33）	（−1.19）	（−5.00）
Lev	0.908**	1.023***	0.421***	0.372***
	（2.52）	（4.79）	（3.05）	（4.71）
Size	0.192***	0.221***	0.100***	0.111***
	（3.05）	（5.70）	（4.07）	（7.48）
Cash	−1.326	−2.263***	−0.484	−0.700***
	（−1.51）	（−3.63）	（−1.44）	（−3.00）
Roe	−0.005	0.155*	0.280***	0.042***
	（−0.02）	（1.69）	（2.88）	（3.09）
Growth	0.845**	0.349***	0.112**	0.061***
	（2.33）	（2.91）	（2.14）	（3.11）
*Top*1	−1.880***	−1.783***	−0.779***	−0.702***
	（−4.83）	（−6.83）	（−4.98）	（−7.15）

	（1）	（2）	（3）	（4）
	M&AD		M&AA	
	高管权力小	高管权力大	高管权力小	高管权力大
Pper	−1.932***	−1.703***	−0.771***	−0.659***
	（−5.19）	（−6.41）	（−5.45）	（−6.61）
Age	−0.036***	−0.040***	−0.014***	−0.016***
	（−3.63）	（−5.56）	（−3.54）	（−5.64）
Board	−0.454	−0.899***	−0.214	−0.325***
	（−1.30）	（−3.83）	（−1.56）	（−3.68）
Duality	0.094	0.062	0.028	0.033
	（0.65）	（0.81）	（0.48）	（1.12）
Indep	−0.045	−0.957	−0.124	−0.379
	（−0.04）	（−1.18）	（−0.27）	（−1.22）
Mholding	0.349	−0.226	0.146	−0.079
	（1.07）	（−1.08）	（1.10）	（−0.97）
Cons	−3.245**	−2.395**	−0.850	−0.689*
	（−2.04）	（−2.39）	（−1.38）	（−1.80）
Ind/Year	Yes	Yes	Yes	Yes
N	2 498	5 064	2 500	5 064
R^2	0.113	0.147	0.150	0.197

注：对于因变量是 M&AD 来说，括号内数据表示 Z 值；对于因变量是 M&AA 来说，括号内数据表示 t 值。***、**、* 分别表示回归系数在 1%、5%、10% 的置信水平上显著。

5.5.2 重新测算解释变量

为了排除本书的结果是由少数大股东所致，变化股东关系网络的形成范围，以重新测定股东关系网络。我们删除前三大股东，重新构建股东关系网络。表5-8是删除前三大股东后，在重新构建股东关系网络的情况下，检验在产权不同的企业股东关系网络对并购的影响。在列（1）和列（3）非国有企业样本中，*Net* 的系数分别为 −0.835 和 −0.458，且都是显著的；而在列（2）和列（4）国有企业的样本中，*Net* 的系数不显著。以上四列的结论说明 H5-1 是稳健的。

表5-8　产权性质、股东关系网络与企业并购的稳健性检验

	（1）	（2）	（3）	（4）
	M&AD		*M&AA*	
	非国有	国有	非国有	国有
Net	−0.835*	0.246	−0.458**	0.185
	（−1.70）	（0.39）	（−2.16）	（0.67）
Lev	1.384***	0.777***	0.511***	0.306***
	（7.42）	（2.73）	（6.25）	（3.03）
Size	0.265***	0.148***	0.126***	0.069***
	（7.50）	（3.17）	（7.83）	（3.93）
Cash	−2.091***	−2.130**	−0.721***	−0.516*
	（−3.98）	（−2.50）	（−3.34）	（−1.79）
Roe	0.096	0.011	0.033***	0.046*
	（1.33）	（0.13）	（2.65）	（1.70）
Growth	0.330***	0.620***	0.082***	0.062**
	（4.61）	（3.15）	（3.65）	（2.07）

	（1）	（2）	（3）	（4）
	M&AD		M&AA	
	非国有	国有	非国有	国有
Top1	−1.228***	−1.019***	−0.479***	−0.388***
	（−5.71）	（−2.87）	（−4.68）	（−2.99）
Pper	−1.435***	−1.316***	−0.605***	−0.432***
	（−5.91）	（−4.50）	（−5.56）	（−4.24）
Age	−0.024***	−0.006	−0.008***	−0.002
	（−3.82）	（−0.72）	（−2.72）	（−0.67）
Board	−0.473**	−0.280	−0.190**	−0.099
	（−2.28）	（−0.97）	（−2.10）	（−0.96）
Duality	0.016	0.135	0.009	0.039
	（0.26）	（0.89）	（0.35）	（0.70）
Indep	−0.260	0.189	−0.181	0.039
	（−0.37）	（0.20）	（−0.61）	（0.11）
Mholding	−0.213	2.720	−0.084	1.335
	（−1.38）	（1.35）	（−1.21）	（1.55）
Cons	−5.224***	−2.942***	−1.614***	−0.594
	（−5.54）	（−2.63）	（−3.67）	（−1.46）
Ind/Year	Yes	Yes	Yes	Yes
N	5 839	3 615	5 839	3 616
R^2	0.151	0.079	0.210	0.097

注：对于因变量是 M&AD 来说，括号内数据表示 Z 值；对于因变量是 M&AA 来说，括号内数据表示 t 值。***、**、* 分别表示回归系数在 1%、5%、10% 的置信水平上显著。

为了排除本书的结果是由少数大股东所致，变化股东关系网络的形成范围，以重新测定股东关系网络。我们删除前三大股东，重新构建股东关系网络。表5-9是删除前三大股东后，在重新构建股东关系网络的情况下，检验在企业生命周期不同的企业股东关系网络对并购的影响。在列（1）和列（4）成长期的样本中，*Net*的系数是显著的；在列（2）和列（5）成熟期的样本中，*Net*的系数分别为-2.116和-0.902，且是显著的；在列（3）和列（6）衰退期的样本中，*Net*的系数不显著。以上六列的结论支持股东关系网络在企业成长期和成熟期对企业并购的影响更加显著的假设。

表5-9　企业生命周期、股东关系网络与企业并购的稳健性检验

	（1）	（2）	（3）	（4）	（5）	（6）
	M&AD			*M&AA*		
	成长期	成熟期	衰退期	成长期	成熟期	衰退期
Net	-1.866**	-2.116**	-1.219	-0.719**	-0.902***	-0.644
	(-2.39)	(-2.57)	(-1.02)	(-2.28)	(-2.69)	(-1.22)
Lev	0.494**	0.936***	1.166***	0.166*	0.355***	0.387***
	(1.96)	(3.52)	(3.45)	(1.81)	(3.70)	(2.83)
Size	0.240***	0.106**	0.172***	0.117***	0.048***	0.106***
	(5.45)	(2.37)	(2.66)	(7.12)	(2.93)	(3.82)
Cash	0.232	-0.646	-0.849	0.259	-0.164	-0.160
	(0.28)	(-0.90)	(-0.88)	(0.86)	(-0.65)	(-0.41)
Roe	0.270	-0.101	0.183*	0.048**	0.016	0.042*
	(1.34)	(-1.17)	(1.78)	(2.41)	(0.86)	(1.90)
Growth	0.795***	0.869***	0.046	0.170***	0.290***	0.006
	(5.05)	(3.83)	(1.06)	(2.78)	(4.72)	(0.45)

	（1）	（2）	（3）	（4）	（5）	（6）
	M&AD			*M&AA*		
	成长期	成熟期	衰退期	成长期	成熟期	衰退期
$Top1$	-1.805***	-1.391***	-0.795*	-0.659***	-0.527***	-0.390**
	(-6.20)	(-4.73)	(-1.92)	(-5.97)	(-4.78)	(-2.32)
$Pper$	-1.935***	-0.982***	-1.048**	-0.819***	-0.349***	-0.333*
	(-6.34)	(-3.33)	(-2.29)	(-7.28)	(-3.36)	(-1.82)
Age	-0.035***	-0.036***	-0.023**	-0.013***	-0.012***	-0.011**
	(-4.29)	(-4.28)	(-2.21)	(-4.10)	(-3.96)	(-2.39)
$Board$	-0.725***	-0.530*	-0.695*	-0.269***	-0.194*	-0.296*
	(-2.81)	(-1.87)	(-1.86)	(-2.95)	(-1.92)	(-1.93)
$Duality$	0.195**	0.186*	-0.097	0.075**	0.062*	-0.013
	(2.23)	(1.91)	(-0.75)	(2.31)	(1.67)	(-0.25)
$Indep$	-0.373	-0.776	-0.803	-0.188	-0.321	-0.301
	(-0.45)	(-0.78)	(-0.60)	(-0.62)	(-0.90)	(-0.55)
$Mholding$	0.138	-0.030	0.376	0.096	-0.034	0.122
	(0.60)	(-0.12)	(1.00)	(1.10)	(-0.34)	(0.76)
$Cons$	-3.581***	-1.307	-2.328	-1.100***	0.199	-0.841
	(-3.21)	(-1.15)	(-1.40)	(-2.67)	(0.48)	(-1.22)
$Ind/Year$	Yes	Yes	Yes	Yes	Yes	Yes
N	4 367	3 413	1 612	4 367	3 413	1 612
R^2	0.165	0.097	0.096	0.225	0.117	0.134

注：对于因变量是 *M&AD* 来说，括号内数据表示 *Z* 值；对于因变量是 *M&AA* 来说，括号内数据表示 *t* 值。***、**、* 分别表示回归系数在 1%、5%、10% 的置信水平上显著。

为了排除本书的结果是由少数大股东所致，变化股东关系网络的形成范围，以重新测定股东关系网络。我们删除前三大股东，重新构建股东关系网络。表5-10是删除前三大股东后，在重新构建股东关系网络的情况下，检验高管权力不同的企业股东关系网络对并购的影响。在列（1）和列（3）高管权力小的样本中，*Net* 的系数是不显著的；在列（2）和列（4）高管权力大的样本中，*Net* 的系数在1%的水平上显著，系数分别为−1.307和−0.641。以上四列的结论支持股东关系网络在高管权力大的时候对企业并购的影响更加显著的假设。

表5-10　　**高管权力、股东关系网络与并购的稳健性检验**

	（1）	（2）	（3）	（4）
	M&AD		*M&AA*	
	高管权力小	高管权力大	高管权力小	高管权力大
Net	0.252	−1.307***	0.086	−0.641***
	(0.37)	(−2.67)	(0.29)	(−3.20)
Lev	0.830***	1.115***	0.386***	0.412***
	(2.58)	(5.57)	(3.18)	(5.55)
Size	0.159***	0.186***	0.082***	0.092***
	(2.85)	(5.31)	(3.73)	(6.94)
Cash	−0.823	−2.042***	−0.247	−0.646***
	(−1.04)	(−3.55)	(−0.81)	(−3.03)
Roe	−0.222	0.087	0.167*	0.041***
	(−0.73)	(1.22)	(1.70)	(3.42)
Growth	0.784**	0.354***	0.117**	0.065***
	(2.54)	(3.27)	(2.25)	(3.26)

	（1）	（2）	（3）	（4）
	M&AD		*M&AA*	
	高管权力小	高管权力大	高管权力小	高管权力大
$Top1$	-1.604^{***}	-1.608^{***}	-0.666^{***}	-0.640^{***}
	(-4.64)	(-6.57)	(-4.81)	(-7.02)
$Pper$	-1.589^{***}	-1.667^{***}	-0.616^{***}	-0.638^{***}
	(-4.69)	(-6.80)	(-4.85)	(-7.07)
Age	-0.038^{***}	-0.040^{***}	-0.015^{***}	-0.016^{***}
	(-4.02)	(-5.82)	(-4.00)	(-5.92)
$Board$	-0.380	-0.904^{***}	-0.206^{*}	-0.328^{***}
	(-1.18)	(-4.14)	(-1.65)	(-4.09)
$Duality$	0.140	0.111	0.044	0.045^{*}
	(1.03)	(1.55)	(0.83)	(1.65)
$Indep$	0.247	-0.971	-0.053	-0.367
	(0.23)	(-1.29)	(-0.13)	(-1.30)
$Mholding$	0.527^{*}	-0.088	0.222^{*}	-0.025
	(1.74)	(-0.45)	(1.77)	(-0.32)
$Cons$	-2.917^{**}	-1.798^{**}	-0.568	-0.342
	(-2.05)	(-1.96)	(-1.04)	(-0.99)
$Ind/Year$	Yes	Yes	Yes	Yes
N	3 236	6 217	3 238	6 217
R^2	0.102	0.152	0.139	0.202

注：对于因变量是 *M&AD* 来说，括号内数据表示 Z 值；对于因变量是 *M&AA* 来说，括号内数据表示 t 值。***、**、* 分别表示回归系数在 1%、5%、10% 的置信水平上显著。

5.6 本章小结

股东关系网络作为非正式制度之一，其作用的发挥不仅取决于网络自身特性，还受制于正式制度的影响。基于此，本章基于我国沪深两市 A 股 2009—2019 年上市公司面板数据样本，从产权性质视角来检验股东关系网络对国有企业和非国有企业并购的差异化影响。主要的研究结论如下：

（1）在非国有企业，股东关系网络对并购的抑制作用更加显著。国有企业因其特殊的政治使命有其固有的工作流程和工作模式，外界的非正式制度很难影响其内部的运行机制，因此股东关系网络对国有企业所发挥的作用受到限制。与之相反，非国有企业以市场运行规则为导向，对外部市场变化的灵敏度和适应性较高，受正式制度的影响较小，因此股东关系网络能够发挥更大的作用。此外，国有企业有获取资源优势，而非国有企业则面临资源挤出的影响。非国有企业为了获得满足自身发展所需要的资源，不惜发起更多牺牲自我利益、低效率的并购。而股东关系网络以其低成本、高收益的方式为企业带来更多的稀缺资源，可以替代低效率并购。所以，股东关系网络在非国有企业中更能发挥作用。

（2）企业处于成长期和成熟期，股东关系网络对并购的抑制作用更加显著。处于成长期的企业内部组织、制度以及人才结构对并购后资源的协调和管理能力较差，内部经营面临较高的不确定性，因此，企业并购绩效较差并且并购后实现经营协同效应的可能性较低。成熟期的企业管理者过度自信水平较高，会频繁发生并购行为，而此时的外延式并购只是为了扩大企业规模"量"级，并没有带给企业"质"的增长。衰退期的企业市场竞争压力大，公司面临生存危机，因此，风险最小化成为其主要的发展战略，企业对并购项目的选择非常谨慎，是有质量、有效率的并购，并非"野蛮"追求数量增长的并购。因此，成长期和成熟期的企业并购多属于低效并购，此时，股东关系网络发挥的作用更大。

（3）当高管权力较大时，股东关系网络对并购的抑制作用更加显著。权力较大的管理者在企业各项决策中有较大话语权，因此更容易出现过度投资，可能发生更多的对外收购行为。此外，高度集中的高管权力更易诱发管理者过度自信的企业并购，因此，股东关系网络能够发挥知识学习效应抑制并购。

本章的政策启示是：产权性质导致信息传递、资源分配等在国有企业与非国有企业中呈现倾斜状态，因此，非国有企业寻求外部非正式制度以弥补自身不足的动机更加强烈，非正式制度能够较好地解决这一问题。因此，在正式制度不完善时，企业应该积极与资源丰富的个体建立密切联系，形成非正式制度，以获取资源及信息等，满足企业发展的需要。企业应将正式制度与非正式制度相结合，使其相互补充，发挥相得益彰的作用。企业的发展存在一定的生命周期，处于不同发展阶段的企业，其资源诉求以及发展目标不同，因此会出现不同的并购行为。我国的逆周期并购实质是应对市场环境变化而做出的改变，但这种改变只实现了"量"的增长，并未实现"质"的飞跃。因此，管理者在做出公司决策时应兼顾"量"和"质"两方面，实现内涵式发展。公司在制定和执行各种战略时，会受到高管权力的影响，因此，股东应该致力于制衡高管权力，拓宽高管知识学习的渠道，弥补高管的认知缺陷，降低权力高度膨胀的高管对企业各项决策的影响。

第6章

外部环境、股东关系网络与并购行为

6.1　引言

外部环境是指企业面临的各种政治环境、经济环境、信息环境以及市场环境的集合体，它决定了企业在政治权利、经济要素、信息传递以及市场秩序方面的分配差异，是每一个经济个体所必须依赖的要素，对企业的资源配置效率以及投资、融资、交易决策具有深远的影响（马光荣等，2015）。反之，企业作为逐利的经济利益体，为了获得超额利润，会根据所面临的外部环境动态地调整自身的发展战略（夏立军、陈信元，2007）。企业内嵌于外部环境，外部环境会通过影响企业战略的方式引发"牵一发而动全身"的连锁反应（万赫等，2021）。特别是在我国经济转型及产业升级背景下，企业外部环境一旦发生较大变化，企业资源依赖路径也会出现较大的不确定性。因此，关注企业外部环境的变化是企业实现可持续发展的重中之重。

目前，我国企业普遍面临资源匮乏、资本市场信息噪声较大等问题，较差的外部环境会加剧问题的严重性，对企业并购质量和效率不利。相反，良好的外部环境能够为公司提供专业化的团队，指导企业筛选和评估并购项目；提供更好的信息环境，保证投资者的知情权，因此对并购决策更有利。目前，我国企业所面临的外部环境主要包括信息环境、营商环境、政治环境以及市场制度环境，具体表现为媒体关注度、环境不确定性、产业政策扶持以及市场化进程。

就信息环境来说，媒体已成为资本市场治理机制中不可缺少的一部分。我国相关法律规定，外部监督形式包括行政监督、审计监督、人大监督以及社会监督四种。其中，社会监督是这四种形式中独立性强、第三方力量无法更改的一种监督形式，因此能够公正、客观地发挥监督职能。随着5G时代的到来和我国资本市场的繁荣发展，社会监督变得愈发重要，也愈发有影响力。区别于行政、立法和司法，媒体已经成为社会监督外部治理机制的核心，逐渐成为资本市场信息传播的重要介质以及投资者获取信息的主要手段（杨道广，2017）。一部分学者认为，媒体关注作为独立于行政手段和法律制约外的相对公正、客观的惩罚机制，可以通过声誉机制、监督机制以及市场压力等发挥对公司的外部治理作用（Dyck et al.，2008），有效地规范和制约内部管理者的不合理行为（郑志刚，2007），提高企业披露业绩报告、财务报告及内部有关信息的意愿，降低高管操纵盈余管理的投机行为，进而减少外部投资者与企业的信息不对称问题（孙鲲鹏等，2020；王丹等，2020）。然而，另一部分学者认为，媒体关注通过制造轰动效应，在无形中给企业管理者造成了较大的市场压力，企业管理者为了对冲压力而选择失之偏颇的报道，最终导致企业的盈余水平显著提升（应千伟等，2017）。此外，由于我国资本市场是弱式有效的，投资者易受到外部因素干扰，媒体关注比较容易诱发投资者的非理性情绪（游家兴、吴静，2012），从而使那些媒体关注度高的公司股价中包含了较多非公司特质信息以外的噪声，使资本市场展示出来的股价与企业的基本价值偏离较为严重。

就环境不确定性而言，它是企业面临的营商环境的不确定性变化，衡量企业所依赖的外部环境变化的不可预见性、变化的速率以及变化的程度。从宏观层面来看，环境不确定性是指宏观经济环境、政治环境、行业环境以及资本市场环境等方面的不确定性程度。从微观层面来看，环境不确定性是指企业所面临的上游供应商的不确定性、下游消费者的不可预见性以及业绩的异常变化，是集竞争、合作以及技术发展等频繁变化于一体的集合体（Lin and Ho，2011）。企业的战略制定和运营发展是一个与外部环境不断进行动态交换的系统，因此环境不确定性是企业做出及执行决策不可忽视的一个因素。外生理论研究者认为，环境不确定性与企业的战略调整是显著的正相关关系，对企业的战略选择在一定程度上具有驱动作用（傅皓天等，2018），强化了企业的非效率投资行为，并影响了企业最终的绩效表现（Dess and Davis，1984）。因此，在动态变化的外部环境下，企业会积极增加人力资本、生产要素的投入，以形成强有力的核心优势；积极调整战略，以便最大限度规避环境不确定性所带来的负面冲击（Hitt et al.，1998；Chan，2005）。

就产业政策来说，其实质是"有为政府论"，是国家未来发展战略的引领性文件。政府主观地将各种资源、生产要素不均衡地分配给不同的行业，以重置资源、引领行业发展、实现产业转型升级，最终实现经济的高质量发展。一部分持产业政策有效论的学者认为，产业政策将有限的资金分配给边际效率高的行业，能够使那些受到扶持的企业拥有更宽松的融资环境，使其优化产业布局，对资源分配有正面效应（林毅夫等，2018）。然而，产业政策无效论的支持者认为，资源的有限性使得产业政策具有排他性，对未受到产业政策扶持的企业有挤出效应。一些公司为了与政府建立联系、获取政府的各种资源，会依据相关政策文件主动调整公司战略，出现了"为补贴而生产"的政策套利行为（黄先海等，2015）。因此，并购在成为企业进行产业优化路径的同时，亦会受到产业政策的影响。

市场化进程代表了信息、资源以及资本自由化的程度，法律法规的完善程度以及地区经济状况。市场化进程主要是通过影响要素分配来影响各种战略决策的制定的。加快市场化进程有助于降低信息不对称程度、减少政府干预、提升企业以及区域整体创新水平（Burks et al.，2018）。市场化进程对公司内部治理机制及外部治理机制具有基础性效应，影响企业契约的签订和执行（夏立军、陈信元，2007）。在市场化进程较快的地区，企业的信息披露程度较高、资源配置效率较高、管理层代理问题相对较少、内部及外部监管较完善，因此，企业的投资效率也较高（Bushman and Smith，2001；夏立军、方轶强，2005）。

非正式制度对于规则和契约的执行，资源、知识和信息的获取，以及管理者各种决策具有非常重要的作用（Peng and Luo，2000）。而股东关系网络作为非正式制度中的一种，对企业的业绩表现（黄灿、李善民，2019）、资源获取（李文文、黄世忠，2020）、信息披露质量（刘亭立等，2016）以及战略决策（黄灿、蒋青嬗，2021）均有重要影响。在经济转型及产业升级背景下，我国企业有其固有的历史发展进程、区域特点、政策特征等，因此，在研究股东关系网络对企业并购的影响时，有必要将企业所面临的外部环境考虑在内。

6.2　理论分析与研究假设

6.2.1　媒体关注度、股东关系网络与并购行为

媒体通过各种关于公司的报道向投资者传递信息，进而影响投资者对公司的判断及预估，特别是媒体的负面报道，能够引起"轰动"效应，足以引发监管机构的关注。这不仅在无形中增加了公司所面临的市场压力，还会摧毁管理者在经理市场上的声誉，影响其在外界投资者及公司合作者中的名声，对管理层的薪资水平、职业规划以及晋升造成较大的影响（李焰、秦义虎，2011）。同时，这种声誉压力会促使管理层在做出各种决策时遵守社会规范，进而使得高管主动减少机会主义行为发生的可能性（Dyck et al.，2004）。因此，媒体关注所带来的声誉机制和监督机制会使管理者进行自我约束，迫使他们放弃那些有损于股东财富和企业价值的并购方案。

此外，由于从信息传递者到信息接收者之间存在市场摩擦，外界投资者难以完全吸收、解读、利用并有效转化公司的信息，这使得具有较强信息分析以及信息解读能力的媒体变得更加重要。媒体作为帮助市场传递信息的重要中介，具有很大的舆情引导作用。媒体关注度的提高强化了外部债权人的知情权，有助于企业向投资者和资本市场传递更多与公司有关的消息，使更多公司层面的特质信息反映到股价中，增加了股票价格的信息含量，降低了市场摩擦，从而提高了市场定价效率（Fang and Peress，2009；赖黎等，2016），减少了企业投机式并购行为。

基于此，提出如下假设：

H6-1：股东关系网络对企业并购的影响在媒体关注度较低的时候更加显著。

6.2.2 环境不确定性、股东关系网络与并购行为

我国目前正处于产业升级、新旧动能转换的高质量发展时期，经济形势复杂多变，企业的营商环境也发生了各种变化，因此，环境不确定性是研究企业做出的各种决策所不可缺少的因素。

首先，环境不确定性的变化会使企业的各种信息、资源、技术等要素发生变化，企业在行业中固有的市场地位、面临的风险和机遇、竞争对手等变得不可预测。因此，企业需要不断提供解决方案，而企业固有的工作流程和组织结构不足以应对环境的变化。此时，为了在复杂多变的环境中赢得先机、获得核心竞争力，企业将组织结构网络化的欲望更加强烈（王道金等，2022），因此，在环境不确定性较高的时候，股东关系网络对企业并购所发挥的作用更加显著。

其次，当环境不确定性较高的时候，外部债权人与企业之间的信息不对称程度变大，外部投资者需要投入更多的时间、资金，还要有

更强的信息收集与分析能力来获取企业内部信息（申慧慧，2010）。因此，投资者很难对企业内部的实际经营情况、财务情况以及发展战略的执行情况做出理性的分析和准确的预测，延长了投资者接收内部信息的时间，降低了投资者接收企业信息的效率（林钟高等，2015）。股东关系网络能够通过信息共享以及声誉机制降低信息不对称程度，提高股票定价效率，进而减少并购行为。

最后，资源理论指出，外部环境是影响企业发展的边界条件（Liu et al.，2011；吴松强等，2017），企业为降低对外部环境的依赖、降低所受到的各种冲击，就必须占有更多关键、核心资源。当环境不确定性较高时，客户的消费需求、竞争对手、行业走势以及技术等变化愈发频繁（陈昊雯等，2011）。并购是企业快速获取发展所需要的各种生产要素的重要方式（Mahmood et al.，2011），企业可能选择以并购的方式来降低个体决策的风险，以应对环境不确定性的消极影响。然而，这种"快销"式并购可能只是为了获取资源，而并未真正转化为企业发展所需的要素，从长时间来看，损害了主业效率的提高。股东关系网络能够帮助企业以较低的风险和成本，高效地、有针对性地获取企业发展所需要的资源，进而抑制企业的无效率并购。

综上分析，在环境不确定性较高的时候，公司与外部债权人之间的信息传递效率较低、为获取资源而发起并购的动机更强，而此时股东关系网络对企业并购的作用更加显著。

基于此，提出如下假设：

H6-2：股东关系网络对企业并购的影响在环境不确定性高的时候更加显著。

6.2.3　产业政策扶持、股东关系网络与并购行为

产业政策作为国家宏观调控的政策性工具，是一种正式制度，发

挥资源重置的作用，在一定程度上能够促进产业升级，是企业进行各种决策时不可忽视的一个重要因素。特别是在我国制度转型和经济变革的关键时期，正式制度与非正式制度在一定程度上是相互替代、相互补充的关系，因此，在研究股东关系网络对企业并购影响的时候，有必要将产业政策考虑在内。

一方面，享受国家产业政策扶持的企业有机会与政府建立联结关系（蔡庆丰等，2017），在获取政府补贴、获得贷款的金额和利率、土地划拨以及税收方面有一定优势（金宇超等，2018），股票首次公开发行（IPO）和股票增发再融资（SEO）的概率也更大。然而，产业政策是将有限的资源不均衡地分配给国家所要支持的企业，是具有排他性的，在某种程度上限制了未受到产业政策扶持的企业公平地获取各种资源。一些学者认为，非扶持企业面临更高的贷款利率水平、更严格的贷款审批手续、更高的投资核准门槛（祝继高等，2015），因此，那些未受到产业政策扶持的企业为了获取各种资源、谋求企业发展、赢得有竞争优势的市场地位，更可能采取外延式并购策略去并购那些受到产业政策扶持的跨行业目标企业（蔡庆丰、田霖，2019）。然而，在这种形势下，并购不一定使企业整体具有协同效应，不一定能实现规模经济。跨行业并购的企业不一定能将所得到的新资源与主业相融合，反而可能导致企业的经营绩效和市场价值不断下降（李善民、周小春，2007）。因此，在产业政策扶持的影响下，那些未受到扶持的企业为了与政府"攀关系""蹭政策热点"，实现其"政策套利"的目的，更可能采取并购策略（蔡庆丰、田霖，2019；黄先海等，2015）。处于股东关系网络中的个体可以将支持企业长远发展的资源引入企业，优化企业的资源配置（杨兴全、张记元，2022），降低企业为获取支持性补贴而进行的并购；处于网络中心的个体所具有的资源优势可以缓解企业的融资约束，加强网络中的人才和技术流动，促使企业进行内涵式创新（杨兴全等，2021；王会娟等，2021），因此，会降低企业的并购倾向。

另一方面，产业政策具有信号效应。我国资本市场在某种程度上可以说是"政策市"，现在受到产业政策扶持的企业是国家未来重点支持和发展的企业，有国有信用背书，向投资者传递了利好信号（毕晓方等，2015；金宇超等，2018）。然而，由于投资者关注的有限性，产业政策扶持在传递利好信号、吸引投资者注意力的同时，也弱化了投资者对未受到产业政策扶持企业的关注，限制了这些企业向资本市场的信息传递。在资本市场存在信息不对称的情况下，未受到产业政策扶持的企业面临"难成大器"的负面消息境遇。此时，在非产业政策扶持的行业中，被低估的企业为应对负面消息而发起并购来进行"自我价值证明"的动机更加强烈；在受到产业政策扶持的行业中，被高估的企业也有动机发起并购，以维持高股价，避免产业政策扶持的叠加效应增加股价下行压力。社会网络是个体信息传播以及网络个体向外部市场传递信息的重要工具，能提高股价信息含量、提高股票定价效率（吴晓晖等，2020；郭白滢、李瑾，2018），使投资者更好地获取企业内部信息，进而降低投机式并购动机。

综上分析，未受到产业政策扶持的企业为了获取资源、传递企业内部信息、迎合股价，发起并购的意愿更加强烈，而此时股东关系网络对企业并购的作用更加显著。

基于此，提出如下假设：

H6-3：股东关系网络对企业并购的影响在非产业政策扶持的企业更加显著。

6.2.4 市场化进程、股东关系网络与并购行为

由于各地区的历史底蕴、地理位置、资源禀赋不同，各地区的市

场化进程亦有所不同，企业制定的发展战略也不同。市场化进程作为一种"地方性资产"，是资本流动、劳动力供给、人才结构、资源禀赋等各种要素的集合体，对企业的并购决策具有不可小视的作用（Boschma and Hartog，2014）。

首先，市场化进程较慢的地区，社会中介组织、各种制度环境、经济自由程度以及治理机制相对落后，企业发展所需要的各种生产要素难以从外部市场中获得（朱红军等，2006），企业更有动机借助非正式制度获取发展所需，此时社会网络对企业决策所发挥的作用更加显著（Peng and Luo，2000；张敏等，2015）。

其次，在市场化进程较慢的地区，信息流动不畅、信息不对称问题严重，外界投资者无法及时获取企业内部的真实信息（刘江会、朱敏，2015），因此，企业借助其所在的社会网络结构向投资者传递真实信息的欲望更加强烈（杨兴全等，2021；许浩然、荆新，2016）。相反，在市场化进程较快的地区，信息流动比较充分，企业内部消息传递到债权人所用的时间较短，企业的各种决策对市场信号的灵敏度较高，因此，企业更依赖外部市场（何小钢等，2021）。

最后，在市场化水平较低时，各项经济要素无法满足企业所需，企业更倾向于通过扩张方式进行产业升级（Rodríguez-Pose and Zademach，2003）。相反，在市场化水平较高时，企业对创新发展的主体、创新要素以及各种创新知识的包容性和接纳性更强，更倾向于通过创新方式来进行企业转型（Baolong et al.，2020）。因此，股东关系网络对并购的抑制作用在市场化进程较慢的地区更加显著。

综上分析，在市场化程度较低的公司，股东关系网络通过知识学习效应、信息传递效应以及资源替代效应对企业并购的作用更加显著。

基于此，提出如下假设：

H6-4：股东关系网络对企业并购的影响在市场化程度较低的企业更加显著。

6.3　研究设计

6.3.1　样本选择与数据来源

2008 年金融危机波及全球，我国企业也深受其影响。金融危机之后，我国经济急速下降，为刺激内需，我国推出了"四万亿计划"。因此，本书以 2009—2019 年 A 股上市公司为研究对象，我们对原始数据进行了如下处理：（1）删除了金融保险类企业；（2）删除了资产负债率大于 1 或者小于 0 的样本；（3）删除了原始数据缺失的样本；（4）删除了 ST、*ST 类公司；（5）删除了并购失败以及还未完成的公司；（6）保留了公司地位为买方的公司；（7）上市公司同一年发生多次并购事件的，只计算一次并购事件；（8）删除了未披露前十大股东的公司；（9）删除了所披露的前十大股东数量小于 10 的公司。

为保证检验结果的稳健性，对所有连续变量进行了缩尾处理（1% 和 99% 水平）。本章的研究数据来自 CNRDS 以及 CSMAR 数据库，数据的处理主要采用 Pajek 软件及 Stata 软件。

6.3.2　模型设计与变量定义

为了分析股东关系网络对企业并购行为的影响，我们建立如下模型：

$$M\&AD/M\&AA=\theta_0+\theta_1 Net+\theta_2 Lev+\theta_3 Size+\theta_4 Cash+\theta_5 Roe+\theta_6 Growth+$$
$$\theta_7 Top1+\theta_8 Pper+\theta_9 Age+\theta_{10} Board+\theta_{11} Dulity+\theta_{12} Indep+$$
$$\theta_{13} Mholding+Year+Industry+\varepsilon \tag{6-1}$$

（1）被解释变量。

M&AD 度量企业有无发起并购的虚拟变量，企业当年若发起并购行为则为 1，否则为 0；*M&AA* 度量公司当年发起并购所支付的金额，取自然对数。

（2）解释变量。

Net 为股东关系网络中心度，参考黄灿和李善民（2019）、李善民等（2015）、马连福和杜博（2019）以及李维安等（2017）的研究，选用程度中心度、中介中心度和接近中心度的平均值作为网络中心度的衡量指标。股东关系网络中心度的计算过程如下：首先，对于前十大股东中的个体股东，通过新浪、百度等进行了重名的处理；其次，根据上市公司的年报对股东数据进行了手工整理，将存在母子公司关系、一致行动人关系的股东进行合并。通过以上步骤，以调整后的前十大股东作为股东关系网络节点，若两个上市公司存在一个或者多个共同股东，那么这两个上市公司是有联结关系的，否则就没有联结关系。具体来说，对于任意两家公司 i 和 j，若它们存在一个或者多个共同股东，那么网络联结的变量 X_{ij} 等于 1，否则 X_{ij} 等于 0。以此类推，我们建立了股东关系网络的一模邻接矩阵，然后根据公司×公司的矩阵使用 Pajek 软件计算出程度中心度、中介中心度和接近中心度。为消除不同个体之间数值相差引起的误差，以及使不同年份的公司间网络指标具有可比性，同时将三个中心度指标进行了标准化处理，最后再用这三个指标的平均值衡量股东关系网络中心度。

（3）调节变量。

①媒体关注度。本书用"1+媒体报道数"的自然对数衡量媒体关注度，反映媒体关注上市公司及对其进行报道的程度。

②环境不确定性（*EU*）。本书借鉴韵江和宁鑫（2020）的衡量方式，用行业调整后的企业销售收入变异系数计算企业面临的环境不确

定性。环境不确定性的根源在于外部环境，而外部环境的变化会引起企业核心业务的波动，最终体现在企业销售收入的波动上。计算公式如下：

$$Sale=\beta+\gamma Year+\varepsilon \quad (1) \tag{6-2}$$

其中：*Sale* 表示销售收入，*Year* 表示年度变量。*Year* 以当年为起点，从过去第四年至当年分别赋值为 1 到 5。第一步，对模型（6-1）进行普通最小二乘法回归，所得残差 *ε* 即非正常销售收入。第二步，计算 5 年非正常销售收入的标准差，除以 5 年间销售收入的平均值，得到未经行业调整的环境不确定性。第三步，计算企业所在行业环境不确定性的中位数，用未经行业调整的环境不确定性除以行业环境不确定性中位数，得到经行业调整的环境不确定性最终值。

③产业政策扶持（*IP*）。对于产业政策的衡量，本书参考杨兴全等（2018）的研究，根据产业发展规划中的描述判断是否属于支持性行业。如果是明确提出要重点鼓励支持的行业，那么该行业属于支持性行业，*IP* 取值为 1；反之，则为非产业政策支持性行业，*IP* 取值为 0。需要注意的是，此处的行业是根据 2001 年行业分类指引中的三级代码进行设置的。

④市场化进程。市场化进程主要源于樊纲《中国市场化指数——各地区市场化相对进程报告》中的市场化总指数，并根据市场化总指数的均值，将其分为高市场化进程和低市场化进程两组。当市场化总指数高于其均值时，取值为 1，即高市场化进程；反之，则取值为 0，为低市场化进程。

（4）控制变量。

本书参考逯东等（2019）、李善民等（2020）以及蔡庆丰和陈熠辉（2020）的研究，选取资产负债率、公司规模、现金持有、净资产收益率、成长性、第一大股东持股比例、固定资产比例、公司年龄、董事会规模、二职合一、独立董事占比以及管理层持股比例作为主要控制变量，同时控制了行业与年份固定效应。关于变量的定义见表6-1。

表6-1   变量定义表

变量名称	变量定义	变量说明
M&AD	并购行为	哑变量，若发起并购则为1，否则为0
M&AA	并购规模	ln（当年并购金额）
Net	股东关系网络指标	分别求出每一个公司的程度中心度、中介中心度以及接近中心度，然后取三者的平均值
Lev	资产负债率	总负债/总资产
Size	公司规模	总资产的自然对数
Cash	现金持有	现金及现金等价物/（总资产–现金及现金等价物）
Roe	盈利能力	净利润/所有者权益
Growth	主营业务增长率	主营业务增长率
Top1	第一大股东持股	第一大股东持股比例
Pper	固定资产比例	固定资产/总资产
Age	公司年龄	公司成立年限：年份–上市时间
Board	董事会规模	董事人数的自然对数
Dulity	二职合一	董事长与总经理是否兼任
Indep	独立董事规模	独立董事人数/董事会人数
Mholding	高管持股	高管持股比例
Media	媒体关注度	1+媒体报道数的自然对数
EU	环境不确定性	采用过去5年非正常收入经行业调整后的变异系数
IP	产业政策扶持	有产业政策扶持，该行业是支持性行业，取值为1；反之，为非支持性行业，取值为0
Marketing	市场化进程	市场化指数

6.4 实证结果分析

根据媒体关注的行业年度中值将样本分为高低两组，检验股东关系网络在不同媒体关注度下对企业并购的作用。表6-2展示了媒体关注度、股东关系网络与企业并购的关系。在列（1）和列（3）媒体关注度较高的组别中，股东关系网络对企业并购的影响更加显著；而在列（2）和列（4）媒体关注度较低的组别中，Net 的系数不显著。列（1）至列（4）说明股东关系网络在媒体关注度较低的时候发挥的作用更大。

表6-2 　　　　　媒体关注度、股东关系网络与企业并购

	（1）	（2）	（3）	（4）
	$M\&AD$		$M\&AA$	
	媒体关注度低	媒体关注度高	媒体关注度低	媒体关注度高
Net	−5.940***	−1.905	−2.923***	−0.779
	(−4.85)	(−1.58)	(−5.77)	(−1.59)
Lev	0.897***	1.246***	0.340***	0.448***
	(4.31)	(4.78)	(4.46)	(4.54)
$Size$	0.191***	0.048	0.092***	0.040**
	(4.16)	(1.17)	(5.32)	(2.54)
$Cash$	−1.637**	−2.275***	−0.540**	−0.629**
	(−2.38)	(−3.47)	(−2.26)	(−2.49)
Roe	0.032	0.288*	0.026**	0.129***
	(0.66)	(1.78)	(2.38)	(2.95)
$Growth$	0.217***	0.788***	0.039***	0.175**
	(2.74)	(3.87)	(2.87)	(2.30)

	（1）	（2）	（3）	（4）
	M&AD		M&AA	
	媒体关注度低	媒体关注度高	媒体关注度低	媒体关注度高
Top1	−1.640***	−1.405***	−0.637***	−0.573***
	（−6.09）	（−5.00）	（−6.43）	（−5.22）
Pper	−1.302***	−1.703***	−0.469***	−0.686***
	（−4.81）	（−6.08）	（−5.00）	（−6.41）
Age	−0.039***	−0.032***	−0.014***	−0.013***
	（−5.42）	（−4.17）	（−5.21）	（−4.38）
Board	−0.639**	−0.613**	−0.237**	−0.256***
	（−2.41）	（−2.52）	（−2.54）	（−2.78）
Duality	0.019	0.265***	0.010	0.097***
	（0.23）	（2.96）	（0.33）	（2.84）
Indep	0.249	−0.820	−0.026	−0.399
	（0.29）	（−1.00）	（−0.31）	（−1.27）
Mholding	−0.075	0.183	−0.026	0.077
	（−0.35）	（0.74）	（−0.31）	（0.79）
Cons	−2.832**	0.253	−0.625	0.536
	（−2.35）	（0.25）	（−1.42）	（1.37）
Ind/Year	Yes	Yes	Yes	Yes
N	4 824	4 631	4 824	4 631
R^2	0.135	0.148	0.180	0.192

注：对于因变量是 M&AD 来说，括号内数据表示 Z 值；对于因变量是 M&AA 来说，括号内数据表示 t 值。***、**、* 分别表示回归系数在 1%、5%、10% 的置信水平上显著。

表6-3为环境不确定条件下股东关系网对企业并购的影响。从结果可以看出，在列（1）和列（3）环境不确定性较低的时候，股东关系网络对并购的回归系数均不显著。从列（2）和列（4）可以看出股东关系网络对是否发起并购以及并购金额的影响，结果均在1%的水平上显著。以上结果表明，在环境不确定性较高的时候，股东关系网络发挥信息传递效应，扮演非正式沟通渠道角色；发挥资源替代效应，帮助企业获取更多高效资源，进而降低信号式并购及侵犯式并购。

表6-3　　　　　环境不确定性、股东关系网络与企业并购

	（1）	（2）	（3）	（4）
	M&AD		M&AA	
	不确定性低	不确定性高	不确定性低	不确定性高
Net	−2.055	−4.103***	−0.833	−1.945***
	（−1.52）	（−3.54）	（−1.54）	（−3.98）
Lev	1.110***	0.937***	0.338***	0.373***
	（3.67）	（4.75）	（3.28）	（4.83）
Size	0.120**	0.232***	0.059***	0.120***
	（2.48）	（6.43）	（3.43）	（8.48）
Cash	−1.246	−1.826***	−0.411	−0.544**
	（−1.46）	（−3.22）	（−1.41）	（−2.50）
Roe	0.223	0.068	0.044	0.043***
	（0.84）	（1.18）	（1.01）	（3.37）
Growth	1.380***	0.361***	0.525***	0.066***
	（3.87）	（3.75）	（4.31）	（3.74）
Top1	−1.903***	−1.476***	−0.698***	−0.617***
	（−5.36）	（−6.42）	（−5.43）	（−6.84）

	（1）	（2）	（3）	（4）
	M&AD		M&AA	
	不确定性低	不确定性高	不确定性低	不确定性高
Pper	−1.707***	−1.480***	−0.592***	−0.593***
	（−5.03）	（−5.93）	（−5.25）	（−6.23）
Age	−0.066***	−0.021***	−0.024***	−0.008***
	（−6.31）	（−3.36）	（−6.42）	（−3.14）
Board	−0.749**	−0.554***	−0.255**	−0.238***
	（−2.42）	（−2.58）	（−2.41）	（−2.89）
Duality	0.200*	0.108	0.074*	0.045
	（1.81）	（1.50）	（1.77）	（1.61）
Indep	−0.777	−0.242	−0.220	−0.193
	（−0.75）	（−0.34）	（−0.60）	（−0.70）
Mholding	0.685*	0.043	0.240	0.038
	（1.79）	（0.24）	（1.59）	（0.55）
Cons	−1.000	−3.563***	0.135	−1.106***
	（−0.79）	（−3.87）	（0.31）	（−3.09）
Ind/Year	Yes	Yes	Yes	Yes
N	3 407	6 048	3 407	6 048
R²	0.173	0.126	0.214	0.178

注：对于因变量是 M&AD 来说，括号内数据表示 Z 值；对于因变量是 M&AA 来说，括号内数据表示 t 值。***、**、* 分别表示回归系数在 1%、5%、10% 的置信水平上显著。

表6-4展示了产业政策扶持下股东关系网络对企业并购的影响。

列（2）和列（4）是受到产业政策扶持的公司，股东关系网络对企业并购的影响不显著；列（1）和列（3）是未受到产业政策扶持的公司，Net 的系数在 1% 的水平上显著，说明股东关系网络能够显著地抑制并购。列（1）至列（4）的结论说明，股东关系网络能够帮助企业获取有利于企业长期发展的资源，减少套利性并购；还能帮助企业提高股票定价效率，减少信号式并购，降低无效并购。

表6-4　　　　产业政策扶持、股东关系网络与企业并购

	（1）	（2）	（3）	（4）
	M&AD		M&AA	
	未扶持	扶持	未扶持	扶持
Net	−6.147***	−1.165	−2.774***	−0.611
	（−5.15）	（−0.91）	（−5.64）	（−1.15）
Lev	1.108***	0.908***	0.404***	0.348***
	（4.84）	（3.70）	（4.84）	（3.65）
Size	0.196***	0.201***	0.099***	0.102***
	（5.00）	（4.41）	（6.73）	（5.69）
Cash	−1.688***	−1.394*	−0.483**	−0.444
	（−2.80）	（−1.85）	（−2.21）	（−1.57）
Roe	0.111	−0.011	0.038***	0.041
	（1.61）	（−0.14）	（2.94）	（1.29）
Growth	0.285***	0.817***	0.052***	0.224***
	（3.17）	（3.05）	（3.33）	（3.13）
Top1	−2.028***	−1.052***	−0.828***	−0.395***
	（−7.53）	（−3.60）	（−8.33）	（−3.45）

	（1）	（2）	（3）	（4）
	M&AD		*M&AA*	
	未扶持	扶持	未扶持	扶持
Pper	−1.752***	−1.608***	−0.658***	−0.634***
	（−6.11）	（−5.52）	（−6.54）	（−5.77）
Age	−0.039***	−0.037***	−0.015***	−0.014***
	（−5.38）	（−4.55）	（−5.49）	（−4.36）
Board	−0.990***	−0.285	−0.392***	−0.117
	（−4.17）	（−1.04）	（−4.55）	（−1.15）
Duality	0.172**	0.129	0.072**	0.044
	（2.00）	（1.45）	（2.19）	（1.27）
Indep	−1.143	0.511	−0.544	0.206
	（−1.51）	（0.53）	（−1.93）	（0.57）
Mholding	0.040	0.255	0.018	0.118
	（0.17）	（1.13）	（0.19）	（1.32）
Cons	−1.534	−2.942*	−0.194	−0.985*
	（−1.57）	（−1.88）	（−0.54）	（−1.72）
Ind/Year	Yes	Yes	Yes	Yes
N	5 000	4 446	5 000	4 446
R^2	0.151	0.134	0.202	0.181

注：对于因变量是 *M&AD* 来说，括号内数据表示 *Z* 值；对于因变量是 *M&AA* 来说，括号内数据表示 *t* 值。***、**、* 分别表示回归系数在 1%、5%、10% 的置信水平上显著。

表6-5展示了在不同市场化进程下股东关系网络对企业并购的影

响。在列（2）和列（4）市场化进程较快的企业中，*Net* 的系数不显著；而在列（1）和列（3）市场化进程较慢的企业中，股东关系网络对企业并购的影响在 1% 的水平上显著。列（1）至（4）的结论说明，在市场化进程较慢的地区，企业更可能借助非正式制度向投资者传递真实信息，获取稀缺资源，助力企业内涵式发展，进而减少粗放式并购。

表6-5　　**市场化进程、股东关系网络与企业并购**

	（1）	（2）	（3）	（4）
	M&AD		*M&AA*	
	市场化指数低	市场化指数高	市场化指数低	市场化指数高
Net	−5.429***	−1.351	−2.398***	−0.807
	（−4.65）	（−1.03）	（−4.95）	（−1.49）
Lev	0.800***	1.491***	0.289***	0.597***
	（3.55）	（5.93）	（3.52）	（6.17）
Size	0.181***	0.194***	0.093***	0.097***
	（4.58）	（4.36）	（6.13）	（5.46）
Cash	−1.020	−2.234***	−0.177	−0.855***
	（−1.63）	（−3.10）	（−0.77）	（−3.20）
Roe	0.077	0.025	0.035***	0.049
	（0.91）	（0.21）	（3.19）	（1.15）
Growth	0.366***	0.512**	0.057***	0.131***
	（2.81）	（2.45）	（3.13）	（3.04）
*Top*1	−1.256***	−2.197***	−0.516***	−0.873***
	（−4.61）	（−7.50）	（−5.13）	（−7.56）

	（1）	（2）	（3）	（4）
	M&AD		M&AA	
	市场化指数低	市场化指数高	市场化指数低	市场化指数高
Pper	−1.529***	−1.559***	−0.567***	−0.616***
	（−5.80）	（−4.84）	（−5.98）	（−5.05）
Age	−0.040***	−0.033***	−0.017***	−0.012***
	（−5.36）	（−4.22）	（−5.83）	（−3.70）
Board	−0.647***	−0.679**	−0.261***	−0.266**
	（−2.78）	（−2.44）	（−3.11）	（−2.48）
Duality	0.200**	0.073	0.078**	0.024
	（2.36）	（0.82）	（2.41）	（0.69）
Indep	−0.103	−0.828	0.023	−0.500
	（−0.13）	（−0.97）	（0.07）	（−1.50）
Mholding	0.297	−0.067	0.091	0.008
	（1.34）	（−0.29）	（1.05）	（0.09）
Cons	−2.744***	−2.390**	−0.705*	−0.495
	（−2.69）	（−2.08）	（−1.89）	（−1.07）
Ind/Year	Yes	Yes	Yes	Yes
N	5 358	4 097	5 358	4 097
R^2	0.147	0.132	0.192	0.184

注：对于因变量是 M&AD 来说，括号内数据表示 Z 值；对于因变量是 M&AA 来说，括号内数据表示 t 值。***、**、* 分别表示回归系数在 1%、5%、10% 的置信水平上显著。

6.5 稳健性检验

6.5.1 变化解释变量范围

为了排除本书的结果是由少数关联度较高的股东所致，变化解释变量的范围，就是删除股东关系网络中上五分位的值。表6-6是基于媒体关注度不同视角，检验删除上五分位后股东关系网络对企业并购的影响。在列（1）和列（3）媒体关注度较低的样本中，Net的系数显著为负；而在列（2）和列（4）媒体关注度较高的样本中，Net的系数不显著。列（1）至列（4）的结果支持在媒体关注度较低的样本中，股东关系网络发挥的抑制作用更大的假设，支持H6-1。

表6-6 媒体关注度、股东关系网络与企业并购的稳健性检验

	（1）	（2）	（3）	（4）
	M&AD		M&AA	
	媒体关注度低	媒体关注度高	媒体关注度低	媒体关注度高
Net	−6.082***	−1.514	−2.979***	−0.677
	(−4.87)	(−1.17)	(−5.77)	(−1.31)
Lev	0.957***	1.209***	0.361***	0.437***
	(4.27)	(4.09)	(4.33)	(3.93)
Size	0.199***	0.083*	0.099***	0.058***
	(4.02)	(1.73)	(5.24)	(3.21)
Cash	−1.980***	−2.570***	−0.654**	−0.670**
	(−2.66)	(−3.55)	(−2.52)	(−2.36)
Roe	0.082	0.336*	0.030**	0.144***
	(1.25)	(1.87)	(2.34)	(3.16)
Growth	0.222***	0.960***	0.041***	0.176**
	(2.68)	(3.91)	(2.88)	(2.05)

	（1）	（2）	（3）	（4）
	M&AD		M&AA	
	媒体关注度低	媒体关注度高	媒体关注度低	媒体关注度高
$Top1$	-1.700^{***}	-1.871^{***}	-0.663^{***}	-0.752^{***}
	（-6.00）	（-5.93）	（-6.26）	（-6.13）
$Pper$	-1.513^{***}	-1.808^{***}	-0.538^{***}	-0.769^{***}
	（-5.34）	（-5.76）	（-5.30）	（-6.34）
Age	-0.040^{***}	-0.031^{***}	-0.015^{***}	-0.013^{***}
	（-5.16）	（-3.77）	（-5.02）	（-3.99）
$Board$	-0.522^{*}	-0.809^{***}	-0.183^{*}	-0.327^{***}
	（-1.89）	（-2.99）	（-1.80）	（-3.20）
$Indep$	0.582	-1.457	0.232	-0.642
	（0.65）	（-1.53）	（0.69）	（-1.75）
$Duality$	-0.043	0.261^{***}	-0.007	0.093^{**}
	（-0.49）	（2.62）	（-0.21）	（2.45）
$Mholding$	-0.162	0.142	-0.058	0.059
	（-0.71）	（0.52）	（-0.66）	（0.55）
$Cons$	-3.280^{***}	0.285	-0.935^{**}	0.441
	（-2.59）	（0.23）	（-1.96）	（0.95）
$Ind/Year$	Yes	Yes	Yes	Yes
N	4 056	3 501	4 056	3 508
R^2	0.130	0.1489	0.172	0.191

注：对于因变量是 *M&AD* 来说，括号内数据表示 *Z* 值；对于因变量是 *M&AA* 来说，括号内数据表示 *t* 值。***、**、* 分别表示回归系数在 1%、5%、10% 的置信水平上显著。

为了排除本书的结果是由少数关联度较高的股东所致，变化解释变量的范围，就是删除股东关系网络中上五分位的值。表6-7是在环境不确定性不同的情况下，股东关系网络对企业并购的影响。列（1）和列（2）在删除股东关系网络中上五分位的值后，检测在环境不确定性不同的情况下，股东关系网络对并购可能性的影响；列

（3）和列（4）在删除股东关系网络中上五分位的值后，检测在环境不确定性不同的情况下，股东关系网络对并购金额的影响。在列（1）和列（3）中，*Net* 的系数不显著；而在列（2）和列（4）中，*Net* 的系数显著为负。以上结果说明，在环境不确定性较高的情况下，股东关系网络对并购的抑制作用更强，支持 H6-2。

表6-7　环境不确定性、股东关系网络与企业并购的稳健性检验

	（1）	（2）	（3）	（4）
	M&AD		M&AA	
	不确定性低	不确定性高	不确定性低	不确定性高
Net	−0.430	−0.949***	−0.631	−1.905***
	（−1.40）	（−3.49）	（−1.06）	（−3.63）
Lev	0.184***	0.188***	0.299***	0.349***
	（3.14）	（4.13）	（2.74）	（3.99）
Size	0.021**	0.042***	0.054***	0.101***
	（2.28）	（5.11）	（3.07）	（6.43）
Cash	−0.295*	−0.428***	−0.563*	−0.652***
	（−1.78）	（−3.30）	（−1.80）	（−2.62）
Roe	0.014	0.014	0.011	0.038***
	（0.68）	（1.63）	（0.24）	（3.39）
Growth	0.289***	0.035***	0.573***	0.062***
	（4.12）	（3.49）	（4.13）	（3.26）
*Top*1	−0.335***	−0.245***	−0.635***	−0.492***
	（−4.68）	（−4.59）	（−4.66）	（−4.89）
Pper	−0.280***	−0.270***	−0.529***	−0.519***
	（−4.53）	（−4.74）	（−4.50）	（−4.90）
Age	−0.012***	−0.005***	−0.022***	−0.008***
	（−5.44）	（−3.47）	（−5.35）	（−2.91）

	（1）	（2）	（3）	（4）
	M&AD		M&AA	
	不确定性低	不确定性高	不确定性低	不确定性高
Board	−0.126**	−0.078	−0.218*	−0.149
	（−2.11）	（−1.58）	（−1.96）	（−1.63）
Duality	0.045*	0.042**	0.087*	0.073**
	（1.86）	（2.36）	（1.92）	（2.24）
Indep	−0.060	0.019	−0.120	−0.026
	（−0.30）	（0.12）	（−0.32）	（−0.09）
Mholding	0.237***	0.059	0.364**	0.155*
	（2.66）	（1.36）	（2.19）	（1.94）
Cons	0.249	−0.236	0.121	−0.989**
	（1.02）	（−1.11）	（0.26）	（−2.52）
Ind/Year	Yes	Yes	Yes	Yes
N	2 974	4 590	2 974	4 590
R^2	0.212	0.166	0.215	0.184

注：对于因变量是 M&AD 来说，括号内数据表示 Z 值；对于因变量是 M&AA 来说，括号内数据表示 t 值。***、**、* 分别表示回归系数在 1%、5%、10% 的置信水平上显著。

为了排除本书的结果是由少数关联度较高的股东所致，变化解释变量的范围，就是删除股东关系网络中上五分位的值。表6-8是在产业政策扶持不同的情况下，股东关系网络对企业并购的影响。列（1）和列（2）在删除股东关系网络中上五分位的值后，检测在产业政策扶持不同的情况下，股东关系网络对企业并购可能性的影响；列（3）和列（4）在删除股东关系网络中上五分位的值后，检测在产业政策扶持不同的情况下，股东关系网络对并购金额的影响。在列

（1）和列（3）未受到产业政策扶持的公司中，*Net* 的系数显著为负；在列（2）和列（4）受到产业政策扶持的公司中，*Net* 的系数不显著。以上结果说明，在未受到产业政策扶持的情况下，股东关系网络对企业并购的抑制作用更强，支持 H6-3。

表6-8　产业政策扶持、股东关系网络与企业并购的稳健性检验

	（1）	（2）	（3）	（4）
	M&AD		*M&AA*	
	未扶持	扶持	为扶持	扶持
Net	−15.354*	0.744	−6.490**	−0.960
	(−1.89)	(0.10)	(−2.33)	(−0.35)
Lev	1.055***	0.927***	0.374***	0.336***
	(4.29)	(3.53)	(4.21)	(3.31)
Size	0.233***	0.156***	0.111***	0.083***
	(5.20)	(3.07)	(6.68)	(4.09)
Cash	−1.259*	−1.535*	−0.285	−0.504
	(−1.90)	(−1.88)	(−1.19)	(−1.63)
Roe	0.133	−0.050	0.039***	0.027
	(1.62)	(−0.69)	(3.19)	(1.17)
Growth	0.245***	0.707**	0.042***	0.199***
	(2.72)	(2.48)	(3.09)	(2.83)
*Top*1	−2.007***	−0.679**	−0.797***	−0.262**
	(−6.82)	(−2.18)	(−7.52)	(−2.13)
Pper	−1.916***	−1.650***	−0.695***	−0.649***
	(−6.07)	(−5.12)	(−6.43)	(−5.45)
Age	−0.044***	−0.033***	−0.017***	−0.012***
	(−5.42)	(−3.66)	(−5.62)	(−3.49)
Board	−0.772***	−0.176	−0.332***	−0.093
	(−2.99)	(−0.60)	(−3.60)	(−0.83)

	（1）	（2）	（3）	（4）
	M&AD		*M&AA*	
	未扶持	扶持	为扶持	扶持
Duality	0.131	0.061	0.066*	0.021
	（1.39）	（0.64）	（1.88）	（0.57）
Indep	−0.193	0.524	−0.241	0.208
	（−0.22）	（0.50）	（−0.76）	（0.53）
Mholding	−0.180	0.230	−0.083	0.105
	（−0.71）	（0.96）	（−0.85）	（1.09）
Cons	−3.081***	−2.686	−0.676*	−0.814
	（−2.80）	（−1.60）	（−1.70）	（−1.22）
Ind/Year	Yes	Yes	Yes	Yes
N	3 983	3 572	3 983	3 572
R²	0.164	0.134	0.221	0.181

注：对于因变量是 *M&AD* 来说，括号内数据表示 *Z* 值；对于因变量是 *M&AA* 来说，括号内数据表示 *t* 值。***、**、*分别表示回归系数在 1%、5%、10% 的置信水平上显著。

为了排除本书的结果是由少数关联度较高的股东所致，变化解释变量的范围，就是删除股东关系网络中上五分位的值。表6-9是在市场化进程不同的情况下，股东关系网络对企业并购的影响。列（1）和列（2）在删除股东关系网络中上五分位的值后，检测在市场化进程不同的情况下，股东关系网络对企业并购可能性的影响。列（3）和列（4）在删除股东关系网络中上五分位的值后，检测在市场化进程不同的情况下，股东关系网络对并购金额的影响。在列（1）和列（3）市场化进程较慢的样本中，*Net* 的系数显著为负；在列（2）和列（4）市场化进程较快的样本中，*Net* 的系数不显著。以上结果说明，在市场化进程较慢的情况下，股东关系网络对企业并购的抑制作用更大，支持H6-4。

表6-9　市场化进程、股东关系网络与企业并购的稳健性检验

	（1）	（2）	（3）	（4）
	M&AD		M&AA	
	市场化指数低	市场化指数高	市场化指数低	市场化指数高
Net	−5.676***	−1.229	−2.505***	−0.779
	（−4.68）	（−0.89）	（−5.04）	（−1.38）
Lev	0.852***	1.457***	0.300***	0.577***
	（3.45）	（5.28）	（3.32）	（5.46）
Size	0.201***	0.209***	0.106***	0.107***
	（4.66）	（4.01）	（6.34）	（5.31）
Cash	−1.134	−2.797***	−0.218	−0.999***
	（−1.63）	（−3.56）	（−0.83）	（−3.44）
Roe	0.248	0.031	0.040***	0.051
	（1.28）	（0.25）	（3.03）	（1.19）
Growth	0.356**	0.541**	0.055***	0.130***
	（2.57）	（2.27）	（3.05）	（2.85）
Top1	−1.502***	−2.414***	−0.611***	−0.959***
	（−5.10）	（−7.54）	（−5.54）	（−7.64）
Pper	−1.713***	−1.672***	−0.645***	−0.669***
	（−6.01）	（−4.75）	（−6.13）	（−4.99）
Age	−0.040***	−0.032***	−0.017***	−0.011***
	（−5.13）	（−3.87）	（−5.52）	（−3.41）
Board	−0.697***	−0.732**	−0.269***	−0.275**
	（−2.71）	（−2.47）	（−2.80）	（−2.42）

	（1）	（2）	（3）	（4）
	M&AD		*M&AA*	
	市场化指数低	市场化指数高	市场化指数低	市场化指数高
Duality	0.175*	0.027	0.073**	0.008
	（1.92）	（0.28）	（2.09）	（0.20）
Indep	−0.400	−0.710	−0.073	−0.428
	（−0.44）	（−0.74）	（−0.21）	（−1.14）
Mholding	0.269	−0.160	0.074	−0.024
	（1.14）	（−0.64）	（0.80）	（−0.24）
Cons	−2.601**	−2.905**	−0.819*	−0.787
	（−2.35）	（−2.17）	（−1.96）	（−1.49）
Ind/Year	Yes	Yes	Yes	Yes
N	4 237	3 327	4 237	3 327
*R*²	0.150	0.134	0.191	0.187

注：对于因变量是 *M&AD* 来说，括号内数据表示 *Z* 值；对于因变量是 *M&AA* 来说，括号内数据表示 *t* 值。***、**、*分别表示回归系数在 1%、5%、10% 的置信水平上显著。

6.5.2 重新测算解释变量

为了排除本书的结果是由少数大股东所致，变化股东关系网络的形成范围，以重新测定股东关系网络。我们删除前三大股东，重新构建股东关系网络。表6-10是删除前三大股东后，在重新构建股东关系网络的情况下，检验不同媒体关注度下股东关系网络对企业并购的影响。在列（1）和列（3）媒体关注度较低的样本中，*Net* 的系数在 1% 的水平上显著；在列（2）和列（4）媒体关注度较高的样本中，*Net* 的系数不显著。以上结果说明，H6–1是稳定的，即在媒体关注度较低的样本中，股东关系网络所发挥的抑制作用更加显著。

表6-10　**媒体关注度、股东关系网络与企业并购的稳健性检验**

	（1）	（2）	（3）	（4）
	M&AD		*M&AA*	
	媒体关注度低	媒体关注度高	媒体关注度低	媒体关注度高
Net	−1.501***	−0.237	−0.804***	−0.136
	（−2.66）	（−0.44）	（−3.34）	（−0.61）
Lev	0.942***	1.285***	0.361***	0.462***
	（4.52）	（4.95）	（4.71）	（4.69）
Size	0.175***	0.036	0.085***	0.036**
	（3.82）	（0.88）	（4.95）	（2.30）
Cash	−1.618**	−2.290***	−0.535**	−0.636**
	（−2.37）	（−3.50）	（−2.23）	（−2.51）
Roe	0.033	0.281*	0.027**	0.128***
	（0.68）	（1.76）	（2.47）	（2.93）
Growth	0.227***	0.799***	0.041***	0.177**
	（2.81）	（3.92）	（2.91）	（2.31）
*Top*1	−1.721***	−1.431***	−0.676***	−0.583***
	（−6.39）	（−5.08）	（−6.80）	（−5.29）
Pper	−1.299***	−1.703***	−0.468***	−0.687***
	（−4.80）	（−6.08）	（−4.98）	（−6.42）
Age	−0.040***	−0.033***	−0.015***	−0.014***
	（−5.51）	（−4.28）	（−5.35）	（−4.48）
Board	−0.656**	−0.630***	−0.245***	−0.263***
	（−2.46）	（−2.59）	（−2.58）	（−2.85）

	（1）	（2）	（3）	（4）
	M&AD		*M&AA*	
	媒体关注度低	媒体关注度高	媒体关注度低	媒体关注度高
Duality	0.028	0.265***	0.014	0.098***
	（0.34）	（2.97）	（0.44）	（2.85）
Indep	0.255	−0.875	0.086	−0.418
	（0.29）	（−1.06）	（0.27）	（−1.32）
Mholding	−0.023	0.200	−0.004	0.085
	（−0.11）	（0.80）	（−0.04）	（0.86）
Cons	−2.504**	0.554	−0.495	0.636
	（−2.08）	（0.54）	（−1.12）	（1.63）
Ind/Year	Yes	Yes	Yes	Yes
N	4 824	4 631	4 824	4 631
R^2	0.131	0.1479	0.175	0.192

注：对于因变量是 *M&AD* 来说，括号内数据表示 *Z* 值；对于因变量是 *M&AA* 来说，括号内数据表示 *t* 值。***、**、*分别表示回归系数在 1%、5%、10% 的置信水平上显著。

为了排除本书的结果是由少数大股东所致，变化股东关系网络的形成范围，以重新测定股东关系网络。我们删除前三大股东，重新构建股东关系网络。表6-11 是在重新构建股东关系网络后，在环境不确定性不同的情况下，检测股东关系网络对企业并购的影响。列（1）和列（3）显示当环境不确定性较低时，*Net* 的系数不显著；列（2）和列（4）显示当环境不确定性较高时，*Net* 的系数显著为负数，说明此时股东关系网络抑制并购的效果更好，结果是稳健的，且支持 H6−2。

表6-11 环境不确定性、股东关系网络与企业并购的稳健性检验

	（1）	（2）	（3）	（4）
	M&AD		M&AA	
	不确定性低	不确定性高	不确定性低	不确定性高
Net	−0.088	−0.177*	−0.175	−0.447**
	（−0.69）	（−1.67）	（−0.71）	（−2.15）
Lev	0.208***	0.216***	0.349***	0.390***
	（3.74）	（6.04）	（3.38）	（5.68）
Size	0.021**	0.047***	0.055***	0.114***
	（2.36）	（7.26）	（3.21）	（8.98）
Cash	−0.232	−0.362***	−0.422	−0.553***
	（−1.49）	（−3.50）	（−1.44）	（−2.72）
Roe	0.026	0.017*	0.044	0.043***
	（1.22）	（1.85）	（1.00）	（3.53）
Growth	0.268***	0.036***	0.529***	0.067***
	（4.18）	（4.81）	（4.33）	（3.86）
Top1	−0.370***	−0.326***	−0.712***	−0.638***
	（−5.45）	（−7.94）	（−5.51）	（−8.10）
Pper	−0.312***	−0.309***	−0.588***	−0.597***
	（−5.23）	（−7.01）	（−5.22）	（−7.06）
Age	−0.013***	−0.005***	−0.024***	−0.008***
	（−6.36）	（−4.45）	（−6.38）	（−3.94）
Board	−0.144**	−0.120***	−0.262**	−0.245***
	（−2.56）	（−3.05）	（−2.48）	（−3.34）

	（1）	（2）	（3）	（4）
	M&AD		M&AA	
	不确定性低	不确定性高	不确定性低	不确定性高
Duality	0.039*	0.023*	0.075*	0.046*
	（1.76）	（1.67）	（1.80）	（1.81）
Indep	−0.116	−0.057	−0.234	−0.207
	（−0.60）	（−0.43）	（−0.64）	（−0.83）
Mholding	0.181**	0.018	0.256*	0.049
	（2.24）	（0.54）	（1.70）	（0.80）
Cons	0.319	−0.213	0.231	−0.974***
	（1.39）	（−1.28）	（0.54）	（−2.93）
Indus/Year	Yes	Yes	Yes	Yes
N	3 407	6 048	3 407	6 048
R²	0.210	0.156	0.214	0.176

注：对于因变量是 *M&AD* 来说，括号内数据表示 *Z* 值；对于因变量是 *M&AA* 来说，括号内数据表示 *t* 值。***、**、* 分别表示回归系数在 1%、5%、10% 的置信水平上显著。

为了排除本书的结果是由少数大股东所致，变化股东关系网络的形成范围，以重新测定股东关系网络。我们删除前三大股东，重新构建股东关系网络。表 6-12 是在重新构建股东关系网络后，在产业政策扶持不同的情况下，检测股东关系网络对并购的影响。列（1）和列（3）是在未受到产业政策扶持的情况下，股东关系网络对企业并购的影响，*Net* 的系数显著为负；列（2）和列（4）是在受到产业政策扶持的情况下，股东关系网络对企业并购的影响，*Net* 的系数不显

著。以上结果说明，股东关系网络抑制企业并购的效果在未受到产业
政策扶持的公司更好，结果是稳健的，支持H6-3。

表6-12 **产业政策扶持、股东关系网络与企业并购的稳健性检验**

	（1）	（2）	（3）	（4）
	M&AD		M&AA	
	未扶持	扶持	未扶持	扶持
Net	−0.378***	0.017	−0.779***	−0.052
	（−3.18）	（0.13）	（−3.37）	（−0.22）
Lev	0.240***	0.199***	0.428***	0.358***
	（5.36）	（3.97）	（5.11）	（3.76）
Size	0.037***	0.040***	0.091***	0.098***
	（4.81）	（4.29）	（6.13）	（5.52）
Cash	−0.317***	−0.269*	−0.502**	−0.445
	（−2.75）	（−1.78）	（−2.29）	（−1.57）
Roe	0.020***	−0.003	0.038***	0.041
	（3.21）	（−0.16）	（3.05）	（1.29）
Growth	0.029***	0.119***	0.055***	0.225***
	（3.56）	（3.30）	（3.36）	（3.12）
Top1	−0.435***	−0.226***	−0.865***	−0.404***
	（−8.12）	（−3.73）	（−8.66）	（−3.53）
Pper	−0.345***	−0.324***	−0.655***	−0.635***
	（−6.31）	（−5.59）	（−6.46）	（−5.78）
Age	−0.009***	−0.008***	−0.016***	−0.014***
	（−5.73）	（−4.79）	（−5.68）	（−4.43）
Board	−0.205***	−0.064	−0.407***	−0.121
	（−4.44）	（−1.14）	（−4.66）	（−1.18）

	（1）	（2）	（3）	（4）
	M&AD		*M&AA*	
	未扶持	扶持	未扶持	扶持
Duality	0.035**	0.026	0.074**	0.045
	（1.99）	（1.38）	（2.25）	（1.28）
Indep	−0.243	0.108	−0.582*	0.202
	（−1.59）	（0.55）	（−2.03）	（0.55）
Mholding	0.024	0.060	0.039	0.125
	（0.49）	（1.23）	（0.43）	（1.39）
Cons	0.232	−0.073	0.018	−0.899
	（1.22）	（−0.27）	（0.05）	（−1.58）
Ind/Year	Yes	Yes	Yes	Yes
N	5 000	4 446	5 000	4 446
R^2	0.184	0.167	0.198	0.180

注：对于因变量是 *M&AD* 来说，括号内数据表示 *Z* 值；对于因变量是 *M&AA* 来说，括号内数据表示 *t* 值。***、**、* 分别表示回归系数在 1%、5%、10% 的置信水平上显著。

为了排除本书的结果是由少数大股东所致，变化股东关系网络的形成范围，以重新测定股东关系网络。我们删除前三大股东，重新构建股东关系网络。表 6-13 是在重新构建股东关系网络后，在市场化进程不同的情况下，检测股东关系网络对企业并购的影响。列（1）和列（3）是在市场化进程较慢的情况下，股东关系网络对并购的影响，*Net* 的系数在 1% 的水平上显著为负；列（2）和列（4）是在市场化进程较快的情况下，股东关系网络对并购的影响，*Net* 的系数不显著。列（1）至列（4）的结果说明，股东关系网络抑制企业并购的效果在市场化进程较慢的情况下更好，结果是稳健的，支持H6-4。

表6-13 **市场化进程、股东关系网络与企业并购的稳健性检验**

	（1）	（2）	（3）	（4）
	M&AD		M&AA	
	市场化指数低	市场化指数高	市场化指数低	市场化指数高
Net	-0.354***	0.065	-0.720***	0.004
	（-3.05）	（0.52）	（-3.23）	（0.02）
Lev	0.182***	0.327***	0.310***	0.613***
	（4.15）	（6.40）	（3.77）	（6.34）
Size	0.034***	0.038***	0.086***	0.091***
	（4.35）	（4.12）	（5.73）	（5.15）
Cash	-0.171	-0.464***	-0.205	-0.849***
	（-1.42）	（-3.25）	（-0.89）	（-3.16）
Roe	0.016*	0.010	0.036***	0.049
	（1.71）	（0.44）	（3.20）	（1.15）
Growth	0.032***	0.067***	0.059***	0.132***
	（3.29）	（3.16）	（3.13）	（3.05）
Top1	-0.271***	-0.475***	-0.545***	-0.886***
	（-5.00）	（-7.89）	（-5.42）	（-7.69）
Pper	-0.304***	-0.313***	-0.569***	-0.622***
	（-5.99）	（-4.82）	（-5.99）	（-5.08）
Age	-0.009***	-0.007***	-0.017***	-0.012***
	（-5.73）	（-4.43）	（-5.91）	（-3.85）
Board	-0.132***	-0.151***	-0.272***	-0.275**
	（-2.91）	（-2.64）	（-3.22）	（-2.55）

	（1）	（2）	（3）	（4）
	M&AD		M&AA	
	市场化指数低	市场化指数高	市场化指数低	市场化指数高
Duality	0.039**	0.014	0.079**	0.024
	（2.24）	（0.77）	（2.44）	（0.70）
Indep	−0.007	−0.185	−0.006	−0.510
	（−0.04）	（−1.03）	（−0.02）	（−1.53）
Mholding	0.077	−0.009	0.112	0.017
	（1.63）	（−0.17）	（1.28）	（0.18）
Cons	−0.033	0.077	−0.543	−0.347
	（−0.16）	（0.33）	（−1.46）	（−0.76）
Ind/Year	Yes	Yes	Yes	Yes
N	5 358	4 097	5 358	4 097
R^2	0.177	0.167	0.189	0.184

注：对于因变量是 *M&AD* 来说，括号内数据表示 *Z* 值；对于因变量是 *M&AA* 来说，括号内数据表示 *t* 值。***、**、* 分别表示回归系数在 1%、5%、10% 的置信水平上显著。

6.6 本章小结

外部环境是一个企业赖以生存的基础环境，其动态变化会直接影响企业各项发展战略的制定与业绩表现，因此，不同的外部环境亦会使股东关系网络对企业并购的影响产生差异。本章基于我国沪深两市 A 股 2009—2019 年上市公司面板数据，分别在媒体关注度、环境不

确定性、产业政策扶持以及市场化进程不同的情况下,检验股东关系网络与企业并购的关系。研究结论如下:

(1)在媒体关注度较低时,股东关系网络对企业并购的抑制作用更加显著。媒体对于公司的各种报道能够引发监管机构的关注,使企业和管理层暴露在较大的市场压力下,这会对管理层在经理人市场上的名声、个人未来的收入以及职业发展等产生较大的影响。因此,在媒体关注度较高的时候,管理层发起损害公司价值并购的可能性较小。此外,媒体作为企业与外部债权人信息传递的媒介,其对公司关注度的提高有利于公司向市场传递信息,进而提高股票定价效率。因此,在媒体关注度较高的时候,股东关系网络作为非正式制度,其作用的发挥是受到限制的。

(2)在环境不确定性较高时,股东关系网络对企业并购的抑制作用更大。企业为了在复杂多变的环境中赢得先机、获取核心竞争力,将组织结构网络化的欲望更加强烈。当环境不确定性较高的时候,外部债权人与企业之间的信息不对称程度增加,投资者接收内部消息的时间变长,降低了投资者接收企业信息的效率。此外,当环境不确定性较高时,并购是企业快速获取发展所需要的各种生产要素的重要方式,可以降低个体决策的风险,以应对环境不确定性的消极影响。因此,在环境不确定性较高时,企业对非正式制度的依赖性更强,股东关系网络能发挥更大的作用。

(3)在未受到产业政策扶持的公司,股东关系网络能够更加显著地抑制企业并购。一方面,股东关系网络能将支持性资源引入企业,优化企业的资源配置,降低企业为获取支持性补贴而进行的套利式并购;另一方面,股东关系网络是各种企业信息传播的重要途径,能够提高股票定价效率,提高股价信息含量,降低被低估企业"自我价值证明"式并购,降低被高估企业为了维持较高股价的投机式并购。

（4）在市场化进程较慢的地区，股东关系网络与企业并购的负向关系更加显著。在市场化进程较慢的地区，社会中介组织、各种制度环境、经济自由程度以及治理机制相对落后，企业发展所需要的各种生产要素难以从外部市场获得；信息流动不畅，外界投资者无法及时获取企业内部的真实信息。因此，企业借助其所在的社会网络结构获取各种资源以及向投资者传递真实信息的欲望更加强烈。此外，在市场化水平较低时，企业更倾向于通过扩张方式进行产业升级；在市场化水平较高时，企业更倾向于通过创新方式进行转型。因此，股东关系网络对企业并购的抑制作用在市场化进程较慢的地区更加显著。

本章的政策启示是：首先，企业应该树立媒体实时报道理念，完善声誉机制在媒体监督中的作用。从媒体关注度对股东关系网络与企业并购的影响可以看出，企业应该将媒体关注度与股东关系网络进行绑定，使外部信息治理机制与非正式制度相互牵制。企业应构建媒体与股东关系网络的协同治理机制，用媒体的"锐眼"发现异常并购问题，用股东关系网络这种非正式制度解决低效并购问题，两者相互补充、相互促进。其次，股东关系网络能够有效缓解环境不确定性带来的压力，在环境不确定性较高时，股东关系网络所带来的知识学习效应、信息传递效益以及资源替代效应更强。再次，股东关系网络作为一种非正式制度，其作用的发挥还受到正式制度的影响。未受到产业政策扶持的公司一般会资源匮乏，且向外界传递利空信号，因此，公司需要借助股东关系网络这种非正式制度来获取资源及传递公司特质信息。最后，在推进市场化进程的同时，企业要关注外部治理与企业内部治理的替代机制。在市场化进程较慢时，外部要素市场欠发达、信息流动不充分，因此，企业需要借助非正式的股东关系网络弥补正式制度的不足，股东关系网络的归核效应更明显。我国应继续强化金融市场、法律制度建设，让正式制度与非正式制度共同引导公司回归主业，促进企业可持续性发展。

第 7 章

股东关系网络与不同类型的并购

7.1 引言

　　并购既是产业结构的市场化调整手段，也是有效的存量调整方式。每个并购事件都有其自身的特点，并购发起的目的不同、交易时机不同、交易类型不同、交易的支付方式不同，其所传递的消息也是不同的，被外界投资者及市场解读出了不同的含义。

　　按照主并公司与目标公司是否处于同一行业，可将企业并购划分为同业并购和多元化并购；按照主并公司发起并购的目的是否为取得技术专利，可将企业并购划分为技术并购和非技术并购；从时间角度来看，按照单位时间内主并公司发起并购的频率，可将企业并购分划为连续并购和非连续并购；从空间角度看，按主并公司是否与其所兼并吸收的目标企业属于同一个地方，可将企业并购划分为本地并购和异地并购；按照企业并购所采取的支付方式，国内外学者将企业并购划分为现金支付并购和股权支付并购。每一种形式的企业并购背后都蕴含着一定数量的信息，因此，本章基于不同并购目的及并购传递的信息，探讨股东关系网络对不同类型并购的影响。

7.2 股东关系网络与不同类型并购的内容

7.2.1 股东关系网络与多元化并购

　　按照主并公司与标的公司是否属于同一个行业，可以将并购划分为同业并购和多元化并购。一部分学者认为，当主并企业与标的企业所处的行业相同或者相似时，并购更有利于企业集中专业力量、实现协同效应。特别是那些处于准入门槛较高或者垄断行业的国有企业，同业并购能够进一步巩固其核心竞争力和话语权（李善民、周小春，2007）。关于多元化并购能否提升企业绩效、增加股东财富，学者们众说纷纭。在早期的经济发展中，学者们的研究发现，同业并购对企业发展具有负面影响，而多元化并购不仅能够帮助企业在短期内迅速提高市场占有率，扩大发展规模，使股东从并购中受益；还能助力企业跨领域跳跃式发展，构建企业集团（Chatterjee and Meeks，1996）。特别是在市场被严重分割、地方保护主义严重的地区，多元化并购能迅速改善企业资源匮乏、市场势力不足的状态（Elgers and Clark，1980）。但是，随着经济的发展，企业所面临的外部环境及并购目的不断发生变化，学者们对于多元化并购的态度已转变为消极否定。多元化并购无效论认为，主并公司向与自己行业不同的标的公司发起并购，并购后双方在研发技术、组织制度、研发人员、管理人员以及资源整合等多方面都存在较大差异，因此，面临较大的整合困难（Berger and Ofek，1999），不仅不能为企业和股东带来财富增值（李善民、朱滔，2006；李善民、陈玉罡，2002），还会减损股东财富（Morck et al.，1990），使超额利润缩水（Sicherman and Pettway，1987），损害企业的长期绩效（Porter，1987），降低管理层的学习效率（Flor et al.，2018）。我国学者根据我国的实际情况研究发现，发起多元化并购的公司在并购后1~3年内，股东财富缩水高达7%（李善民、朱滔，2006）。由于公司主业与所兼并吸收的企业之间衔接较差，多元化并购使主并公司面临较高的价值减损风险，这种情况也被称为"多元化战略中的陷阱"。

很多学者深入研究了多元化并购的原因，主要有以下几个：其一是管理者过度自信。Aggarwal 和 Samwick（2003）以及洪道麟等（2006）认为，自大假说是对多元化并购最有支撑力的解释。收购方过度自信的管理者高估了并购项目所带来的预期利润和发展前景，低估了并购过程中以及并购整合中所遇到的问题的难度，过度相信自己对整个并购项目的管理和把控，进而实施了较多的多元化并购（Roll，1986）。因此，过度自信的管理者频繁地发起多元化并购，而这种并购往往是盲目的、对企业价值具有较强破坏力的（Malmendier and Tate，2008；王山慧等，2015）。其二是为了获取上市公司的"壳资源"（张新，2003；李增泉等，2005）。在我国资本市场中，上市公司在筹集资金、吸引人才、竞争优势、核心竞争力、商业信用以及知名度等方面都具有较强的优势，但是，我国资本市场有严格的发行制度以及有限的股市容量，企业要上市是有一定难度的。许多企业为了获取"壳资源"，就会并购那些与自己的主业属于不同行业的上市公司，这也成为继管理者过度自信之后第二个引发多元化并购的原因（步丹璐等，2022）。其三是为了分散企业风险。当市场中某个行业的竞争压力过大或者企业所销售的产品利润率过低时，企业便会采取多元化并购方式进入一个新行业或者一个新领域，以期通过新行业或者新产品所带来的利润对冲和弥补已有行业和产品的利润损失（任曙明，2021）。

一方面，股东关系网络能够通过知识学习效应，使关联股东学习其他关联公司并购的相关经验，了解所要并购项目的风险以及并购项目未来的成长性，并将这些经验传授给管理者，弥补公司内部管理者决策中的认知不足；从其他个体汲取先进的管理模式，重塑公司内部的管理制度，缩小管理者自由裁量权，降低管理者的控制幻觉和过度自信。另一方面，位于网络中心的个体通过网络不仅拓宽了企业的融资渠道并以较低的风险和成本获取企业发展所需要的资金，还能提高企业的知名度及权威性进而替代"壳资源"。此外，股东关系网络能够通过资源替代效应促进人才、技术和知识的流动，有利于企业提升创新水平和竞争力，回归主业，进而抑制多元化并购。

综上分析，提出如下假设：

H7-1：股东关系网络能够显著抑制多元化并购。

7.2.2 股东关系网络与非技术并购

技术并购是指主并企业发起并购的目的是获取被兼并企业所拥有的核心技术，并购的内容主要包括知识型技术资源和资产型技术资源。知识型技术资源主要是指并购标的企业正在研究的项目技术和各种专利，资产型技术资源主要是指吸收标的企业的整个研发团队以及自主研发出来的各种产品。从知识型技术资源角度来看，主并公司通过兼并能够获得自身发展所需要的各种技术，打破了企业所面临的技术瓶颈，降低了自主研发所需的各种资金成本和时间成本，增强了企业的核心竞争力，有利于企业更好地应对外部环境对企业的冲击。从资产型技术资源角度来看，技术并购有利于企业在短时间内获取成熟的研发团队和技术一流的技术工人，降低了企业人才搜索的时间成本和资金成本，能以较高效率解决技术创新中技术人员匮乏、技术骨干结构不合理的问题。因此，技术并购不仅是企业为丰富现有研发能力、技术力量，弥补与领头企业创新能力的差距而从外部获取技术补给的一种不可替代的重要手段（Chesbrough，2003；Higgins and Rodriguez，2006），还是帮助企业识别那些披露少且与技术升级、产品创新有关的敏感性资产的一种工具。

非技术并购是指主并公司兼并标的企业的目的不涉及与技术有关的研发人员和生产要素，因此主并公司发起非技术并购后并没有增加企业技术创新方面的投入，也没有扩大知识应用的规模，对主并公司创新的贡献值是有限的（Ahuja and Katila，2001；杨军敏、曹志广，2012）；非技术并购需要花费大量的资金和时间，会挤占公司研发所需要的各种资源和要素，可能损害公司的创新绩效，降低主业增长率。因此，非技术并购更多体现为粗放式并购。此外，由于非技术并购并未涉及企业的核心竞争力，缺乏产权之间深层次的联结，因此，对企业之间的影响力和控制力是有限的。主并公司与标的公司之间较低的利益关联度可能诱发各种机会主义行为（于成永、施建军，2012）。

对于集中力量提升创新水平、采取内涵式发展的企业来说，其并购内容主要体现为摒弃非技术并购而选择技术并购，以便更好地提升企业的创新绩效和创新效率（Chesbrough，2003；温成玉、刘志新，2011）。因此，技术并购能够与股东关系网络形成合力，提高企业创新能力，帮助企业回归主业，助力企业依靠自我力量内涵式发展。而非技术并购会挤占公司的研发资源，表现为侵略式、无效率并购。

综上所述，股东关系网络会抑制企业粗放式、无效率并购，因此，我们认为，股东关系网络能够抑制企业非技术并购。

综上分析，提出如下假设：

H7-2：股东关系网络能够显著抑制非技术并购。

7.2.3 股东关系网络与连续并购

公司在特定的一段时间内完成多次并购的情况被定义为"连续并购"，这是一个从时间动态视角来解析的定义。在实践中，迫于外界投资者关注、分析师跟踪、机构实地调研、媒体中介以及资本市场等各方面所带来的压力，企业为了在短时间内快速扩大规模，就会连续进行多次并购（Castellan and Conti，2017；Chao，2018）。企业所发起的每一次并购都向外界投资者传递有关企业未来战略规划的信息，既包括利空信息，也包括利好的信息。这两种信息被投资者解读后作用于资本市场，造成股价的波动。传递不同信息的间隔时间越短，叠加效应越强烈。

管理者自大假说认为，过度自信使管理者对自我能力不能进行精准的评估，难以对自己进行清晰的定位，因此他们会发起更多的并购（Billett and Qian，2008）。过度自信的管理者确信自己创造经济效益的能力，而忽视可能面临的风险。具体来说，在并购发生前，他们坚信自己的目标搜索能力，认为自己可以发现那些在市场中预期利润较高而目前价值被低估的项目；在并购过程中，他们认为自己有能力降低并购中的信息不对称程度、降低并购溢价，能以最优价格完成并购；在并购完成后，他们认为可以凭借自己专业的管理能力和整合能力，协调主并公司与被兼并公司的组织制度、生产技术、人员结构等，有效发挥协同效应。管理者分别在并购前、并购过程中以及并购完成后高估自己的能力，使其在某一个特定时间内进行连续的、频繁的并购。特别是当第一次并购成功后，管理者将其归功于自己，进而强化了其自信程度。这又使得他们更加确信自己的并购策略是对的，进而会诱发更多的并购。相关研究表明，管理者过度自信的程度与并购交易的时间呈显著的负向相关关系（吴超鹏等，2008）。然而，连续并购是企业盲目对外扩张行为（Matthew and Qian，2008），并没有显著提升企业的经营绩效（吴超鹏等，2008）。股东关系网络能够通过知识学习效应获取并购经验，降低管理者自我认知缺陷，提高公司治理水平，降低管理者控制幻觉，降低管理者的过度自信，因此能够降低连续并购。

综上分析，提出如下假设：

H7-3：股东关系网络能够显著抑制连续并购。

7.2.4 股东关系网络与异地并购

由于我国资源的有限性和分布的不均衡性，企业会发起异地并购以获取稀缺的自然资源、人力资源以及技术资源等各种生产要素，以提高企业的市场占有率和核心竞争力，使企业做大做强。异地并购虽然可以获取企业所匮乏的各种资源，但是与本地并购相比，企业要面对高度不确定性的外部环境、信息不对称以及企业之间的高度差异性等问题。具体来说，其一，由于不同地区的经济环境、产业政策、营商环境、信息环境等存在较大的差异，主并公司发起并购前需要投入大量的时间成本、人力成本以及资金成本去搜寻并评估所要并购的项目，在完成并购后还需要花费大量的整合成本，降低了企业的并购效率（方军雄，2009）。其二，异地并购无形中拉远了主并公司与标的公司信息传递的距离，主并公司面临更严峻的信息不对称问题，容易导致整合失败（Uysal et al.，2008）。其三，所兼并的标的企业所在地区可能存在严重的地方保护主义，这会使并购过程的复杂度上升，也会使整个并购过程的时间变长，因此，在短期内提升主并企业绩效的效果不佳（刘春等，2015）。股东关系网络具有互惠属性和无契约信任优势，能够发挥资源替代效应，以更低的成本和风险获取企业发展所需要的知识、技术、人才，抑制了企业高风险、高成本获取异地资源的欲望；股东关系网络促使企业提高创新水平，以核心技术优势赢得企业市场地位，提高企业长期绩效，进而抑制了对企业绩效提升效果不佳的异地并购。因此，股东关系网络抑制企业异地并购。

综上分析，提出如下假设：

H7-4：股东关系网络能够显著抑制异地并购。

7.2.5 股东关系网络与现金支付并购

发起并购是企业对外投资的一种形式，也是企业内涵式发展的途径之一。并购的支付作为企业完成并购最重要的一个环节，不仅会影响并购过程，还会影响并购后股东的收益以及公司的绩效，甚至会影响投资者对并购项目未来盈利情况的预期（Marina and Luc，2008；Sudarsanam et al.，2001）。

首先，从风险共担的角度看，股权支付能够使主并企业和标的公司深入融合，形成一个利益共享、风险共担的共同体，共同承担并购后企业的各种整合困难和营运风险，提高了企业的风险承担水平。相反，现金支付代表"一锤子"买卖，标的企业被收购后，不再需要监管企业的运营；而主并企业完成并购后需要自负盈亏，无形之中增加了企业的负担。

其次，从股权制衡的角度看，主并企业采取股权支付的方式能够帮助标的企业引入新的股东，优化标的企业的股权结构，更好地发挥股权制衡的治理作用（窦炜、方俊，2018；周绍妮等，2017），提高企业的短期绩效（陈佳琦等，2020；周绍妮、王惠瞳，2015）。并购涉及的资金较多，限制了企业扩大规模，而且并购后可能由于资金短缺难以形成规模经济，不能尽快改善企业绩效（葛结根，2015）。

再次，从信号理论的角度看，由于我国股票发行制度较为严格、审核程序较为复杂，公司采取股权支付方式也被投资者解读为企业的内部治理机制较为完善、对未来的预期利润有足够信心，是一种利好的信号（周绍妮、王惠瞳，2015）。而现金支付意味着标的公司对于并购整合后的项目持消极态度，向投资者传递了一种利空的信号（葛伟杰等，2014）。

最后，标的企业原来的股东、管理层和员工对企业内部的经营情况、组织运营情况以及发展方向比较了解，股权支付能够最大限度地稳定原有的人员，对并购后的项目收益比较有利。而现金支付的动机则是降低标的企业对并购的排斥程度，快速完成并购，实现套利目的。

综上所述，股东关系网络能够降低不利于企业长期发展的低效并购，并可以抑制现金支付的并购。

综上分析，提出如下假设：

假设 H7-5：股东关系网络能够抑制现金支付的并购。

7.3 研究设计与变量定义

7.3.1 样本选择与数据来源

2008年金融危机波及全球，我国企业也深受其影响。金融危机之后，我国经济急速下滑，为刺激内需，我国推出了"四万亿计划"。因此，本书以2009—2019年A股上市公司为研究对象，我们对原始数据进行了如下处理：（1）删除了金融保险类企业；（2）删除了资产负债率大于1或者小于0的样本；（3）删除了原始数据缺失的样本；（4）删除了ST、*ST类公司；（5）删除了并购失败以及还未完成的公司；（6）保留了公司地位为买方的公司；（7）上市公司同一年内发生多次并购事件的，保留金额最大的一次并购；（8）对于连续并购，则累计一年中并购次数之和；（9）在检验以现金支付方式完成的并购时，保留了股权支付和现金支付两种方式；（10）删除了未披露前十大股东的公司；（11）删除了所披露的前十大股东数量小于10的公司。

为保证检验结果的稳健性，对所有连续变量进行了缩尾处理（1%和99%水平）。本章的研究数据来自CSMAR数据库以及手工收集的公司年报，数据的处理主要采用Pajek软件及Stata软件。

7.3.2 模型设计与变量定义

为了分析股东关系网络对企业并购行为的影响，我们建立如下模型：

$$Div\_M\&A/NonTec\_M\&A/Con\_M\&A/Diff\_M\&A/Cash\_M\&A$$
$$=\theta_0+\theta_1Net+\theta_2Lev+\theta_3Size+\theta_4Cash+\theta_5Roe+\theta_6Growth+\theta_7Top1+\theta_8Pper+\theta_9Age+$$
$$\theta_{10}Board+\theta_{11}Dulity+\theta_{12}Indep+\theta_{13}Mholding+Year+Industry+\varepsilon \qquad (7\text{-}1)$$

（1）被解释变量。

① 多元化并购（*Div_M&AD*，*Div_M&AA*）。我们将并购分为同业并购和多元化并购。对于多元化并购，参考陈旭东等（2013）的做法：第一步，手工收集并阅读并购公告，根据对并购目的的描述确定是否为多元化并购。如果公告明确表示并购是为了多元化经营，就将该并购事件定义为多元化并购。第二步，对于没有明确指出并购目的的并购事件，如果收购公司和目标公司所属行业大类不同，则被界定为多元化并购，否则视为同业并购。设置虚拟变量 *Div_M&AD*，表示并购事件是否属于多元化并购。若是则该变量赋值为1，否则取0。*Div_M&AA* 表示发生多元化并购金额的对数。

② 非技术并购（*NonTec_M&AD*，*NonTec_M&AA*）。参考蔡庆丰和陈熠辉（2019）的研究，根据并购公告，手动筛选出并购目的是获取对方技术、专利的，以及并购标的资产中出现专利或者技术的样本，将这些并购事件视为技术并购，否则为非技术并购。设置虚拟变量 *NonTec_M&AD*，表示并购事件是否属于非技术并购。若是则该变量赋值为1，否则取0。*NonTec_M&AA* 表示发生的非技术并购金额的对数。

③ 连续并购（*Con_M&AD*，*Con_M&AA*）。现有的文献对连续并购的测度方法存在共性，主要从并购频率（一定时间窗口内发生的并购次数）来捕捉公司的连续并购强度（Laamanen and Keil，2008）。本书将连续并购定义为一年内发起三次及以上并购为连续并购。设置虚拟变量 *Con_M&AD*，表示并购事件是否属于连续并购。若是则该变量赋值为1，否则取0。*Con_M&AA* 表示发生连续并购金额的对数。

④ 异地并购（*Diff_M&AD*，*Diff_M&AA*）。如果主并企业与被并

企业属于同一行政区域，则为1；否则为0。在实证研究中，当主并公司和标的公司属于同一省（自治区、直辖市）时，该并购事件为本地并购，否则为异地并购。设置虚拟变量 *Diff_M&AD*，表示并购事件是否属于异地并购。若是则该变量赋值为1，否则取0。*Diff_M&AA* 表示发生异地并购金额的对数。

⑤ 现金支付并购（*Cash_M&AD*，*Cash_M&AA*）。我国上市公司并购多采用现金、股票进行支付（周菊、陈欣，2019），而承担债务、资产支付、现金和承担债务、现金和资产混合支付等方式并不常见。因此，本书聚焦现金支付和股权支付这两种方式。如果主并企业发起并购时的支付方式为现金支付，*Cash_M&AD* 则为1，否则为0。*Cash_M&AA* 表示发生现金支付并购金额的对数。

（2）控制变量。

本书参考逯东等（2019）、李善民等（2020）以及蔡庆丰和陈熠辉（2020）的研究，选取资产负债率、公司规模、现金持有、成长性、第一大股东持股比例、固定资产比例、公司年龄、董事会规模、二职合一、独立董事占比以及管理层持股比例作为主要控制变量，同时控制了行业与年份固定效应。关于变量的定义见表7-1。

表7-1 <center>**变量定义表**</center>

变量名称	变量定义	变量说明
Div_M&AD	是否为多元化并购	如果是多元化并购则为1，否则为0
Div_M&AA	多元化并购金额	表示发生多元化并购金额的对数
NonTec_M&AD	是否为非技术并购	如果是非技术并购则为1，否则为0
NonTec_M&AA	非技术并购金额	表示发生非技术并购金额的对数
Con_M&AD	是否为连续并购	如果是连续并购则为1，否则为0
Con_M&AA	连续并购金额	表示发生连续并购金额的对数

变量名称	变量定义	变量说明
Diff_M&AD	是否为异地并购	如果是异地并购则为1，否则为0
Diff_M&AA	异地并购金额	表示发生异地并购金额的对数
Cash_M&AD	是否为现金支付	如果并购的支付方式是现金支付则为1，否则为0
Cash_M&AA	现金支付并购金额	表示发生现金支付并购金额的对数
Net	股东关系网络	分别求出每一个公司的程度中心度、中介中心度以及接近中心度，然后取三者的平均值
Lev	资产负债率	总负债/总资产
Size	公司规模	总资产的自然对数
Growth	主营业务增长率	主营业务增长率
Pper	固定资产比例	固定资产/总资产
Age	公司年龄	公司成立年限：年份-上市时间
Board	董事会规模	董事人数的自然对数
Mholding	高管持股	高管持股比例

7.4 实证结果与分析

7.4.1 样本分布情况

将并购样本按照不同的分类方式，分别划分为多元化并购、非技术并购、连续并购、异地并购以及现金支付并购。表7-2描述了以上五种类型并购样本逐年分布情况，从中可以看出，多元化并购和非技术并购的样本量较大，这在一定程度上说明为服务主业发展而实施的并购实际占有量很少。

表7-2 不同种类并购样本分布情况

	2009	2010	2011	2012	2013	2014	2015	2016	2017	2018	2019
多元化并购	63	41	81	131	173	261	408	329	320	286	118
非技术并购	81	56	115	214	316	405	679	624	634	607	221
连续并购	30	15	63	104	113	142	257	204	181	132	47
异地并购	30	20	41	77	131	178	289	223	218	182	56
现金支付并购	26	17	18	41	95	179	243	164	111	85	25

图7-1是删除那些未发生并购的样本后，每种类型并购样本占发生并购样本比例的变化趋势。从图7-1中可以看出，非技术并购占比相对于其他四种类型来说较高，其次是多元化并购。非技术并购2014年呈现上涨的趋势；多元化并购始终呈现震动式变化，但占比始终围绕50%上下波动；连续并购、异地并购以及现金支付并购的占比从2015年开始呈现下降趋势，特别是现金支付并购，下降的趋势最明显。

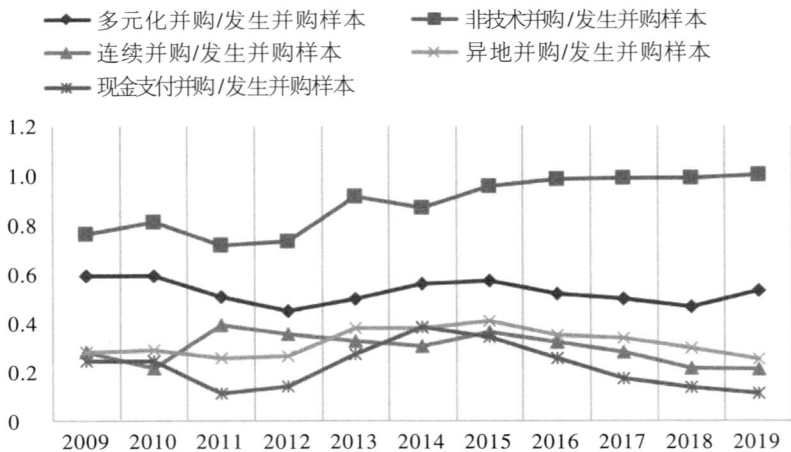

图7-1 2009—2019年不同类型并购变化趋势

表7-3是股东关系网络与多元化并购的回归结果。列（1）是在全样本下，股东关系网络对多元化并购可能性的回归结果；列（2）是在全样本下，股东关系网络对多元化并购金额的回归结果；列（3）是在删除未发生并购样本后，股东关系网络对多元化并购可能性的回归结果；列（4）是在删除未发生并购样本后，股东关系网络对多元化并购金额的回归结果。在以上分析中，*Net* 的系数均显著为负，支持H7-1。

表7-3　　　　**股东关系网络与多元化并购的回归结果**

	（1）	（2）	（3）	（4）
	全样本		删除未发生并购样本	
	Div_M&AD	*Div_M&AA*	*Div_M&AD*	*Div_M&AA*
Net	−3.247***	−1.442***	−2.266**	−1.240**
	（−3.66）	（−4.37）	（−2.14）	（−2.53）
Lev	0.697***	0.189***	−0.018	−0.052
	（4.05）	（3.46）	（−0.08）	（−0.53）
Size	0.094***	0.047***	−0.023	0.017
	（3.24）	（4.68）	（−0.65）	（1.01）
Cash	−0.909*	−0.205	0.136	0.215
	（−1.86）	（−1.40）	（0.22）	（0.77）
Roe	0.106	0.022***	0.058	0.023
	（1.49）	（2.58）	（0.89）	（0.81）
Growth	0.237**	0.041***	−0.002	0.008
	（2.32）	（3.17）	（−0.03）	（0.24）
*Top*1	−0.668***	−0.221***	0.554**	0.246**
	（−3.30）	（−3.41）	（2.19）	（2.15）

	（1）	（2）	（3）	（4）
	\multicolumn{2}{c}{全样本}		\multicolumn{2}{c}{删除未发生并购样本}	
	Div_M&AD	Div_M&AA	Div_M&AD	Div_M&AA
Pper	−0.521***	−0.173***	1.207***	0.525***
	（−2.60）	（−2.79）	（4.38）	（4.34）
Age	0.009*	0.003*	0.058***	0.026***
	（1.70）	（1.77）	（8.41）	（8.58）
Board	−0.415**	−0.139**	−0.024	−0.012
	（−2.20）	（−2.32）	（−0.11）	（−0.12）
Duality	0.073	0.025	−0.043	−0.025
	（1.11）	（1.16）	（−0.56）	（−0.72）
Indep	−0.008	−0.014	0.140	0.060
	（−0.01）	（−0.07）	（0.19）	（0.18）
Mholding	−0.245	−0.066	−0.492**	−0.234**
	（−1.38）	（−1.25）	（−2.34）	（−2.45）
Cons	−3.172***	−0.508**	−0.772	−0.095
	（−3.85）	（−2.02）	（−0.77）	（−0.21）
Ind/Year	Yes	Yes	Yes	Yes
N	9 455	9 455	4 258	4 258
R^2	0.062	0.072	0.052	0.072

注：对于因变量是 M&AD 来说，括号内数据表示 Z 值；对于因变量是 M&AA 来说，括号内数据表示 t 值。***、**、* 分别表示回归系数在 1%、5%、10% 的置信水平上显著。

表 7-4 是股东关系网络与非技术并购的回归结果。列（1）是在

全样本下，股东关系网络对非技术并购可能性的回归结果；列（2）是在全样本下，股东关系网络对非技术并购金额的回归结果；列（3）是在删除未发生并购样本后，股东关系网络对非技术并购可能性的回归结果；列（4）是在删除未发生并购样本后，股东关系网络对非技术并购金额的回归结果。在以上分析中，Net 的系数均在 1% 的水平上显著为负，支持 H7-2。

表7-4   股东关系网络与非技术并购的回归结果

	（1）	（2）	（3）	（4）
	全样本		删除未发生并购样本	
	NonTec_M&AD	NonTec_M&AA	NonTec_M&AD	NonTec_M&AA
Net	−10.155***	−1.906***	−12.858***	−0.662***
	（−3.72）	（−5.13）	（−4.46）	（−2.84）
Lev	−0.356	0.379***	0.284	0.019
	（−0.89）	（6.20）	（0.65）	（0.32）
Size	−0.156***	0.083***	−0.117*	0.026**
	（−2.70）	（7.49）	（−1.85）	（2.43）
Cash	1.741	−0.446***	0.406	0.180
	（1.52）	（−2.62）	（0.34）	（1.07）
Roe	−1.375***	0.034***	−1.006*	0.022
	（−3.27）	（2.97）	（−1.89）	（1.02）
Growth	−0.140	0.072***	0.120	0.029
	（−0.86）	（3.64）	（0.89）	（1.47）
Top1	−0.588	−0.708***	−1.220***	−0.224***
	（−1.44）	（−9.43）	（−2.79）	（−3.30）
Pper	1.235***	−0.548***	0.523	0.016
	（2.67）	（−7.70）	（1.03）	（0.20）
Age	0.017	−0.014***	0.008	0.001
	（1.34）	（−6.55）	（0.55）	（0.81）

	（1）	（2）	（3）	（4）
	全样本		删除未发生并购样本	
	NonTec_M&AD	*NonTec_M&AA*	*NonTec_M&AD*	*NonTec_M&AA*
Board	0.215	−0.256***	0.028	−0.019
	（0.52）	（−3.94）	（0.06）	（−0.31）
Duality	−0.214	0.046*	−0.105	−0.012
	（−1.40）	（1.94）	（−0.68）	（−0.62）
Indep	0.053	−0.189	0.120	−0.080
	（0.04）	（−0.84）	（0.09）	（−0.41）
Mholding	0.554	0.084	0.966**	0.082
	（1.28）	（1.34）	（2.14）	（1.61）
Cons	5.501***	−0.473*	3.783**	0.759***
	（3.67）	（−1.70）	（2.42）	（2.62）
Ind/Year	Yes	Yes	Yes	Yes
N	8 953	9 455	4 024	4 258
R²	0.105	0.199	0.215	0.134

注：对于因变量是 *M&AD* 来说，括号内数据表示 *Z* 值；对于因变量是 *M&AA* 来说，括号内数据表示 *t* 值。***、**、* 分别表示回归系数在 1%、5%、10% 的置信水平上显著。

表 7-5 是股东关系网络与连续并购的回归结果。列（1）和列（2）是在全样本下，分别考察股东关系网络对连续并购的可能性以及连续并购所发生金额的影响；列（3）和列（4）是在删除未发生并购样本后，分别考察股东关系网络对连续并购的可能性以及连续并购所发生金额的影响。列（1）和列（2）*Net* 的系数在 1% 的水平上显著为负，列（3）和列（4）*Net* 的系数是在 10% 的水平上显著为负。这四列的结果均支持股东关系网络能够显著抑制企业连续并购的发生，支持 H7-3。

表 7-5　　　　　　股东关系网络与连续并购的回归结果

	（1）	（2）	（3）	（4）
	全样本		删除未发生并购样本	
	Con_M&AD	Con_M&AA	Con_M&AD	Con_M&AA
Net	−3.341***	−0.983***	−1.957*	−0.810*
	（−2.98）	（−3.67）	（−1.74）	（−1.83）
Lev	0.849***	0.160***	0.387*	0.122
	（4.04）	（3.72）	（1.73）	（1.40）
Size	0.191***	0.053***	0.124***	0.064***
	（5.59）	（6.76）	（3.37）	（4.31）
Cash	−0.223	0.014	1.008	0.498*
	（−0.38）	（0.12）	（1.57）	（1.87）
Roe	0.333	0.024***	0.225	0.040**
	（1.61）	（3.86）	（1.44）	（2.57）
Growth	0.367***	0.033***	0.092	0.040
	（2.72）	（3.22）	（1.15）	（1.60）
Top1	−0.916***	−0.209***	−0.129	−0.036
	（−3.67）	（−3.97）	（−0.50）	（−0.34）
Pper	−1.416***	−0.300***	−0.664**	−0.293***
	（−5.31）	（−6.24）	（−2.26）	（−2.60）
Age	−0.019***	−0.004***	−0.002	−0.000
	（−2.82）	（−2.71）	（−0.28）	（−0.08）
Board	−0.372*	−0.095**	−0.084	−0.039
	（−1.76）	（−2.12）	（−0.38）	（−0.43）

	（1）	（2）	（3）	（4）
	全样本		删除未发生并购样本	
	Con_M&AD	Con_M&AA	Con_M&AD	Con_M&AA
Duality	0.252***	0.060***	0.200**	0.082**
	（3.22）	（3.27）	（2.48）	（2.53）
Indep	−0.472	−0.172	−0.427	−0.269
	（−0.62）	（−1.09）	（−0.56）	（−0.87）
Mholding	0.285	0.066	0.211	0.079
	（1.33）	（1.39）	（0.95）	（0.92）
Cons	−5.405***	−0.650***	−3.483***	−0.781*
	（−5.59）	（−3.46）	（−3.39）	（−1.95）
Ind/Year	Yes	Yes	Yes	Yes
N	9 455	9 455	4 258	4 258
R^2	0.073	0.065	0.027	0.037

注：对于因变量是 *M&AD* 来说，括号内数据表示 *Z* 值；对于因变量是 *M&AA* 来说，括号内数据表示 *t* 值。***、**、* 分别表示回归系数在 1%、5%、10% 的置信水平上显著。

表 7-6 是股东关系网络与异地并购的回归结果。列（1）和列（2）是在全样本下，分别考察股东关系网络对异地并购的可能性以及异地并购所发生金额的影响；列（3）和列（4）是在删除未发生并购样本后，分别考察股东关系网络对异地并购的可能性以及异地并购所发生金额的影响。列（1）和列（2）*Net* 的系数在 1% 的水平上显著为负，列（3）和列（4）*Net* 的系数是在 5% 的水平上显著为负。这四列的结果均支持股东关系网络能够显著抑制企业异地并购的发生，

支持 H7-4。

表7-6　　　　　　　股东关系网络与异地并购的回归结果

	（1）	（2）	（3）	（4）
	全样本		删除未并购样本	
	Diff_M&AD	*Diff_M&AA*	*Diff_M&AD*	*Diff_M&AA*
Net	-3.380***	-1.146***	-2.108**	-0.969**
	（-3.20）	（-4.13）	（-1.98）	（-2.04）
Lev	0.477**	0.100**	-0.065	-0.028
	（2.30）	（2.13）	（-0.31）	（-0.28）
Size	0.077**	0.028***	-0.024	0.002
	（2.17）	（3.40）	（-0.66）	（0.10）
Cash	-1.155*	-0.167	-0.295	-0.020
	（-1.93）	（-1.35）	（-0.47）	（-0.07）
Roe	0.007	0.006	-0.046	-0.024
	（0.16）	（0.76）	（-0.52）	（-0.58）
Growth	0.369***	0.034***	0.114	0.054*
	（2.58）	（2.90）	（1.44）	（1.72）
*Top*1	-1.267***	-0.305***	-0.406*	-0.174
	（-5.39）	（-5.95）	（-1.67）	（-1.61）
Pper	-1.030***	-0.235***	-0.222	-0.137
	（-4.05）	（-4.60）	（-0.82）	（-1.11）
Age	-0.023***	-0.005***	-0.002	-0.000
	（-3.55）	（-3.54）	（-0.32）	（-0.04）
Board	-0.705***	-0.159***	-0.431**	-0.168*
	（-3.27）	（-3.29）	（-1.97）	（-1.71）

	（1）	（2）	（3）	（4）
	全样本		删除未并购样本	
	Diff_M&AD	*Diff_M&AA*	*Diff_M&AD*	*Diff_M&AA*
Duality	−0.048	−0.018	−0.146**	−0.071**
	（−0.63）	（−0.94）	（−1.97）	（−2.07）
Indep	−0.827	−0.176	−0.796	−0.333
	（−1.10）	（−1.07）	（−1.08）	（−1.00）
Mholding	0.012	0.012	−0.076	−0.027
	（0.06）	（0.25）	（−0.38）	（−0.29）
Cons	−1.845*	0.087	0.864	0.972**
	（−1.93）	（0.44）	（0.88）	（2.26）
Indus/Year	Yes	Yes	Yes	Yes
N	9 455	9 455	4 258	4 258
R²	0.077	0.068	0.020	0.030

注：对于因变量是 *M&AD* 来说，括号内数据表示 *Z* 值；对于因变量是 *M&AA* 来说，括号内数据表示 *t* 值。***、**、* 分别表示回归系数在 1%、5%、10% 的置信水平上显著。

表 7-7 是股东关系网络与现金支付并购的回归结果。列（1）和列（2）是在全样本下，分别考察股东关系网络对现金支付并购的可能性以及现金支付并购所发生金额的影响；列（3）和列（4）是在删除未发生并购样本后，分别考察股东关系网络对现金支付并购的可能性以及现金支付并购所发生金额的影响。列（1）和列（2）*Net* 的系数在 1% 的水平上显著为负，列（3）和列（4）*Net* 的系数在 5% 的水平上显著为负。这四列的结果均支持股东关系网络能够显著抑制企业

现金支付并购的发生，支持 H7-5。

表7-7　　　股东关系网络与现金支付并购的回归结果

	（1）	（2）	（3）	（4）
	全样本		删除未发生并购样本	
	Cash_M&AD	Cash_M&AA	Cash_M&AD	Cash_M&AA
Net	−3.653***	−1.044***	−2.800**	−1.094**
	（−2.99）	（−4.23）	（−2.16）	（−2.46）
Lev	−0.060	−0.004	−0.598**	−0.204**
	（−0.27）	（−0.12）	（−2.39）	（−2.31）
Size	0.028	0.015**	−0.082*	−0.019
	（0.72）	（2.14）	（−1.83）	（−1.24）
Cash	−2.284***	−0.313***	−1.609**	−0.510**
	（−3.17）	（−2.91）	（−2.07）	（−1.97）
Roe	0.072	0.013***	0.009	−0.001
	（1.10）	（2.68）	（0.15）	（−0.04）
Growth	0.945***	0.044***	0.543***	0.126***
	（4.29）	（3.20）	（3.09）	（4.19）
Top1	−1.034***	−0.201***	−0.139	−0.029
	（−3.92）	（−4.32）	（−0.46）	（−0.28）
Pper	0.052	−0.028	1.060***	0.349***
	（0.19）	（−0.64）	（3.31）	（2.91）
Age	−0.012*	−0.002**	0.010	0.004
	（−1.81）	（−1.98）	（1.37）	（1.45）
Board	−0.375	−0.082*	−0.030	−0.029
	（−1.56）	（−1.95）	（−0.11）	（−0.31）

	（1）	（2）	（3）	（4）
	全样本		删除未发生并购样本	
	Cash_M&AD	*Cash_M&AA*	*Cash_M&AD*	*Cash_M&AA*
Duality	−0.013	−0.006	−0.100	−0.039
	(−0.16)	(−0.38)	(−1.15)	(−1.30)
Indep	−0.831	−0.151	−0.100	−0.351
	(−0.99)	(−1.06)	(−1.15)	(−1.16)
Mholding	−0.219	−0.032	−0.474*	−0.168**
	(−1.02)	(−0.80)	(−1.93)	(−2.06)
Cons	−1.126	0.227	1.930*	1.335***
	(−1.13)	(1.34)	(1.66)	(3.28)
Ind/Year	Yes	Yes	Yes	Yes
N	9 337	9 337	4 140	4 140
R²	0.108	0.073	0.075	0.079

注：对于因变量是 *M&AD* 来说，括号内数据表示 *Z* 值；对于因变量是 *M&AA* 来说，括号内数据表示 *t* 值。***、**、* 分别表示回归系数在 1%、5%、10% 的置信水平上显著。

7.5 稳健性检验

7.5.1 变化解释变量范围

为了排除本书的结果是由少数关联度较高的股东所致，变化解释变量的范围，就是删除股东关系网络中上五分位的值。表 7-8 是删除股东关系网络中上五分位的值后，检验股东关系网络与多元化并购的结果。列（1）和列（2）是在全样本下，删除股东关系网络中上五分位的值；列（3）和列（4）是在删除未发生并购样本后，再删除股东关系网络中上五分位的值。列（1）和列（3）的因变量是并购发生的可能性，列（2）和列（4）的因变量是并购金额。列（1）至列（4）的结果均显著为负，支持H7-1，即股东关系网络能够显著抑制多元化并购。

表7-8　　　　股东关系网络与多元化并购的稳健性检验

	（1）	（2）	（3）	（4）
	全样本		删除未发生并购样本	
	Div_M&AD	Div_M&AA	Div_M&AD	Div_M&AA
Net	−14.691**	−5.198***	−11.167*	−6.015*
	（−2.38）	（−3.07）	（−1.85）	（−1.72）
Lev	0.646***	0.159***	−0.023	−0.073
	（3.43）	（2.68）	（−0.08）	（−0.67）
Size	0.125***	0.056***	0.023	0.038**
	（3.82）	（4.99）	（0.72）	（2.02）
Cash	−0.354	−0.009	0.636	0.508*
	（−0.67）	（−0.06）	（1.00）	（1.65）
Roe	0.190*	0.027***	0.140**	0.050**
	（1.79）	（3.39）	（2.09）	（2.52）
Growth	0.224**	0.037***	0.019	0.017
	（2.13）	（3.04）	（0.25）	（0.49）
Top1	−0.547**	−0.180**	0.541*	0.240*
	（−2.45）	（−2.56）	（1.91）	（1.84）
Pper	−0.548**	−0.178***	1.265**	0.532***
	（−2.44）	（−2.62）	（2.45）	（3.94）
Age	0.010*	0.003	0.060***	0.026***
	（1.73）	（1.59）	（5.39）	（7.68）

	（1）	（2）	（3）	（4）
	全样本		删除未发生并购样本	
	Div_M&AD	*Div_M&AA*	*Div_M&AD*	*Div_M&AA*
Board	−0.336	−0.124*	−0.100	−0.062
	（−1.63）	（−1.91）	（−0.44）	（−0.56）
Duality	0.025	0.011	−0.071	−0.034
	（0.36）	（0.50）	（−0.93）	（−0.89）
Indep	0.452	0.143	0.114	0.053
	（0.62）	（0.62）	（0.16）	（0.14）
Mholding	−0.315*	−0.094*	−0.502***	−0.250**
	（−1.68）	（−1.72）	（−2.66）	（−2.41）
Cons	−4.391***	−0.821***	−1.761**	−0.466
	（−4.55）	（−2.91）	（−2.46）	（−0.92）
Ind/Year	Yes	Yes	Yes	Yes
N	7 564	7 564	3 407	3 407
R²	0.071	0.081	0.060	0.081

注：对于因变量是 **M&AD** 来说，括号内数据表示 **Z** 值；对于因变量是 **M&AA** 来说，括号内数据表示 *t* 值。***、**、* 分别表示回归系数在 1%、5%、10% 的置信水平上显著。

为了排除本书的结果是由少数关联度较高的股东所致，变化解释变量的范围，就是删除股东关系网络中上五分位的值。表7–9是删除股东关系网络中上五分位的值后，检验股东关系网络与非技术并购的结果。列（1）和列（2）是在全样本下，删除股东关系网络中上五分位的值；列（3）和列（4）是在删除未发生并购样本后，再删除股东关系网络中上五分位的值。列（1）和列（3）的因变量是并购发生的可能性，列（2）和列（4）的因变量是并购金额。列（1）至列（4）的结果均显著为负，支持H7–2，即股东关系网络能够显著抑制非技术并购。

表 7-9　　　　　　　股东关系网络与非技术并购的稳健性检验

	（1）	（2）	（3）	（4）
	全样本		删除未发生并购样本	
	NonTec_M&AD	NonTec_M&AA	NonTec_M&AD	NonTec_M&AA
Net	−315.660***	−28.090***	−865.998***	−68.652***
	（−21.24）	（−17.87）	（−7.15）	（−28.81）
Lev	−1.009**	0.329***	−0.347	0.004
	（−1.97）	（5.18）	（−0.35）	（0.08）
Size	0.053	0.100***	0.162	0.053***
	（0.67）	（8.22）	（1.62）	（5.08）
Cash	1.641	−0.280	3.712**	0.389**
	（1.05）	（−1.52）	（2.09）	（2.56）
Roe	−0.941	0.038***	−0.141	0.036**
	（−1.42）	（3.35）	（−0.20）	（2.11）
Growth	−0.034	0.065***	0.159	0.022
	（−0.17）	（3.71）	（0.65）	（1.25）
Top1	0.213	−0.563***	−0.237	0.012
	（0.40）	（−7.29）	（−0.35）	（0.19）
Pper	1.396**	−0.578***	1.049	−0.024
	（2.32）	（−7.84）	（1.25）	（−0.33）
Age	0.046**	−0.013***	−0.001	0.002
	（2.56）	（−6.03）	（−0.04）	（1.16）
Board	0.139	−0.197***	−0.253	−0.039
	（0.27）	（−2.91）	（−0.30）	（−0.70）

	（1）	（2）	（3）	（4）
	全样本		删除未发生并购样本	
	NonTec_M&AD	*NonTec_M&AA*	*NonTec_M&AD*	*NonTec_M&AA*
Duality	−0.383**	0.026	−0.233	0.011
	（−2.10）	（1.06）	（−0.86）	（0.67）
Indep	0.154	0.033	−2.816	−0.136
	（0.09）	（0.14）	（−1.13）	（−0.73）
Mholding	0.123	0.009	0.522	0.055
	（0.25）	（0.13）	（0.76）	（1.26）
Cons	5.484***	−0.845***	11.553***	0.855***
	（2.79）	（−2.86）	（3.41）	（3.11）
Ind/Year	Yes	Yes	Yes	Yes
N	7 275	7 564	3 271	3 407
R²	0.406	0.234	0.805	0.424

注：对于因变量是 *M&AD* 来说，括号内数据表示 *Z* 值；对于因变量是 *M&AA* 来说，括号内数据表示 *t* 值。***、**、* 分别表示回归系数在 1%、5%、10% 的置信水平上显著。

为了排除本书的结果是由少数关联度较高的股东所致，变化解释变量的范围，就是删除股东关系网络中上五分位的值。表 7-10 是删除股东关系网络中上五分位的值后，检验股东关系网络与连续并购的结果。列（1）和列（2）是在全样本下，删除股东关系网络中上五分位的值，列（3）和列（4）是在删除未发生并购样本后，再删除股东关系网络中上五分位的值。列（1）和列（3）的因变量是并购发生的可能性，列（2）和列（4）的因变量是并购金额。列（1）至列（4）

的结果均显著为负，支持 H7-3，即股东关系网络能够显著抑制连续并购。

表7-10　　　股东关系网络与连续并购的稳健性检验

	（1）	（2）	（3）	（4）
	全样本		删除未发生并购样本	
	Con_M&AD	Con_M&AA	Con_M&AD	Con_M&AA
Net	−15.631**	−3.591***	−14.246*	−5.696*
	(−2.17)	(−2.72)	(−1.84)	(−1.84)
Lev	0.724***	0.134***	0.284	0.075
	(3.21)	(2.90)	(1.17)	(0.78)
Size	0.230***	0.062***	0.171***	0.086***
	(6.03)	(6.99)	(4.05)	(4.96)
Cash	0.239	0.112	1.378*	0.690**
	(0.38)	(0.85)	(1.92)	(2.27)
Roe	0.386*	0.022***	0.282*	0.045***
	(1.80)	(4.07)	(1.72)	(2.98)
Growth	0.285**	0.026***	0.049	0.026
	(2.06)	(2.83)	(0.58)	(0.91)
Top1	−0.766***	−0.176***	−0.085	−0.007
	(−2.80)	(−3.02)	(−0.29)	(−0.06)
Pper	−1.357***	−0.294***	−0.489	−0.238*
	(−4.62)	(−5.61)	(−1.48)	(−1.85)
Age	−0.020***	−0.004***	−0.003	−0.001
	(−2.60)	(−2.61)	(−0.35)	(−0.19)
Board	−0.323	−0.089*	−0.104	−0.047
	(−1.39)	(−1.78)	(−0.42)	(−0.46)

	（1）	（2）	（3）	（4）
	全样本		删除未发生并购样本	
	Con_M&AD	*Con_M&AA*	*Con_M&AD*	*Con_M&AA*
Duality	0.221***	0.053***	0.189**	0.079**
	(2.66)	(2.69)	(2.19)	(2.24)
Indep	−0.361	−0.154	−0.498	−0.317
	(−0.42)	(−0.85)	(−0.59)	(−0.92)
Mholding	0.249	0.055	0.259	0.107
	(1.09)	(1.11)	(1.09)	(1.16)
Cons	−6.370***	−0.851***	−4.257***	−1.139**
	(−5.76)	(−3.92)	(−3.55)	(−2.38)
Ind/Year	Yes	Yes	Yes	Yes
N	7 564	7 564	3 407	3 407
R^2	0.075	0.068	0.027	0.038

注：对于因变量是 *M&AD* 来说，括号内数据表示 *Z* 值；对于因变量是 *M&AA* 来说，括号内数据表示 *t* 值。***、**、* 分别表示回归系数在 1%、5%、10% 的置信水平上显著。

　　为了排除本书的结果是由少数关联度较高的股东所致，变化解释变量的范围，就是删除股东关系网络中上五分位的值。表7-11是删除股东关系网络中上五分位的值后，检验股东关系网络与异地并购的结果。列（1）和列（2）是在全样本下，删除股东关系网络中上五分位的值，列（3）和列（4）是在删除未发生并购样本后，再删除股东关系网络中上五分位的值。列（1）和列（3）的因变量是并购发生的可能性，列（2）和列（4）的因变量是并购金额。列（1）至列（4）的结果均显著为负，支持H7-4，即股东关系网络能够显著抑制异地并购。

	（1）	（2）	（3）	（4）
	全样本		删除未发生并购样本	
	Diff_M&AD	*Diff_M&AA*	*Diff_M&AD*	*Diff_M&AA*
Net	-3.565***	-1.226***	-2.487**	-1.176**
	（-3.27）	（-4.25）	（-2.14）	（-2.40）
Lev	0.377*	0.083	-0.216	-0.085
	（1.70）	（1.63）	（-0.84）	（-0.79）
Size	0.107***	0.038***	0.022	0.023
	（2.72）	（4.02）	（0.49）	（1.18）
Cash	-1.354**	-0.222	-0.130	0.052
	（-2.07）	（-1.61）	（-0.18）	（0.17）
Roe	-0.010	0.005	-0.219*	-0.103*
	（-0.20）	（0.49）	（-1.81）	（-1.94）
Growth	0.485***	0.035***	0.187*	0.084**
	（2.95）	（2.88）	（1.83）	（2.57）
*Top*1	-1.309***	-0.322***	-0.445	-0.168
	（-5.12）	（-5.47）	（-1.53）	（-1.38）
Pper	-0.945***	-0.231***	-0.058	-0.069
	（-3.42）	（-3.94）	（-0.18）	（-0.49）
Age	-0.024***	-0.006***	-0.008	-0.003
	（-3.51）	（-3.46）	（-1.04）	（-0.86）
Board	-0.695***	-0.170***	-0.395	-0.160
	（-2.99）	（-3.07）	（-1.52）	（-1.46）

表7-11　　　　股东关系网络与异地并购的稳健性检验

	（1）	（2）	（3）	（4）
	全样本		删除未发生并购样本	
	Diff_M&AD	*Diff_M&AA*	*Diff_M&AD*	*Diff_M&AA*
Duality	−0.057	−0.018	−0.120	−0.059
	（−0.72）	（−0.89）	（−1.37）	（−1.58）
Indep	−0.805	−0.203	−0.623	−0.277
	（−0.98）	（−1.05）	（−0.70）	（−0.74）
Mholding	−0.036	0.003	−0.197	−0.081
	（−0.17）	（0.06）	（−0.81）	（−0.79）
Cons	−2.543**	−0.076	−0.354	0.516
	（−2.44）	（−0.34）	（−0.29）	（1.04）
Ind/Year	Yes	Yes	Yes	Yes
N	7 564	7 564	3 406	3 406
R^2	0.077	0.067	0.023	0.033

注：对于因变量是 *M&AD* 来说，括号内数据表示 *Z* 值；对于因变量是 *M&AA* 来说，括号内数据表示 *t* 值。***、**、*分别表示回归系数在 1%、5%、10% 的置信水平上显著。

为了排除本书的结果是由少数关联度较高的股东所致，变化解释变量的范围，就是删除股东关系网络中上五分位的值。表7-12是删除股东关系网络中上五分位的值后，检验股东关系网络与现金支付并购的结果。列（1）和列（2）是在全样本下，删除股东关系网络中上五分位的值，列（3）和列（4）是在删除未发生并购样本后，再删除股东关系网络中上五分位的值。列（1）和列（3）的因变量是并购发生的可能性，列（2）和列（4）的因变量是并购金额。列（1）至列

（4）的结果均显著为负，支持 H7-5，即股东关系网络能够显著抑制现金支付方式的并购。

表 7-12　　　　股东关系网络与现金支付并购的稳健性检验

	（1）	（2）	（3）	（4）
	全样本		删除未发生并购样本	
	Cash_M&AD	*Cash_M&AA*	*Cash_M&AD*	*Cash_M&AA*
Net	−3.640***	−1.110***	−3.173**	−1.316***
	（−2.90）	（−4.30）	（−2.35）	（−2.83）
Lev	−0.155	−0.023	−0.706**	−0.234**
	（−0.64）	（−0.53）	（−2.52）	（−2.40）
Size	0.034	0.020**	−0.079	−0.013
	（0.76）	（2.43）	（−1.53）	（−0.75）
Cash	−2.397***	−0.342***	−1.405	−0.434
	（−3.07）	（−2.88）	（−1.60）	（−1.49）
Roe	0.054	0.013**	−0.128	−0.038
	（0.80）	（2.26）	（−0.85）	（−0.92）
Growth	1.137***	0.044***	0.765***	0.148***
	（5.07）	（3.09）	（3.69）	（4.39）
*Top*1	−1.006***	−0.199***	0.002	0.023
	（−3.41）	（−3.73）	（0.01）	（0.20）
Pper	0.026	−0.039	1.088***	0.345***
	（0.08）	（−0.76）	（3.01）	（2.58）
Age	−0.012*	−0.002*	0.008	0.003
	（−1.69）	（−1.70）	（0.98）	（1.14）
Board	−0.287	−0.075	0.118	0.006
	（−1.07）	（−1.51）	（0.41）	（0.06）

	（1）	（2）	（3）	（4）
	全样本		删除未发生并购样本	
	Cash_M&AD	Cash_M&AA	Cash_M&AD	Cash_M&AA
Duality	−0.062	−0.012	−0.140	−0.046
	（−0.70）	（−0.69）	（−1.45）	（−1.42）
Indep	−0.513	−0.122	−0.401	−0.184
	（−0.54）	（−0.72）	（−0.40）	（−0.53）
Mholding	−0.327	−0.047	−0.691**	−0.237***
	（−1.36）	（−1.04）	（−2.48）	（−2.62）
Cons	−1.640	0.086	1.253	1.027**
	（−1.43）	（0.43）	（0.94）	（2.19）
Ind/Year	Yes	Yes	Yes	Yes
N	7 470	7 470	3 309	3 312
R^2	0.106	0.070	0.077	0.079

注：对于因变量是 M&AD 来说，括号内数据表示 Z 值；对于因变量是 M&AA 来说，括号内数据表示 t 值。***、**、* 分别表示回归系数在 1%、5%、10% 的置信水平上显著。

7.5.2　重新测算解释变量

为了排除本书的结果是由少数大股东所致，变化股东关系网络的形成范围，以重新测定股东关系网络。我们删除前三大股东，重新构建股东关系网络，结果见表7-13。列（1）和列（2）是在全样本下，删除前三大股东后重新构建股东关系网络；列（1）的因变量是并购可能性，列（2）的因变量是并购金额。列（3）和列（4）是在删除未发生并购样本后，再删除前三大股东重新构建股东关系网络；列

（3）的因变量是并购可能性，列（4）的因变量是并购金额。列（1）至列（4）中 *Net* 的系数显著为负，说明股东关系网络抑制多元化并购的结果在统计意义和经济意义上是稳健的，支持 H7-1。

表7-13　　　　股东关系网络与多元化并购的稳健性检验

	（1）	（2）	（3）	（4）
	全样本		删除未发生并购样本	
	Div_M&AD	*Div_M&AA*	*Div_M&AD*	*Div_M&AA*
Net	−0.912**	−0.438***	−1.023**	−0.563**
	（−2.24）	（−2.86）	（−2.08）	（−2.44）
Lev	0.730***	0.202***	−0.011	−0.048
	（4.25）	（3.70）	（−0.05）	（−0.48）
Size	0.083***	0.043***	−0.025	0.016
	（2.86）	（4.29）	（−0.70）	（0.97）
Cash	−0.926*	−0.212	0.123	0.209
	（−1.90）	（−1.44）	（0.20）	（0.75）
Roe	0.105	0.023***	0.059	0.024
	（1.50）	（2.65）	（0.91）	（0.84）
Growth	0.248**	0.043***	−0.002	0.008
	（2.37）	（3.21）	（−0.03）	（0.25）
*Top*1	−0.714***	−0.238***	0.532**	0.235**
	（−3.53）	（−3.67）	（2.11）	（2.05）
Pper	−0.520***	−0.173***	1.209***	0.525***
	（−2.59）	（−2.79）	（4.38）	（4.34）
Age	0.008	0.003	0.058***	0.026***
	（1.56）	（1.57）	（8.37）	（8.52）

	（1）	（2）	（3）	（4）
	全样本		删除未发生并购样本	
	Div_M&AD	*Div_M&AA*	*Div_M&AD*	*Div_M&AA*
Board	−0.435**	−0.146**	−0.025	−0.013
	（−2.30）	（−2.43）	（−0.11）	（−0.12）
Duality	0.076	0.026	−0.042	−0.025
	（1.16）	（1.22）	（−0.56）	（−0.71）
Indep	−0.043	−0.026	0.148	0.064
	（−0.07）	（−0.13）	（0.20）	（0.19）
Mholding	−0.217	−0.056	−0.480**	−0.228**
	（−1.23）	（−1.06）	（−2.28）	（−2.39）
Cons	−2.902***	−0.414	−0.747	−0.081
	（−3.53）	（−1.64）	（−0.75）	（−0.18）
Ind/Year	Yes	Yes	Yes	Yes
N	9 455	9 455	4 258	4 258
R^2	0.061	0.070	0.052	0.072

注：对于因变量是 *M&AD* 来说，括号内数据表示 *Z* 值；对于因变量是 *M&AA* 来说，括号内数据表示 *t* 值。***、**、* 分别表示回归系数在 1%、5%、10% 的置信水平上显著。

为了排除本书的结果是由少数大股东所致，变化股东关系网络的形成范围，以重新测定股东关系网络。我们删除前三大股东，重新构建股东关系网络，结果见表7-14。列（1）和列（2）是在全样本下，删除前三大股东后重新构建股东关系网络；列（1）的因变量是并购可能性，列（2）的因变量是并购金额。列（3）和列（4）是在删除未发生并购样本后，再删除前三大股东重新构建股东关系网络；列

（3）的因变量是并购可能性，列（4）的因变量是并购金额。列（1）至列（4）中 Net 的系数显著为负，说明股东关系网络抑制非技术并购的结果在统计意义和经济意义上是稳健的，支持 H7-2。

表7-14　　　　股东关系网络与非技术并购的稳健性检验

	（1）	（2）	（3）	（4）
	全样本		删除未发生并购样本	
	NonTec_M&AD	*NonTec_M&AA*	*NonTec_M&AD*	*NonTec_M&AA*
Net	−5.293***	−0.537***	−6.160***	−0.368***
	（−4.83）	（−3.15）	（−5.35）	（−3.45）
lev	−0.365	0.398***	0.314	0.019
	（−0.91）	（6.50）	（0.72）	（0.32）
Size	−0.150***	0.078***	−0.120*	0.027**
	（−2.61）	（7.00）	（−1.91）	（2.51）
Cash	1.751	−0.455***	0.442	0.178
	（1.52）	（−2.67）	（0.36）	（1.06）
Roe	−1.362***	0.034***	−1.022*	0.023
	（−3.26）	（3.02）	（−1.91）	（1.04）
Growth	−0.134	0.073***	0.122	0.029
	（−0.87）	（3.65）	（0.90）	（1.45）
*Top*1	−0.639	−0.732***	−1.292***	−0.229***
	（−1.58）	（−9.73）	（−2.97）	（−3.39）
Pper	1.252***	−0.549***	0.530	0.018
	（2.70）	（−7.68）	（1.04）	（0.23）
Age	0.016	−0.014***	0.007	0.001
	（1.25）	（−6.76）	（0.46）	（0.75）

	（1）	（2）	（3）	（4）
	全样本		删除未发生并购样本	
	NonTec_M&AD	*NonTec_M&AA*	*NonTec_M&AD*	*NonTec_M&AA*
Board	0.208	−0.266***	0.035	−0.018
	(0.50)	(−4.05)	(0.08)	(−0.29)
Duality	−0.206	0.047**	−0.099	−0.012
	(−1.35)	(2.01)	(−0.63)	(−0.62)
Indep	0.019	−0.207	0.110	−0.076
	(0.01)	(−0.91)	(0.08)	(−0.39)
Mholding	0.585	0.099	1.015**	0.084*
	(1.35)	(1.56)	(2.25)	(1.67)
Cons	5.406***	−0.334	3.826**	0.740***
	(3.62)	(−1.20)	(2.47)	(2.58)
Ind/Year	Yes	Yes	Yes	Yes
N	8 953	9 455	4 024	4 258
R²	0.107	0.197	0.216	0.134

注：对于因变量是 *M&AD* 来说，括号内数据表示 *Z* 值；对于因变量是 *M&AA* 来说，括号内数据表示 *t* 值。***、**、* 分别表示回归系数在 1%、5%、10% 的置信水平上显著。

为了排除本书的结果是由少数大股东所致，变化股东关系网络的形成范围，以重新测定股东关系网络。我们删除前三大股东，重新构建股东关系网络，结果见表7-15。列（1）和列（2）是在全样本下，删除前三大股东后重新构建股东关系网络；列（1）的因变量是并购可能性，列（2）的因变量是并购金额。列（3）和列（4）是在删除未发生并购样本后，再删除前三大股东重新构建股东关系网络；列

（3）的因变量是并购可能性，列（4）的因变量是并购金额。列（1）至列（4）中 Net 的系数显著为负，说明股东关系网络抑制连续并购的结果在统计意义和经济意义上是稳健的，支持 H7-3。

表 7-15　　　　股东关系网络与连续并购的稳健性检验

	（1）	（2）	（3）	（4）
	全样本		删除未发生并购样本	
	Con_M&AD	Con_M&AA	Con_M&AD	Con_M&AA
Net	−1.109**	−0.343***	−0.906*	−0.382*
	(−2.20)	(−2.84)	(−1.76)	(−1.91)
Lev	0.871***	0.167***	0.393*	0.125
	(4.15)	(3.90)	(1.76)	(1.43)
Size	0.183***	0.051***	0.123***	0.064***
	(5.37)	(6.49)	(3.35)	(4.29)
Cash	−0.232	0.011	1.003	0.494*
	(−0.39)	(0.09)	(1.56)	(1.85)
Roe	0.327	0.024***	0.224	0.040***
	(1.60)	(3.89)	(1.45)	(2.59)
Growth	0.380***	0.033***	0.092	0.040
	(2.78)	(3.24)	(1.15)	(1.60)
Top1	−0.961***	−0.220***	−0.147	−0.043
	(−3.86)	(−4.19)	(−0.57)	(−0.42)
Pper	−1.413***	−0.300***	−0.662**	−0.293***
	(−5.30)	(−6.23)	(−2.25)	(−2.59)
Age	−0.020***	−0.004***	−0.002	−0.000
	(−2.92)	(−2.88)	(−0.33)	(−0.13)

	（1）	（2）	（3）	（4）
	全样本		删除未发生并购样本	
	Con_M&AD	*Con_M&AA*	*Con_M&AD*	*Con_M&AA*
Board	−0.388*	−0.099**	−0.085	−0.039
	（−1.83）	（−2.21）	（−0.38）	（−0.43）
Duality	0.256***	0.061***	0.200**	0.082**
	（3.27）	（3.31）	（2.49）	（2.53）
Indep	−0.496	−0.179	−0.420	−0.266
	（−0.66）	（−1.13）	（−0.55）	（−0.86）
Mholding	0.307	0.072	0.221	0.083
	（1.44）	（1.53）	（1.00）	（0.97）
Cons	−5.213***	−0.602***	−3.467***	−0.778*
	（−5.41）	（−3.19）	（−3.38）	（−1.94）
Ind/Year	Yes	Yes	Yes	Yes
N	9 455	9 455	4 258	4 258
R^2	0.073	0.064	0.027	0.037

注：对于因变量是 *M&AD* 来说，括号内数据表示 *Z* 值；对于因变量是 *M&AA* 来说，括号内数据表示 *t* 值。***、**、*分别表示回归系数在 1%、5%、10% 的置信水平上显著。

为了排除本书的结果是由少数大股东所致，变化股东关系网络的形成范围，以重新测定股东关系网络。我们删除前三大股东，重新构建股东关系网络，结果见表7-16。列（1）和列（2）是在全样本下，删除前三大股东后重新构建股东关系网络；列（1）的因变量是并购可能性，列（2）的因变量是并购金额。列（3）和列（4）是在删除未发生并购样本后，再删除前三大股东重新构建股东关系网络，列

（3）的因变量是并购可能性，列（4）的因变量是并购金额。列（1）
至列（4）中 Net 的系数显著为负，说明股东关系网络抑制异地并购
的结果在统计意义和经济意义上是稳健的，支持H7-4。

表7-16　　　股东关系网络与异地并购的稳健性检验

	（1）	（2）	（3）	（4）
	全样本		删除未发生并购样本	
	Diff_M&AD	*Diff_M&AA*	*Diff_M&AD*	*Diff_M&AA*
Net	−1.070**	−0.379***	−0.940*	−0.421**
	（−2.24）	（−3.02）	（−1.84）	（−1.99）
Lev	0.502**	0.109**	−0.058	−0.024
	（2.42）	（2.32）	（−0.25）	（−0.24）
Size	0.069*	0.025***	−0.025	0.001
	（1.94）	（3.10）	（−0.64）	（0.04）
Cash	−1.168*	−0.172	−0.301	−0.025
	（−1.94）	（−1.39）	（−0.47）	（−0.09）
Roe	0.006	0.006	−0.045	−0.024
	（0.15）	（0.78）	（−0.51）	（−0.57）
Growth	0.382***	0.035***	0.115	0.054*
	（2.63）	（2.93）	（1.38）	（1.73）
*Top*1	−1.314***	−0.319***	−0.426	−0.184*
	（−5.59）	（−6.21）	（−1.63）	（−1.70）
Pper	−1.028***	−0.235***	−0.220	−0.137
	（−4.04）	（−4.59）	（−0.77）	（−1.11）
Age	−0.024***	−0.006***	−0.002	−0.000
	（−3.67）	（−3.75）	（−0.33）	（−0.10）

	（1）	（2）	（3）	（4）
	全样本		删除未发生并购样本	
	Diff_M&AD	*Diff_M&AA*	*Diff_M&AD*	*Diff_M&AA*
Board	−0.721***	−0.164***	−0.432*	−0.168*
	（−3.34）	（−3.39）	（−1.86）	（−1.72）
Duality	−0.045	−0.017	−0.146*	−0.071**
	（−0.59）	（−0.89）	（−1.79）	（−2.07）
Indep	−0.852	−0.185	−0.789	−0.331
	（−1.13）	（−1.12）	（−0.99）	（−0.99）
Mholding	0.037	0.020	−0.065	−0.022
	（0.19）	（0.41）	（−0.29）	（−0.23）
Cons	−1.630*	0.150	0.896	0.990**
	（−1.72）	（0.78）	（0.86）	（2.31）
Ind/Year	Yes	Yes	Yes	Yes
N	9 455	9 455	4 258	4 258
R²	0.077	0.067	0.020	0.030

注：对于因变量是 *M&AD* 来说，括号内数据表示 *Z* 值；对于因变量是 *M&AA* 来说，括号内数据表示 *t* 值。***、**、* 分别表示回归系数在 1%、5%、10%的置信水平上显著。

为了排除本书的结果是由少数大股东所致，变化股东关系网络的形成范围，以重新测定股东关系网络。我们删除前三大股东，重新构建股东关系网络，结果见表7-17。列（1）和列（2）是在全样本下，删除前三大股东后重新构建股东关系网络；列（1）的因变量是并购可能性，列（2）的因变量是并购金额。列（3）和列（4）是在删除未发生并购样本后，再删除前三大股东重新构建股东关系网络；列

（3）的因变量是并购可能性，列（4）的因变量是并购金额。列（1）至列（4）中 *Net* 的系数显著为负，说明股东关系网络抑制现金支付并购的结果在统计意义和经济意义上是稳健的，支持 H5-5。

表7-17　　　　股东关系网络与现金支付并购的稳健性检验

	（1）	（2）	（3）	（4）
	全样本		删除未发生并购样本	
	Cash_M&AD	Cash_M&AA	Cash_M&AD	Cash_M&AA
Net	−1.235**	−0.363***	−1.244**	−0.468**
	（−2.15）	（−3.19）	（−2.05）	（−2.34）
Lev	−0.039	0.003	−0.587**	−0.199**
	（−0.18）	（0.09）	（−2.36）	（−2.26）
Size	0.021	0.013*	−0.084*	−0.020
	（0.54）	（1.85）	（−1.88）	（−1.32）
Cash	−2.296***	−0.317***	−1.616**	−0.516**
	（−3.18）	（−2.95）	（−2.08）	（−1.99）
Roe	0.069	0.013***	0.008	−0.000
	（1.09）	（2.72）	（0.14）	（−0.02）
Growth	0.965***	0.045***	0.546***	0.126***
	（4.36）	（3.21）	（3.09）	（4.20）
Top1	−1.083***	−0.213***	−0.167	−0.040
	（−4.09）	（−4.56）	（−0.56）	（−0.39）
Pper	0.054	−0.029	1.060***	0.347***
	（0.20）	（−0.64）	（3.31）	（2.90）
Age	−0.013*	−0.003**	0.010	0.004
	（−1.89）	（−2.19）	（1.32）	（1.38）
Board	−0.392	−0.087**	−0.031	−0.029
	（−1.63）	（−2.04）	（−0.12）	（−0.32）

	（1）	（2）	（3）	（4）
	全样本		删除未发生并购样本	
	Cash_M&AD	Cash_M&AA	Cash_M&AD	Cash_M&AA
Duality	−0.009	−0.005	−0.099	−0.039
	（−0.11）	（−0.32）	（−1.14）	（−1.29）
Indep	−0.862	−0.158	−0.961	−0.348
	（−1.03）	（−1.11）	（−1.09）	（−1.15）
Mholding	−0.193	−0.025	−0.459*	−0.162**
	（−0.91）	（−0.63）	（−1.87）	（−1.98）
Cons	−0.933	0.278	1.972*	1.356***
	（−0.93）	（1.64）	（1.70）	（3.34）
Ind/Year	Yes	Yes	Yes	Yes
N	9 337	9 337	4 140	4 140
R^2	0.107	0.072	0.075	0.079

注：对于因变量是 M&AD 来说，括号内数据表示 Z 值；对于因变量是 M&AA 来说，括号内数据表示 t 值。***、**、* 分别表示回归系数在 1%、5%、10% 的置信水平上显著。

7.6 本章小结

由于竞争压力以及逐利动机，公司之间的并购交易愈加频繁，收购和兼并已经成为企业实施发展战略、迅速提高市场竞争能力和获取资源的重要手段之一，也是企业最重要的投资行为。每一次并购的并购动机、并购形式、并购过程以及并购环节都有所不同，其所展示出来的信息也不同。投资者总是从并购事件中找到一些信号，并据此判断并购的未来前景和投资价值。因此，我们从目标公司与主并公司资源的协整性、并购是否涉及技术专利、并购单位时间内的频率、并购的空间一致性、并购环节的支付形式来划分不同类型的并购形式，并深入探究股东关系网络对每一种形式并购的影响。本章基于我国沪深两市 A 股 2009—2019 年上市公司面板数据，分别检验股东关系网络与多元化并购、非技术并购、连续并购、异地并购以及现金支付并购之间的关系。研究结论如下：

（1）股东关系网络抑制多元化并购，这一结论经过稳健性检验后仍然成立。管理者过度自信、严格的股票发行制度迫使企业为了获取"壳资源"以及避免激烈竞争而发起多元化并购，但多元化并购对于企业的长期发展是不利的。股东关系网络能够通过知识学习效应，使关联股东学习其他关联公司并购的相关经验以及先进的管理模式，弥补公司内部管理者决策中的认知不足，降低管理者的控制幻觉，进而降低管理者过度自信下的多元化并购。此外，股东关系网络可以帮助企业以较低的风险和成本获取企业发展所需要的资金、知名度以及权威，抑制企业为了获取"壳资源"而发起并购。股东关系网络还能加强人才、技术和知识的流动，有利于企业提升创新水平和竞争力、回归主业，进而抑制多元化并购的发生。

（2）股东关系网络抑制非技术并购，这一结论经过稳健性检验后仍然成立。非技术并购因不含技术因素，未扩大技术知识规模，没有增加技术投入，使主并企业在战略上浪费时间和资金，对创新绩效造成负面影响。此外，因为企业之间缺少产权纽带，机会主义行为频现并挤占了公司的研发资源，因此，非技术并购更多体现为粗放式、低效率并购。股东关系网络能够通过知识学习效应、信息传递效应以及资源替代效应降低无效率或者低效率并购，因此可以降低非技术并购。

（3）股东关系网络抑制连续并购，这一结论经过稳健性检验后仍然成立。过度自信的管理者不仅坚信自己的目标搜索能力，认为自己能够发现市场中被低估的目标，进而创造高于市场平均水平的并购收益；而且认为自身具备强大的并购管理能力和并购后的整合能力，能够有效发挥与被并企业之间潜在的协同效应。这种过度自信使得管理层热衷于进行高频率、连续并购，而股东关系网络能够通过知识学习效应使管理者加强自我认知，抑制管理者过度自信，进而能够抑制连续并购。

（4）股东关系网络抑制异地并购，这一结论经过稳健性检验后仍然成立。异地并购会耗费更多的精力、更高的成本，且在并购完成后双方公司的整合成本也很高；信息的远距离传递较为困难且容易失真，信息不对称问题比较严重；有些地区实行地方保护主义，使异地并购的复杂程度和操作难度较高，导致异地并购的效率较低，对企业绩效的提高不显著。而股东关系网络通过知识学习效应、信息传递效应以及资源替代效应，为焦点公司提供丰富的发展资源，促使企业提高研发水平，回归主业，抑制企业无效并购。因此，股东关系网络抑制企业异地并购。

（5）股东关系网络抑制现金支付并购，这一结论经过稳健性检验后仍然成立。若发起并购的公司选择股权支付方式，就能使主并企业和目标企业形成一个利益共同体，提高企业的风险承担水平。股权支付方式可以为主并公司引进新股东，改善股权结构，提高治理效应；稳定目标公司原有的管理团队，维持高效经营水平。投资者将其解读为一种积极信号，有利于企业的长期发展。相反，现金支付方式意味着目标公司原股东放弃股权，反映出他们对目标公司、并购整合前景持消极态度，是一种低效率的并购。投资者将其解读为一种消极信号，不利于企业的长期发展。股东关系网络能降低企业的低效并购，因此，股东关系网络可以抑制现金支付并购。

本章的政策启示是：股东关系网络能够通过知识学习效应、信息传递效应以及资源替代效应抑制无效率或者低效率的投机式、粗放式、信号式、套利式、外延式并购。具体到内容上，表现为抑制多元化并购、非技术并购；在时间上，表现为抑制连续并购；在空间上，表现为抑制异地并购；在支付方式上，表现为抑制现金支付并购。股东关系网络能够全方位、多层次降低不利于企业发展的并购，因此，企业应该积极开展投资者关系管理，持续完善股东关系网络建设，利用好股东关系网络的信息传递与配置功能，在股东之间、公司与股东之间建立有效的信息沟通、资源互惠、知识互利机制。此外，监管机构应该引导各大股东规范发展，使其发挥在资本市场上以及资源配置中应有的积极作用，真正肩负起资本、资源压舱石的重任。

第 8 章

股东关系网络与并购绩效

8.1　引言

　　并购的发展史已超过百年，最初是受制于经济与行业发展，企业被迫实施并购；如今随着经济的繁荣和技术的进步，企业为了实现可持续发展，把并购作为主动调整发展战略的一种可行性手段。特别是在当下，我国经济步入高质量发展时期，多数传统行业已进入存量博弈阶段，市场化兼并重组已成为企业界、学术界讨论并研究的重要话题。一部分学者认为，并购是企业"做强、做优、做大"最重要的手段之一。蒋冠宏（2021）认为，并购能够帮助企业拥有制胜的市场势力并且能够全方位、高效率提高企业的生产效率。特别是企业的海外并购，不仅能够抑制民营企业投机的避税动机和行为（刘昕、潘爱玲，2020），还能占领海外市场，提高企业出口绩效（许家云，2022）。然而，另一部分学者认为，企业实施并购不但不能帮助企业更好地发展，反而会损害股东利益，降低企业价值（韩宏稳、唐清泉，2017），延迟释放不利于企业发展的消息，并最终导致股价崩盘（庄明明等，2021）。特别是跨国并购，不但增大了企业的投资风险（王喆、蒋殿春，2021），还降低了企业投资效率，浪费了发展资源（任曙明等，2019）。由此可见，时代背景、制度环境以及并购模式不同，并购的经济后果亦不相同。

　　并购的各种经济后果最终都会转化为企业的绩效表现，因此很多学者进一步探讨了并购与并购绩效的关系。一部分学者认为，并购是企业优化资源配置、创造价值、提升核心竞争优势的一种手段。黎文飞等（2016）从信息共享、知识共用的视角，对产业集群内公司的并购展开了研究，他们发现，并购发生的次数能够显著提升企业的并购绩效。葛结根（2015）发现，企业并购规模与并购绩效在统计意义上显著正向相关。然而，另一部分学者认为，并购只是企业资源再分配、价值再转移的一种工具（张新，2003），且逐渐呈现出"做得多但是做得不好"的趋势。由管理者过度自信驱动的并购会导致企业价值减损并最终危害股东的利益（Rolly，1986；Bradley et al.，1988）。特别是当管理者在公司的并购决策中处于强有力的地位和有绝对话语权时，并购以牺牲股东财富、危害企业绩效为途径沦为管理者在经理人市场中提升自身知名度、有用性以及薪酬水平的一种工具（Bliss and Rosen，1999）。当公司的成长机会较少或者展示出自由现金流水平较高时，企业的并购绩效将更差。基于中国的市场、制度和国情，我国学者按照主并公司的产权属性和标的公司的行业属性分析并购后的绩效，认为当标的公司与主并公司属于同一个行业时，主并公司的并购绩效并没有得到显著提升，反而是当标的公司与主并公司不属于同一个行业时，主并公司的市场绩效呈现下降趋势（洪道麟等，2006）。当主并公司为国有企业时，并购只是为了完成政治任务，呈现出低效率的"拉郎配"状态，并未实现经济规模优势提升，也未提升企业价值（方军雄，2008）。由此看来，并购活动是复杂的、多变的，是基于企业当时条件下而制定的战略。因此，企业并购的任何结论都有其适用的特定条件，这就导致学者们在并购后的企业绩效问题上尚未达成一致的看法。

从以上关于并购与并购绩效的分析中可以看出，并购动机的差异是并购项目最终能否有效转化资源、进行价值提升的重要决定因素。因此，全面考察股东关系网络对于并购后绩效的影响，有助于厘清新兴市场上并购的价值表现。

8.2 理论分析与研究假设

8.2.1 股东关系网络与并购短期绩效

市场势力理论认为，市场势力是驱动企业发起并购的重要原因。也就是说，无效率或者低效率的市场定价使得企业市场股价与实际价值不符合，迫使那些被低估的企业或者被高估的企业做出并购决策。一方面，那些被市场低估的企业积极宣告并购重组，以吸引投资者的注意力，赢得积极的市场反应，促使市场修复其损失的价值；另一方面，那些被市场高估的企业被迫发起并购，以迎合较高的股价来进行市值管理，以免公司管理层被辞退。首先，股东关系网络能够通过信息传递效应将公司的特质信息更快、更精准、更完整地传递给投资者并融入股价，以提高股票定价效率，这就使得企业的并购行为受市场势力驱动的可能性变小，进而使并购的有效性提高。此时，公司并购更有说服力和影响力，更能获得积极的市场反应，提高公司的短期绩效。其次，股东关系网络能够帮助企业获取创新信息和市场动态，有助于企业创新能力的提高（杨兴全等，2021）。企业的创新活动按照其对企业边际贡献所花费的时长，可分为突破式创新和渐进式创新。渐进式创新重点强调在更改企业现有生产线的基础上，使产品组合更加多样化，改变现有产品的外形设计，为客户提供更好的服务质量，比较容易成功，可在短期内获得较好的市场反应。因此，企业为了在短期内在激烈竞争的市场上占据一席之地，往往会通过渐进式创新替代无效并购，进而提高短期市场绩效。最后，股东关系网络能在不改变企业既定的价值观、战略目标和行为规范的基础上，凭借其在网络中的位置优势，获取与企业原有发展路径相同或者相似的资源、经验和知识，并在短期内花费较少的时间成本及资金成本将其与企业现有的技术、制度、文化等相融合，提高企业的资源利用效率，高效、快捷地解决企业面临的问题，抑制通过并购来对冲企业所面临问题的动机，进而提高企业的短期绩效。此外，处于股东关系网络中心的焦点公司往往有在多家公司持股的股东，包括机构投资者股东，这对企业来说是利好信号，传递出公司未来有较好的经营业绩的信息，能增强投资者对该并购项目的信心，有利于提高公司的短期绩效。因此，在短期内，股东关系网络能大大提高企业的短期绩效。

综上分析，提出以下假设：

H8-1：股东关系网络能够提高并购的短期绩效。

8.2.2 股东关系网络与并购长期绩效

很多学者从管理者属性角度出发研究其对并购的影响，他们发现，管理者过度自信是企业发起并购最主要的原因。管理者过度自信主要分为过度乐观型管理者以及控制幻觉型管理者。其中，过度乐观型管理者会高估外部环境的有利性，并认为并购后的高额利润足以覆盖企业所面临的不确定性，因此在开展并购活动前，往往没有进行可行性调研工作，进而导致更多的盲目并购和更差的并购绩效。控制幻觉型管理者会高估自己的控制能力，因而对并购后主并企业和标的企业的资源整合不到位，对并购后企业的人员管理、资源利用等方面的掌控能力不足，进而导致较差的并购绩效。无论是过度乐观还是控制幻觉所导致的管理者过度自信下的并购，都是具有破坏性的活动，都将降低企业的价值（Rolly，1986；Bradley et al.，1988）。此外，由于管理者在并购过程中过于自信，他们往往会支付更高的并购溢价，进而损害公司的利益（温日光，2015）。如前文所述，股东关系网络具有知识学习效应，一方面加强公司治理，限制管理层的权力，降低管理层的控制幻觉，抑制管理层的过度自信；另一方面能够帮助管理层获取并购的相关知识和经验，提高管理层的科学决策水平。通过降低管理者的过度自信，能使并购方更准确地判断标的企业的价值，降低无效率并购，将更多的资源用于优质并购项目，进而提高并购后的绩效。

综上分析，提出以下假设：

H8-2：股东关系网络能够提高并购的长期绩效。

8.2.3 股东关系网络与并购后的全要素生产率

全要素生产率能全面衡量组织、管理、技术、劳动力和资本等要素投入企业后的产出成果，是准确测定企业效率变化与质量变化的综合性指标。企业提高全要素生产率的关键是促进技术升级和提高资源配置效率（黄贤环、王瑶，2020；Hsieh and Klenow，2009）。我国目前已经从注重发展速度向注重发展质量转换，因此，在高质量发展阶段，考察全要素生产率是促进企业长远发展、激发企业活力的重要手段。聚焦企业全要素生产率的影响因素，学者们从多个维度进行了全面而深入的研究。相关研究发现，人才配置和结构（王启超等，2020）、企业内部所蕴含的知识和经验（闫永生等，2022）、企业的资源配置效率（林东杰等，2022）、企业股价所包含企业层面热点信息的含量（任灿灿等，2021）、企业技术创新水平（郑威、陆远权，2021）、充足的资金（项松林、魏浩，2014；陈中飞、江康奇，2021）等都会影响企业的全要素生产率。股东关系网络能够提高企业的全要素生产率。具体来说，首先，全要素生产率作为各种生产要素的集合体和资源利用率的综合表现，其所依赖的要素市场对股价信息反馈机制具有高度依赖性（Morck et al.，2000）。也就是说，当股票定价效率较高时，股价信息反馈机制更为有效。股东关系网络能够通过信息传递效应，将企业特质信息及时、准确、充分地反映到股价上，提高股票定价效率。随着股价信息含量的增加和错误定价的修正，企业的各种投资决策对股价的变化程度更为敏感，因此，管理层根据外部环境的变化，积极、快速地引导资源合理配置，降低企业无效并购和资源浪费，进而有效提升企业的全要素生产率，使之接近最优经济状态（任灿灿等，2021）。其次，由于缺乏充足的资金，在面对动态变化的市场所带来的各种机遇与挑战时，企业没有足够的风险应对能力，因此抑制了全要素生产率（张庆国、黄杏子，2021）。而股东关系网络能够通过资源替代效应增加企业的融资渠道，帮助企业以较低的融资成本和风险获取充足的启动资金，提高了创新能力，降低了企业粗放式、外延式发展动机，提高了企业对复杂多变的外部环境的承受力，增强了应对的灵活性，进而有助于企业全要素生产率的提高。再次，人力资本是将企业所吸收的各种技术、设备、资源和先进管理经验转化为生产效率的重要联结点。股东关系网络能够促进技术、人才资源在网络个体之间的流动，处于网络中心的个体更有可能享受人才红利。随着企业人力资本水平的提升，高质量生产要素能够高效融入企业日常的生产和经营中，形成直接的技术扩散，提高了企业的创新能力（刘维刚、倪红福，2018），降低了无效并购，进而提高了企业全要素生产率。最后，较高的资源配置效率对于提升全要素生产率具有中流砥柱作用（林东杰等，2022）。社会网络无契约信任的特点有利于发展合作关系，是各企业之间的润滑剂，能减少要素流动摩擦，加快生产要素的自由流动，促使企业资源合理、高效配置（Akerlof，1970），减少无效并购导致的资源浪费，促进全要素生产率的提高。因此，股东关系网络能够显著提升企业的生产效率。

综上分析，提出以下假设：

H8-3：股东关系网络能够提高并购后的全要素生产率。

8.3　研究设计与变量定义

8.3.1　样本选择与数据来源

2008 年金融危机波及全球，我国企业也深受其影响。金融危机之后，我国经济急速下滑，为刺激内需，政府推出"四万亿计划"。因此，本书以 2009—2019 年 A 股上市公司为研究对象，我们对原始数据进行了如下处理：（1）删除了金融保险类企业；（2）删除了资产负债率大于 1 或者小于 0 的样本；（3）删除了原始数据缺失的样本；（4）删除了 ST、*ST 类公司；（5）删除了并购失败以及还未完成的公司；（6）保留了公司地位为买方的公司；（7）上市公司同一年内发生多次并购事件的，保留金额最大的一次并购；（8）删除了未披露前十大股东的公司；（9）删除了所披露的前十大股东数量小于 10 的公司。

为保证检验结果的稳健性，对所有连续变量进行了缩尾处理（1% 和 99% 水平）。本章的研究数据来自 CSMAR 数据库，数据的处理主要采用 Pajek 软件及 Stata 软件。

8.3.2　模型设计与变量定义

为了分析股东关系网络对企业并购行为的影响，我们建立如下模型：

$$Car/Acc\_Performance/Tobin\_Q/TFP = \theta_0 + \theta_1 Net + \theta_2 Lev + \theta_3 Size + \theta_4 Cash + \theta_5 Roe +$$
$$\theta_6 Growth + \theta_7 Top1 + \theta_8 Pper + \theta_9 Age + \theta_{10} Board +$$
$$\theta_{11} Dulity + \theta_{12} Indep + \theta_{13} Mholding +$$
$$Year + Industry + \varepsilon \tag{8-1}$$

（1）被解释变量。

① *Car* 表示企业短期的并购绩效，是通过计算累计超额回报的方法来衡量的，窗口期选用并购公告日前后 10 天的数据。选择并购公告日前 10 天主要是因为并购这一消息可能通过内部人提前泄露，如果不计算并购公告发布之前的市场反应，可能导致市场反应偏误。此外，如果选择的窗口期太长，就可能包含较多与并购无关的信息，影响对市场反应的判断。因此，本书使用并购方并购公告日前后 10 天的累计超额回报 *CAR*（-10，10）来度量短期并购绩效。通过采用市场模型法来计算并购方的超额回报（*AR*），即 $R_i = \alpha + \beta R_m + \varepsilon$，$R_i$ 表示主并公司 *i* 股票日收益率，R_m 表示市场日收益率。

② *Acc_Performance* 表示企业的长期会计绩效，即净资产收益率。本书采用并购后两年资产收益率的平均值减去并购前两年资产收益率的平均值来衡量。

③ *Tobin_Q* 表示市场价值，等于并购后两年托宾 q 的平均值减去并购前两年托宾 q 的平均值。托宾 q＝（股权市值+净债务市值）/期末总资产，其中，股权市值＝（每股价格×流通股股数）+（每股净资产×非流通股股数）。

④ *TFP* 表示全要素生产率，参考赵健宇和陆正飞（2018）的方法，运用 LP 法进行测算。LP 法使用中间投入品作为代理变量，能够较好地解决内生性问题。本书在测算企业全要素生产率时，以营业收入衡量企业产出，以员工总数衡量劳动投入，以固定资产净额衡量资本投入，以购买商品、接受劳务支付的现金衡量中间投入。

（2）解释变量。

Net 为股东关系网络中心度，参考黄灿和李善民（2019）、李善民等（2015）、马连福和杜博（2019）以及李维安等（2017）的研究，选用程度中心度、中介中心度和接近中心度的平均值作为网络中心度

的衡量指标。股东关系网络中心度的计算过程如下：首先，对于前十大股东中的个体股东，通过新浪、百度等进行了重名的处理；其次，根据上市公司的年报对股东数据进行了手工整理，将存在母子公司关系、一致行动人关系的股东进行合并。通过以上步骤，以调整后的前十大股东作为股东关系网络节点，若两个上市公司存在一个或者多个共同股东，那么这两个上市公司是有联结关系的，否则就没有联结关系。具体来说，对于任意两个公司i和j，若它们存在一个或者多个共同股东，那么网络联结的变量X_{ij}等于1，否则X_{ij}等于0。以此类推，我们建立了股东关系网络的一模邻接矩阵，然后根据公司×公司的矩阵使用Pajek软件计算出程度中心度、中介中心度和接近中心度。为消除不同个体之间数值相差引起的误差，以及使不同年份的公司间网络指标具有可比性，同时将三个中心度指标进行了标准化处理，最后再用这三个指标的平均值衡量股东关系网络中心度。

（3）控制变量。

本书参考逯东等（2019）、李善民等（2020）以及蔡庆丰和陈熠辉（2020）的研究，选取资产负债率、公司规模、成长性、固定资产比例、公司年龄、董事会规模以及管理层持股比例作为主要控制变量，同时控制了行业与年份固定效应。关于变量的定义见表8-1。

表8-1　　　　　　　　　　　　**变量定义表**

变量名称	变量定义	变量说明
Car	短期绩效	并购公告日前后10天的累计超额回报
Acc_Performance	长期会计绩效	并购后两年资产收益率的平均值减去并购前两年资产收益率的平均值
Tobin_Q	托宾Q	并购后两年托宾q的平均值减去并购前两年托宾q的平均值

变量名称	变量定义	变量说明
TFP	全要素生产率	LP法计算得出的全要素生产率
Net	股东关系网络	分别求出每一个公司的程度中心度、中介中心度以及接近中心度，然后取三者的平均值
Lev	资产负债率	总负债/总资产
Size	公司规模	总资产的自然对数
Growth	主营业务增长率	主营业务增长率
Pper	固定资产比例	固定资产/总资产
Age	公司年龄	公司成立年限：年份–上市时间
Board	董事会规模	董事人数的自然对数
Mholding	高管持股	高管持股比例

8.4　实证结果与分析

表 8-2 是股东关系网络与并购绩效的结果。列（1）是股东关系网络对企业短期并购绩效的影响，*Net* 的系数为 0.073，在 1% 的水平上显著为正，说明股东关系网络能够显著提高并购的短期绩效；列（2）中 *Net* 的系数为 0.289，在 5% 的水平上显著为正，说明股东关系网络能够提高企业的长期会计绩效且在统计意义上是显著的；列（3）中 *Net* 的系数为 0.955，在 1% 的水平上显著为正，说明股东关系网络能够显著提升企业的市场价值；列（4）中 *Net* 的系数为 0.63 且显著为正，说明股东关系网络能够显著提高企业并购的人力、物力、财力等资源转换效率，进而提高了全要素生产率。综合分析表 8-2 的结果可以看出，股东关系网络减少了企业为证明自我价值以及维持高

估值的信号式无效并购，这作为一个利好信号，提高了企业短期并购绩效；能够帮助企业降低侵略式并购，提高了企业内涵式创新水平，进而提高了企业的长期会计绩效；有利于企业降低粗放式并购，提高了人力、物力以及财力的资源利用率，提高了全要素生产率。

表8-2　　　　　　　　　　　股东关系网络与并购绩效

	（1）	（2）	（3）	（4）
	短期绩效	长期会计绩效	长期市场绩效	全要素生产率
Net	0.073***	0.289**	0.955***	0.630*
	(2.68)	(2.12)	(6.50)	(1.84)
Lev	0.005	0.016	−0.036	0.580***
	(1.31)	(0.61)	(−0.89)	(6.77)
Size	−0.001	0.000	−0.046***	0.570***
	(−1.26)	(0.02)	(−7.41)	(38.38)
Growth	0.001*	−0.031	−0.036	0.163***
	(1.82)	(−1.13)	(−1.60)	(5.69)
Pper	−0.005	0.067**	0.078*	−0.635***
	(−1.25)	(1.98)	(1.87)	(−6.65)
Age	0.000	−0.004	0.002**	0.000
	(1.01)	(−1.13)	(2.29)	(0.03)
Board	−0.007*	0.045	−0.078**	−0.042
	(−1.94)	(0.57)	(−2.34)	(−0.70)
Mholding	0.003	−0.020	0.015	0.010
	(0.74)	(−0.53)	(0.36)	(0.16)
Cons	0.031**	−0.093	2.520***	2.410***
	(2.18)	(−0.59)	(16.40)	(7.14)

	（1）	（2）	（3）	（4）
	短期绩效	长期会计绩效	长期市场绩效	全要素生产率
Ind/Year	Yes	Yes	Yes	Yes
N	9 455	9 455	9 455	7 780
R^2	0.011	0.008	0.342	0.587

注：括号内数据表示 *t* 值，***、**、* 分别表示回归系数在 1%、5%、10% 的置信水平上显著。

8.5 稳健性检验

8.5.1 变化解释变量范围

为了排除本书的结果是由少数关联度较高的股东所致，变化解释变量的范围，就是删除股东关系网络中上五分位的值，结果见表 8-3。在列（1）、列（2）、列（3）和列（4）中 *Net* 的系数均显著为正，说明即使删除少数较大的股东关系网络的值，仍然支持 H8-1、H8-2 和 H8-3。

表 8-3　　　股东关系网络与并购绩效的稳健性检验（一）

	（1）	（2）	（3）	（4）
	短期绩效	长期会计绩效	长期市场绩效	全要素生产率
Net	0.321***	2.654**	−2.230*	6.054***
	（2.70）	（2.09）	（−1.74）	（3.39）
Lev	0.007*	0.025	−0.043	0.647***
	（1.72）	（0.87）	（−0.93）	（7.02）

	（1）	（2）	（3）	（4）
	短期绩效	长期会计绩效	长期市场绩效	全要素生产率
Size	−0.001	−0.002	−0.067***	0.554***
	(−1.46)	(−0.25)	(−8.58)	(33.35)
Growth	0.001	−0.034	−0.028	0.152***
	(1.51)	(−1.17)	(−1.22)	(5.36)
Pper	−0.005	0.079*	0.059	−0.652***
	(−1.24)	(1.85)	(1.17)	(−6.41)
Age	0.000	−0.005	0.003**	−0.000
	(1.02)	(−1.12)	(2.00)	(−0.17)
Board	−0.008**	0.048	−0.084**	−0.038
	(−2.07)	(0.50)	(−2.06)	(−0.57)
Mholding	0.004	−0.021	0.003	0.032
	(0.77)	(−0.46)	(0.05)	(0.49)
Cons	0.031*	−0.067	3.059***	2.686***
	(1.88)	(−0.39)	(16.00)	(7.31)
Ind/Year	Yes	Yes	Yes	Yes
N	7 564	7 564	7 564	6 472
R^2	0.0123	0.0091	0.3442	0.5455

注：括号内数据表示 *t* 值，***、**、*分别表示回归系数在 1%、5%、10% 的置信水平上显著。

8.5.2 重新测算解释变量

为了排除本书的结果是由少数大股东所致，重新测定股东关系网络。我们删除前三大股东，用第四大股东至第十大股东所构建的股东关系网络来衡量，结果见表8-4。列（1）、列（2）、列（3）和列（4）的结果均支持股东关系网络能够提升短期绩效、长期会计绩效、长期市场绩效以及全要素生产率的假设。

表8-4　　　　股东关系网络与并购绩效的稳健性检验（二）

	（1）	（2）	（3）	（4）
	短期绩效	长期会计绩效	长期市场绩效	全要素生产率
Net	0.029**	0.100**	0.400***	0.366**
	(2.20)	(2.09)	(6.03)	(2.29)
Lev	0.005	0.014	−0.041	0.581***
	(1.19)	(0.53)	(−1.02)	(6.77)
Size	−0.001	0.001	−0.045***	0.569***
	(−1.06)	(0.14)	(−7.28)	(38.40)
Growth	0.001*	−0.031	−0.037	0.163***
	(1.75)	(−1.14)	(−1.62)	(5.70)
Pper	−0.005	0.067**	0.078*	−0.636***
	(−1.25)	(1.98)	(1.86)	(−6.68)
Age	0.000	−0.004	0.003**	0.000
	(1.13)	(−1.11)	(2.48)	(0.08)
Board	−0.007*	0.045	−0.077**	−0.042
	(−1.90)	(0.58)	(−2.29)	(−0.69)
Mholding	0.003	−0.022	0.009	0.008
	(0.62)	(−0.60)	(0.21)	(0.12)
Cons	0.029**	−0.107	2.498***	2.423***
	(2.01)	(−0.70)	(16.32)	(7.20)

	（1）	（2）	（3）	（4）
	短期绩效	长期会计绩效	长期市场绩效	全要素生产率
Ind/Year	Yes	Yes	Yes	Yes
N	9 455	9 455	9 455	7 780
R^2	0.011	0.008	0.341	0.587

注：括号内数据表示 t 值，***、**、* 分别表示回归系数在 1%、5%、10% 的置信水平上显著。

8.6　本章小结

对于并购的经济后果，目前国内外学者并未形成一致意见，主要原因是并购发起的动因不同，企业绩效亦有所不同。因此，引入股东关系网络后，重新考虑并购的经济后果显得十分必要。前文表明，股东关系网络减少企业低效率并购主要是通过知识学习效应抑制管理层短视，通过信息传递效应提高股票定价效率，通过资源替代效应提高企业资源整合效率，增强内涵式发展能力，提高创新水平。基于这些动机发起的并购是否能够提高企业的绩效是值得我们进一步思考的问题。因此，本章基于我国沪深两市 A 股 2009—2019 年上市公司面板数据，分别检验了股东关系网络与短期绩效、长期会计绩效、长期市场绩效以及全要素生产率的关系。研究结论如下：

（1）股东关系网络能够提高企业短期绩效。股东关系网络能够提升股票定价效率，使企业的资源配置效率变得更高；通过提升渐进式创新的水平，为企业赢得快速占领市场的优势；能在不改变企业既定战略目标和行为规范的基础上，获取与企业原有发展路径相同或者相似的资源、经验和知识，并在短期内花费较少的时间成本及资金成本将其与企业现有的技术、制度、文化等相融合，解决企业所面临的问题，在短期内获得积极的市场反应。因此，在短期内，股东关系网络对企业短期绩效具有较大的提升作用。

（2）股东关系网络能够提高企业长期会计绩效及长期市场绩效。过度自信的管理者可能支付更多的并购溢价、实施破坏性并购、减损公司价值。股东关系网络发挥知识学习效应，不仅能加强公司治理，抑制管理层的权力，降低管理层的控制幻觉；还能够帮助管理层获取并购的相关知识和经验，提高管理层的决策水平，降低无效率并购，将更多资源用于优质并购项目的整合，进而提高并购后的绩效。

（3）股东关系网络能够提高全要素生产率。股东关系网络能够通过信息传递效应，将企业特质信息及时、准确、充分地反映到股价上，提高股票定价效率，进而引导管理层将资源进行合理配置，使企业全要素生产率达到较优水平；提高了企业对复杂多变的外部环境的承受力，增强了应对的灵活性，全面提升了全要素生产率；帮助企业获取技术和人才，提高人力资本水平，使各种生产要素高效融入产品的生产和经营过程，进而提高企业的全要素生产效率。

本章的政策启示是：并购的经济后果主要取决于并购发起的动机。本章以股东关系网络为视角，以并购为切入点，发现通过降低企业无效率或者低效率并购能够提升并购绩效。因此，企业在进行战略决策时，要坚持内涵式发展，减少粗放式和投机式并购。企业应该意识到积极引入有联结关系的股东是提升并购绩效重要的一环，在并购过程中，要加强行业内部优质产能集中、低端产能出清，助力上市公司做优、做强，减少无效并购，积极提高资源整合效率，提升企业价值及未来竞争优势。

第 9 章

研究结论与未来展望

9.1 研究结论与政策启示

9.1.1 研究结论

本书梳理了我国资本市场中股权结构所带来的重大转变，以我国沪深两市 A 股 2009—2019 年上市公司作为研究对象，聚焦前十大股东共同持股形成的股东关系网络，运用信息不对称理论、资源依赖理论、组织学习理论、自我归因理论、控制幻觉理论、社会网络理论以及关系契约理论等，结合我国特殊的制度背景与企业微观特征，系统地检验了股东关系网络对企业并购的影响、作用机制、不同环境下的差异化影响以及经济后果，研究结论如下：

（1）股东关系网络显著抑制了企业并购，既体现为减少并购的次数，也表现为减少并购所支付的金额。这一抑制作用经过 PSM、熵平衡法、Heckman 检验、滞后一期、工具变量法、个体固定效应、更换股东关系网络的衡量范围、排除性检验、更换自变量等一系列稳健性检验之后结论仍然不变。

（2）本书进一步探究了股东关系网络影响并购的具体作用机制，研究发现，股东关系网络具有知识学习效应，能帮助焦点公司获取并购经验、提升治理水平，进而抑制管理者过度自信下的并购；具有信息传递效应，能帮助企业将公司特质信息更快、更好、更精准地融入股价，减少市场噪声，提高股票定价效率，进而降低信号式和投机式并购；具有资源替代效应，能帮助企业以较低的风险和成本获取知识、人才、技术及资源，提高了企业内涵式发展动力，减少了低效率的外延式并购。

（3）作为一种非正式制度，在国有企业，股东关系网络作用的发挥受到企业异质性的限制。具体来说，若企业处于成长期和成熟期，股东关系网络对并购的影响更加显著；若企业处于衰退期，虽然并购的次数下降了，但是并购质量有所提升。当高管权力较大时，他们会为其盲目扩张行为以及管理者过度自信下的并购提供助力，因此，股东关系网络在此时对并购发挥的抑制作用更大。

（4）股东关系网络对并购的影响内生于我国的环境，因此，本书从信息环境、营商环境、产业政策扶持以及市场化进程等角度进一步考察了股东关系网络在外部环境不同时对并购的差异化影响。研究发现，在第三方非正式监督机制健全、外部信息环境较好时，即媒体关注度较高时，股东关系网络的抑制作用不能发挥其最大效用，对并购的作用是有限的；环境不确定性是企业面临的营商环境，当其高度不确定时，股东关系网络可以显著抑制并购；与受到产业政策扶持的企业相比，那些未受到产业政策扶持的企业中股东关系网络对企业并购的影响更显著，说明股东关系网络有助于抑制企业为获取暂时利益而进行套利式并购；在市场化进程较慢的地区，企业面临着信息环境较差、资源禀赋匮乏、人才和技术落后等问题，此时股东关系网络能够弥补制度缺陷，发挥内部市场的作用，减少并购的发生。

（5）股东关系网络能够抑制企业低效率或者无效并购，在内容上表现为抑制多元化并购和非技术并购，在时间上表现为抑制连续并购，在空间上表现为抑制异地并购，在支付方式上表现为抑制现金支付并购。股东关系网络作为一种非正式制度，能够全方位、多层次抑制无效率或者低效率并购。

（6）进一步分析股东关系网络对并购绩效的影响可以发现，股东关系网络通过抑制低效率并购引发了市场的积极反应，提升了企业短期绩效；提高了企业内涵式发展能力，提升了并购后的长期会计绩效和长期市场绩效；提高了人才、知识、经验、管理制度等方面的整合效率，提高了企业的全要素生产率。

9.1.2 政策启示

并购是企业实现规模扩张和资源优化配置进而提升公司价值的重大举措，对公司的未来发展以及市场价值都有很大影响。然而，在信息传递效率较低、资源匮乏以及知识和技术落后的新兴市场，并购成为管理者展示自我价值、企业"沽名钓誉"的手段。在我国步入经济新常态、高质量发展时期，推进市场化兼并重组、减少无效并购、提质增效已成为学术界和实务界争相研究的热点。因此，本书聚焦股东关系网络，探索其对公司并购的影响。从本书的研究结果中可以得出如下启示：

（1）从企业层面来看，处于网络中不同位置的个体对知识、信息及生产要素发挥不同的重置作用，进而作用于企业的战略决策。因此，公司应该重视社会网络的作用，积极开展投资者关系管理，引进有"关系"的股东，持续完善股东关系网络建设，利用好股东关系网络的信息传递与资源配置功能，在内部股东之间、内部股东与外部股东之间建立有效的信息沟通、资源互惠以及知识共享机制。特别是在我国经济转型及产业升级背景下，企业要做优、做强，走向世界，就要积极引进具有先进技术及丰富管理经验的外部股东，获取更多的异质资源，为公司发展所用。

（2）监管机构在确保公司合规交易的同时，应促进企业之间及企业与外部主体之间的交流，如召开企业交流会、行业学术峰会，强化产学研一体化等，着力构建多层次、立体化及全方位的社会资本维度，以促进知识、信息、技术及资源在个体之间的有效流动，形成良性循环，为企业决策提供更多的经验与专家信息，抑制无效或者低效率的投融资决策，提高投资效率。此外，在现阶段，我国资本市场高质量发展，实施了一系列促进信息披露的制度。监管部门应鼓励发挥共同股东的信息传递作用，提升上市公司信息传递效率和质量。

（3）在当前经济高质量发展的背景下，政府应优化创新激励相关制度，引导企业积极进行创新发展，降低以往追求规模扩张的粗放式发展动机。各级地方政府可以通过政策倾斜的方式将企业的并购扩张转化为创新发展，同时要注意引导企业间各种创新要素的充分流动，激发企业的创新欲望，实现企业由"量"向"质"的转变，真正使企业实现跨越式发展。此外，监管机构应该看到，我国资本市场存在严重的投机氛围，应该逐步深化投资性资本市场理念；加强长期投资型基金（如社保基金、养老金、"国家队"持股）投入资本市场的力度，培养理性、价值性投资氛围。

（4）投资者应该转变自己的投机观念，逐步形成健康的、理性的投资理念。部分上市公司股票受到投资者非理性追捧，这是造成上市公司有恃无恐地进行估值套利的一个重要原因。投资者应该加强学习，提高理性分析能力，不能随波逐流。

（5）股东关系网络作为一种非正式制度，能够弥补正式制度存在的缺陷和不足，然而，其作用的发挥不仅会受到企业异质属性，如产权、企业生命周期、高管权力的影响；还会受到外部宏观环境，如媒体关注度、环境不确定性、产业政策扶持及市场化进程的影响。因此，公司在制定发展战略、政府在引导资源流动、监管部门执行监管职能时，都要全方位、综合考察各方力量，以达到最佳的整治效果。

9.2 研究局限与未来展望

本书关于股东关系网络对并购的影响研究在社会网络弥补非正式

制度的不足方面具有一定的理论意义与实践意义，在一定程度上进行了创新。由于我们在能力、研究视野等方面的局限，加之研究数据的难以测量以及研究问题具有一定的复杂性，本书的研究还存在一定的不足。基于本书的研究结论以及存在的局限，未来还有很多有价值的研究方向和问题值得去探索。股东关系网络对并购的影响研究可能在以下（不限于）几个方面存在进一步完善和拓展的空间：

（1）关于股东关系网络的构建，本书以股东持有两个或者多个企业股票为基础形成联结关系，没有考虑股东个体特征所导致的其他复杂关系，如股东之间是否存在亲属关系、是否有共同的工作经历或者其他经历、是否为校友或者老乡等，这些都将影响股东关系网络的构建以及股东之间信息、知识以及资源的传递。此外，本书只考虑股东个体之间构成的网络，没有涉及股东是否与外界的媒体、分析师、第三方社会团体以及政府存在联结关系，这对研究股东关系网络在不同环境下发挥的作用有一定影响。未来，基于复杂网络理论，以股东关系网络为视角的研究将大量涌现，本书更多关注了股东个体在整体网络中的位置，但整体股东关系网络中可能存在子网络，即在整体股东关系网络中还嵌套其他层次的子网络。子网络的类型不同、在整体网络中的位置不同，所发挥的作用亦是不同的，这将使这类研究更具创造性，也更有意义。

（2）虽然本书采用PSM、Heckman检验、工具变量法等解决了内生性问题，但由于缺少外生冲击解释变量，内生性可能仍然是一个无法彻底解决的问题。此外，本书选取2009—2019年A股上市公司作为研究样本，在区分自然人股东是否重名，将存在母子公司关系、一致行动人关系的股东进行合并以及在区分并购类型是否属于非技术并购的过程中，由于样本量巨大，且需要手工整理数据，在网络构建和网络中心性的计算过程以及并购分类中可能有一些偏差，从而对结论产生微弱影响。未来，我们将继续寻找分析股东关系网络的工具变量及方法，在数据收集和整理方面也会通过不同数据库进行匹配，并深入上市公司内部获取第一手数据。

（3）股东关系网络同时包含网络关系和网络结构两个维度。本书研究股东关系网络中心性，主要涉及股东网络关系；而股东网络结构的差异性同样影响信息和资源的获取，进而影响企业并购。未来，我们将从股东各自的网络位置进行深入研究并识别其作用机制，将网络关系与网络结构综合考虑，从而更加全面地探索股东关系网络的内在治理机理。

参考文献

[1]   符蕾，介琼楠. 分析师跟踪何以影响并购绩效？——基于有调节的中介
       效应识别［J］. 海南大学学报（人文社会科学版），2022（7）：1-9.

[2]   蒋冠宏. 企业并购如何影响绩效：基于中国工业企业并购视角［J］. 管
       理世界，2022（7）：196-212.

[3]   薛宏刚，李启亨，周金英. 基金抱团对我国上市公司投资效率的影响
       ［J］. 财经理论与实践，2022（3）：49-58.

[4]   闫永生，李凌飞，邵传林. 知识产权制度与民营企业全要素生产率［J］.
       经济经纬，2022（3）：108-118.

[5]   杨兴全，张记元. 连锁股东与企业金融化：抑制还是促进［J］. 中南财
       经政法大学学报，2022（2）：27-40.

[6]   马海涛，朱梦珂. 财政分权、产权性质与企业投资［J］. 经济与管理研
       究，2022（3）：40-61.

[7]   许家云. 外资并购与企业出口绩效——基于全球价值链分工的研究［J］.
       现代财经（天津财经大学学报），2022（3）：86-100.

[8]   梁上坤，范昱江，张洪辉. 董事网络联结与公司对外捐赠［J］. 管理工
       程学报，2022，36（2）：1-13.

[9]   罗毅，林树. 基金经理的"关系"型持股是"投机"还是"投资"［J］.

现代经济探讨，2022（2）：68-82.

[10] 林东杰，崔小勇，龚六堂. 金融摩擦异质性、资源错配与全要素生产率损失［J］. 经济研究，2022（1）：89-106.

[11] 张庆国，黄杏子. 国有企业融资约束、全要素生产率与西部地区经济高质量发展［J］. 南开经济研究，2021（6）：179-196.

[12] 王道金，吕鸿江，周应堂. CS视角下正式网络与非正式网络互动对创新能力影响的实证研究［J］. 管理工程学报，2022（3）：51-61.

[13] 杨兴全，王丽丽，杨征. 机构投资者网络关系与企业创新：信息资源和信息治理［J］. 当代财经，2021（11）：76-88.

[14] 王会娟，李嘉琪，王鹏. 连锁PE对企业创新的影响研究［J］. 金融论坛，2021（11）：57-66.

[15] 王虎，李守伟，马瑜寅，等. 基于共同持股网络的基金系统性风险研究［J］. 中国管理科学，2021（10）：1-11.

[16] 陈中飞，江康奇. 数字金融发展与企业全要素生产率［J］. 经济学动态，2021（10）：82-99.

[17] 潘星宇，沈艺峰. 股权激励、企业并购与利润管理［J］. 经济管理，2021（10）：99-118.

[18] 何小钢，陈锦玲，罗奇，等. 市场化机制能否缓解产能过剩——基于企业治理视角［J］. 产业经济研究，2021（5）：26-39.

[19] 田昆儒，游竹君，田雪丰. 非控股股东网络权力与企业风险承担［J］. 财经论丛，2021（9）：60-70.

[20] 郑威，陆远权. 财政压力、技术创新与绿色全要素生产率［J］. 贵州财经大学学报，2021（4）：101-110.

[21] 李济含，刘淑莲. 混合所有制、非国有大股东治理与国有企业并购效率［J］. 审计与经济研究，2021（4）：69-79.

[22] 刘新民，沙一凡，王垒，等. 机构投资者抱团与高管超额薪酬［J］. 财经论丛，2021（7）：90-100.

[23] 罗栋梁，史先让. 股东网络位置、区域文化差异与企业R&D支出［J］.

财经论丛，2021（7）：101-112.

[24] 庄明明，李善民，梁权熙．连续并购对股价崩盘风险的影响研究［J］．管理学报，2021（7）：1086-1094.

[25] 陈胜蓝，李璟．基金网络能够提高投资绩效吗？［J］．金融研究，2021（6）：170-188.

[26] 万赫，钟熙，彭秋萍．以变应万变？经济政策不确定性对企业战略变革的影响探析［J］．管理工程学报，2021（5）：52-63.

[27] 田昆儒，游竹君．同谄合谋还是同舟共济：非控股股东网络权力与股价崩盘风险［J］．当代财经，2021（6）：138-148.

[28] 刘新争，高闯．机构投资者抱团能抑制控股股东私利行为吗——基于社会网络视角的分析［J］．南开管理评论，2021（4）：141-154.

[29] 蒋冠宏．并购如何提升企业市场势力——来自中国企业的证据［J］．中国工业经济，2021（5）：170-188.

[30] 刘新争，高闯．机构投资者抱团、外部治理环境与公司信息透明度［J］．中南财经政法大学学报，2021（3）：26-35.

[31] 黄灿，蒋青嬗．股东关系网络与企业创新［J］．南开经济研究，2021（2）：67-87.

[32] 王海军，奚浩彬，邢华．管理者从政经历增加了国企的海外并购倾向吗？来自上市公司的经验证据［J］．世界经济研究，2021（4）：70-87；135-136.

[33] 刘瑾，谢丽娜，林斌．管理层权力与国企高管腐败——基于政府审计调节效应的研究［J］．审计与经济研究，2021（2）：1-10.

[34] 周微，吴君凤，刘宝华．机构投资者交叉持股能提高会计信息可比性吗？［J］．会计与经济研究，2021（2）：18-37.

[35] 王营．企业避税同群效应研究——基于董事网络的证据［J］．中南财经政法大学学报，2021（2）：28-39；159.

[36] 任灿灿，郭泽光，田智文．资本市场开放、股价信息含量与企业全要素生产率——基于"沪深港通"的准自然实验［J］．国际商务（对外经济

贸易大学学报），2021（2）：141-156.

[37] 王喆，蒋殿春. 跨国并购是否提高了企业风险：来自中国上市公司的证据 [J]. 世界经济研究，2021（3）：107-120；136.

[38] 王建新，王涛，龙鸣. 绿色信贷提升重污染企业并购绩效了吗——来自中国上市公司的经验证据 [J]. 广东财经大学学报，2021（1）：85-97.

[39] 刘刚，殷建瓴，耿天成. 产业间距离、技术异质性与企业并购绩效——基于A股上市企业的实证研究 [J]. 中国软科学，2020（12）：104-116.

[40] 徐经长，何乐伟，杨俊华. 创新是公司并购的驱动因素吗——来自中国上市公司的经验证据 [J]. 会计研究，2020（12）：29-42.

[41] 邱金龙，潘爱玲，吴倩，等. 产业政策影响了衰退期企业的并购决策吗？[J]. 审计与经济研究，2020（6）：95-104.

[42] 梁雯，宋思淼，姚晓林. 基金投资者网络与企业自愿性信息披露——来自中国证券市场的经验证据 [J]. 审计与经济研究，2020（6）：78-87.

[43] 陈淑芳，塔娜，李琦，等. 管理层权力、媒体监督与会计信息质量的关系研究 [J]. 西安财经大学学报，2020（6）：21-29.

[44] 王丹，孙鲲鹏，高皓. 社交媒体上"用嘴投票"对管理层自愿性业绩预告的影响 [J]. 金融研究，2020（11）：188-206.

[45] 廖珂，谢德仁，张新一. 控股股东股权质押与上市公司并购——基于市值管理的视角 [J]. 会计研究，2020（10）：97-111.

[46] 刘昕，潘爱玲. 跨所有制并购能否抑制民营企业的避税行为？[J]. 现代财经（天津财经大学学报），2020（10）：65-79.

[47] 刘雯，曹思未，叶静怡. 社会网络与高校专利技术成果转移 [J]. 世界经济，2020（9）：173-192.

[48] 曹春方，张超. 产权权利束分割与国企创新——基于中央企业分红权激励改革的证据 [J]. 管理世界，2020（9）：155-168.

[49] 王营，曹廷求. 企业金融化的传染效应研究 [J]. 财经研究，2020（12）：152-166.

[50] 黄灿，俞勇，郑鸿. 经济政策不确定性与企业并购：中国的逻辑 [J].

财贸经济，2020（8）：95-109.

[51]　李善民，黄志宏，郭菁晶. 资本市场定价对企业并购行为的影响研究——来自中国上市公司的证据［J］. 经济研究，2020（7）：41-57.

[52]　杨海生，柳建华，连玉君，等. 企业投资决策中的同行效应研究：模仿与学习［J］. 经济学（季刊），2020（4）：1375-1400.

[53]　孙鲲鹏，王丹，肖星. 互联网信息环境整治与社交媒体的公司治理作用［J］. 管理世界，2020，36（7）：106-132.

[54]　蔡庆丰，陈熠辉. 开发区层级与域内企业并购［J］. 中国工业经济，2020（6）：118-136.

[55]　朱冰.《劳动合同法》和公司并购绩效——基于双重差分模型的实证检验［J］. 会计研究，2020（6）：108-133.

[56]　吴晓晖，郭晓冬，乔政. 机构投资者网络中心性与股票市场信息效率［J］. 经济管理，2020（6）：153-171.

[57]　杨玉龙，张倩男. 基金经理与公司高管校友关系加剧了股价波动吗［J］. 上海财经大学学报，2020（3）：97-110.

[58]　李萍，李胜兰，陈同合. 并购对企业R&D投资的挤出效应研究——基于并购前后资产负债率变动的视角［J］. 证券市场导报，2020（5）：20-27；36.

[59]　彭聪，申宇，张宗益. 高管校友圈降低了市场分割程度吗？——基于异地并购的视角［J］. 管理世界，2020（5）：134-144；160.

[60]　马勇，王满，彭博. 非国有股东委派董事对国企并购绩效的影响研究［J］. 现代财经（天津财经大学学报），2020（5）：20-40.

[61]　陈佳琦，赵息，牛箫童. 融资约束视角下支付方式对并购绩效的影响研究［J］. 宏观经济研究，2020（4）：16-27.

[62]　郭晓冬，王攀，吴晓晖. 机构投资者网络团体与公司非效率投资［J］. 世界经济，2020（4）：169-192.

[63]　罗荣华，田正磊. 基金网络、竞争阻隔与股票信息环境［J］. 中国工业经济，2020（3）：137-154.

[64] 李广众，朱佳青，李杰，等. 经理人相对绩效评价与企业并购行为：理论与实证 [J]. 经济研究，2020 (3)：65-82.

[65] 周红根，范昕昕. 股权制衡度、高管激励偏好与企业并购绩效 [J]. 哈尔滨商业大学学报（社会科学版），2020 (2)：103-115.

[66] 孙烨，王天童. 信息透明度、地理区位与公司并购目标选择 [J]. 吉林大学社会科学学报，2020 (2)：98-109；221.

[67] 何瑛，马珂. 机构投资者网络与股价同步性 [J]. 现代财经（天津财经大学学报），2020 (3)：35-52.

[68] 李文文，黄世忠. 关系股东与融资约束——基于系族集团的经验证据 [J]. 会计研究，2020 (2)：74-89.

[69] 黄贤环，王瑶. 国有企业限薪抑制了全要素生产率的提升吗 [J]. 上海财经大学学报，2020 (1)：34-50.

[70] 周菊，陈欣. 并购重组支付方式与并购溢价——基于交易成本与信息不对称的解释 [J]. 投资研究，2019 (12)：81-93.

[71] 江涛，陈富永，汤思禹. 基于"关系型"社会情境的董事网络对并购绩效影响研究 [J]. 中国软科学，2019 (11)：183-192.

[72] 程冕，许自坚，史本山. 组织资本对企业并购与并购绩效的影响研究 [J]. 财经问题研究，2019 (11)：137-145.

[73] 陈林，万攀兵，许莹盈. 混合所有制企业的股权结构与创新行为——基于自然实验与断点回归的实证检验 [J]. 管理世界，2019 (10)：186-205.

[74] 严苏艳. 共有股东与企业创新投入 [J]. 审计与经济研究，2019 (5)：85-95.

[75] 万丛颖. 股东联结网络、网络位置与企业绩效 [J]. 财经问题研究，2019 (9)：120-127.

[76] 乔琳，朱炜，綦好东. QFII 网络关系与公司价值——基于中国 A 股上市公司的实证分析 [J]. 当代财经，2019 (8)：128-140.

[77] 郑珊珊. 管理层权力强度、内外部监督与股价崩盘风险 [J]. 广东财经

大学学报，2019（4）：72-86.

[78] 徐雨婧，胡珺. 货币政策、管理者过度自信与并购绩效 [J]. 当代财经，2019（7）：85-95.

[79] 郭白滢，李瑾. 机构投资者信息共享与股价崩盘风险——基于社会关系网络的分析 [J]. 经济管理，2019（7）：171-189.

[80] 蔡宁. 文化差异会影响并购绩效吗——基于方言视角的研究 [J]. 会计研究，2019（7）：43-50.

[81] 逯东，黄丹，杨丹. 国有企业非实际控制人的董事会权力与并购效率 [J]. 管理世界，2019（6）：119-141.

[82] 王春林，刘淑莲. 高管权力与并购绩效：信息披露质量的调节效应 [J]. 财经问题研究，2019（6）：91-98.

[83] 任曙明，陈强，王倩，等. 海外并购为何降低了中国企业投资效率？ [J]. 财经研究，2019（6）：128-140.

[84] 綦好东，乔琳，曹伟. 基金网络关系强度与公司非效率投资 [J]. 财贸经济，2019（5）：66-82.

[85] 张权，陈昆玉，刘娟. 管理者过度自信与并购决策关系研究——基于股权制衡的调节作用 [J]. 哈尔滨商业大学学报（社会科学版），2019（3）：74-84.

[86] 朱冠平，扈文秀，章伟果，等. 金融冲击、股权结构与企业并购行为——基于GARCH模型视域 [J]. 统计与信息论坛，2019（5）：34-40.

[87] 马连福，杜博. 股东网络对控股股东私利行为的影响研究 [J]. 管理学报，2019（5）：665-675；764.

[88] 黄灿，李善民. 股东关系网络、信息优势与企业绩效 [J]. 南开管理评论，2019（2）：75-88；127.

[89] 王新红，张转军. 并购对创新投入的影响及持续性研究——并购类型与主并企业特征视角 [J]. 科技进步与对策，2019（16）：91-99.

[90] 安郁强，陈选娟. 估值套利与公司并购——来自中国企业并购的新证据 [J]. 经济管理，2019（3）：73-89.

[91] 闵剑，刘忆. 全球价值链、融资约束与跨国并购绩效——来自中国制造业企业的证据 [J]. 国际贸易问题，2019（3）：71-84.

[92] 丁婉玲，何朋，杜健. 管理层权力、东道国制度环境与进入模式选择 [J]. 财经论丛，2019（2）：74-84.

[93] 吴晓晖，郭晓冬，乔政. 机构投资者抱团与股价崩盘风险 [J]. 中国工业经济，2019（2）：117-135.

[94] 潘爱玲，刘昕，邱金龙，等. 媒体压力下的绿色并购能否促使重污染企业实现实质性转型 [J]. 中国工业经济，2019（2）：174-192.

[95] 蔡庆丰，田霖. 产业政策与企业跨行业并购：市场导向还是政策套利 [J]. 中国工业经济，2019（1）：81-99.

[96] 尹筑嘉，曾浩，毛晨旭. 董事网络缓解融资约束的机制：信息效应与治理效应 [J]. 财贸经济，2018（11）：112-127.

[97] 诸竹君，黄先海，张胜利. 跨国并购能提高企业加成率吗？——事实与机制 [J]. 浙江大学学报（人文社会科学版），2018（6）：216-233.

[98] 左雪莲，郝云宏，王淑贤. 董事网络中心度对大股东掏空的影响：抑制还是加剧？[J]. 财经论丛，2018（11）：85-92.

[99] 赵健宇，陆正飞. 养老保险缴费比例会影响企业生产效率吗？[J]. 经济研究，2018（10）：97-112.

[100] 任宏达，王琨. 社会关系与企业信息披露质量——基于中国上市公司年报的文本分析 [J]. 南开管理评论，2018（5）：128-138.

[101] 王典，薛宏刚. 机构投资者网络加剧还是抑制了公司特质风险 [J]. 金融经济学研究，2018（5）：71-81.

[102] 潘志斌，葛林楠. 政治关联、股权性质与海外并购——基于"一带一路"沿线的视角 [J]. 华东师范大学学报（哲学社会科学版），2018（5）：120-127；176.

[103] 窦炜，方俊. 我国上市公司并购支付方式与业绩承诺——基于2008-2014年沪深上市公司并购重组事件的分析 [J]. 商业研究，2018（9）：84-90.

[104] 郝云宏，马帅. 董事网络能够治理管理者过度自信吗？——基于企业非效率投资的视角 [J]. 现代财经（天津财经大学学报），2018（9）：36-47.

[105] 冼国明，明秀南. 海外并购与企业创新 [J]. 金融研究，2018（8）：155-171.

[106] 刘维刚，倪红福. 制造业投入服务化与企业技术进步：效应及作用机制 [J]. 财贸经济，2018（8）：126-140.

[107] 刘莉亚，金正轩，何彦林，等. 生产效率驱动的并购——基于中国上市公司微观层面数据的实证研究 [J]. 经济学（季刊），2018（4）：1329-1360.

[108] 王营，张光利. 董事网络和企业创新：引资与引智 [J]. 金融研究，2018（6）：189-206.

[109] 孙淑伟，何贤杰，王晨. 文化距离与中国企业海外并购价值创造 [J]. 财贸经济，2018（6）：130-146.

[110] 李路，贺宇倩，汤晓燕. 文化差异、方言特征与企业并购 [J]. 财经研究，2018（6）：140-152.

[111] 左晓宇，孙谦. 董事网络、公司中心度与投资效率 [J]. 经济与管理研究，2018（6）：110-121.

[112] 邓可斌，李洁妮. 政企纽带与并购绩效：生命周期视角的重新审视 [J]. 证券市场导报，2018（5）：41-51.

[113] 金宇超，施文，唐松，靳庆鲁. 产业政策中的资金配置：市场力量与政府扶持 [J]. 财经研究，2018（4）：4-19.

[114] 薛安伟. 跨国并购对企业管理效率的影响研究——基于倾向得分匹配方法的实证分析 [J]. 国际贸易问题，2018（3）：24-36.

[115] 傅皓天，于斌，王凯. 环境不确定性、冗余资源与公司战略变革 [J]. 科学学与科学技术管理，2018（3）：92-105.

[116] 周军，刘晓彤，杨茗. 董事网络影响股价崩盘风险吗？——基于中国A股上市公司的经验证据 [J]. 北京工商大学学报（社会科学版），2018

（1）：61-74.

[117] 刘井建，纪丹宁，赵革新．机构网络、高管薪酬与治理效应——对我国机构投资者治理模式的发现［J］．大连理工大学学报（社会科学版），2018（1）：38-48.

[118] 林毅夫，向为，余淼杰．区域型产业政策与企业生产率［J］．经济学（季刊），2018（2）：781-800.

[119] 王艳，李善民．社会信任是否会提升企业并购绩效？［J］．管理世界，2017（12）：125-140.

[120] 杨兴全，张玲玲．管理层权力与公司现金持有竞争效应［J］．经济与管理研究，2017（12）：117-129.

[121] 刘文楷，潘爱玲，邱金龙．企业生命周期、企业家社会资本与多元化并购［J］．经济经纬，2017（6）：111-116.

[122] 吴松强，周娟娟，赵顺龙．知识属性、环境动态性与技术联盟内企业创新绩效［J］．科学学研究，2017（10）：1594-1600.

[123] 李维安，齐鲁骏，丁振松．兼听则明，偏信则暗——基金网络对公司投资效率的信息效应［J］．经济管理，2017（10）：44-61.

[124] 吴先明，张楠，赵奇伟．工资扭曲、种群密度与企业成长：基于企业生命周期的动态分析［J］．中国工业经济，2017（10）：137-155.

[125] 孔东民，刘莎莎．中小股东投票权、公司决策与公司治理——来自一项自然试验的证据［J］．管理世界，2017（9）：101-115；188.

[126] 杨道广，陈汉文，刘启亮．媒体压力与企业创新［J］．经济研究，2017（8）：125-139.

[127] 王营，曹廷求．董事网络下企业同群捐赠行为研究［J］．财经研究，2017（8）：69-81.

[128] 陈新春，刘阳，罗荣华．机构投资者信息共享会引来黑天鹅吗？——基金信息网络与极端市场风险［J］．金融研究，2017（7）：140-155.

[129] 陈胜蓝，马慧．卖空压力与公司并购——来自卖空管制放松的准自然实验证据［J］．管理世界，2017（7）：142-156.

[130] 周绍妮，张秋生，胡立新. 机构投资者持股能提升国企并购绩效吗？——兼论中国机构投资者的异质性 [J]. 会计研究，2017（6）：67-74；97.

[131] 陈运森，郑登津. 董事网络关系、信息桥与投资趋同 [J]. 南开管理评论，2017（3）：159-171.

[132] 薛安伟. 跨国并购提高企业绩效了吗——基于中国上市公司的实证分析 [J]. 经济学家，2017（6）：88-95.

[133] 吴昊洋. 董事联结对企业并购影响的研究 [D]. 长春：吉林大学，2017.

[134] 张娟，李培馨，陈晔婷. 地理距离对企业跨国并购行为是否失去了影响？[J]. 世界经济研究，2017（5）：51-61；77；136.

[135] 宋献中，胡珺，李四海. 社会责任信息披露与股价崩盘风险——基于信息效应与声誉保险效应的路径分析 [J]. 金融研究，2017（4）：161-175.

[136] 应千伟，呙昊婧，邓可斌. 媒体关注的市场压力效应及其传导机制 [J]. 管理科学学报，2017（4）：32-49.

[137] 韩宏稳，唐清泉. 关联并购、产权性质与公司价值 [J]. 会计与经济研究，2017（2）：78-90.

[138] 蔡庆丰，田霖，郭俊峰. 民营企业家的影响力与企业的异地并购——基于中小板企业实际控制人政治关联层级的实证发现 [J]. 中国工业经济，2017（3）：156-173.

[139] 陈泽艺，李常青，魏志华. 媒体负面报道影响并购成败吗——来自上市公司重大资产重组的经验证据 [J]. 南开管理评论，2017（1）：96-107.

[140] 谢佩洪，汪春霞. 管理层权力、企业生命周期与投资效率——基于中国制造业上市公司的经验研究 [J]. 南开管理评论，2017（1）：57-66.

[141] 许楠，曹春方. 独立董事网络与上市公司现金持有 [J]. 南开经济研究，2016（6）：106-125.

[142] 贾镜渝，李文. 距离、战略动机与中国企业跨国并购成败——基于制度和跳板理论 [J]. 南开管理评论，2016（6）：122-132.

[143] 姚晓林. CEO股权激励与企业并购行为关系研究 [D]. 大连：东北财经大学，2016.

[144] 郑碧霞，施海柳. 考虑同行态度差异性的交叉评价并购匹配决策 [J]. 运筹与管理，2016（5）：235-240.

[145] 杨柔坚. 股权结构对上市公司并购重组绩效影响的研究——按关联与非关联交易分类 [J]. 审计与经济研究，2016（6）：67-76.

[146] 陈克兢. 媒体关注、政治关联与上市公司盈余管理 [J]. 山西财经大学学报，2016（11）：81-91.

[147] 许浩然，荆新. 社会关系网络与公司债务违约——基于中国A股上市公司的经验证据 [J]. 财贸经济，2016（9）：36-52.

[148] 李益娟，罗正英，朱新财. 管理层权力、高管持股与企业成长 [J]. 湖北社会科学，2016（9）：106-113.

[149] 赖黎，马永强，夏晓兰. 媒体报道与信贷获取 [J]. 世界经济，2016（9）：124-148.

[150] 李佳. 股权集中度、管理层过度自信与企业并购决策 [J]. 金融论坛，2016（9）：45-56.

[151] 黄宏斌，翟淑萍，陈静楠. 企业生命周期、融资方式与融资约束——基于投资者情绪调节效应的研究 [J]. 金融研究，2016（7）：96-112.

[152] 孙自愿，李影. 内控有效性、高管代理成本与多重并购绩效 [J]. 北京工商大学学报（社会科学版），2016（4）：60-71.

[153] 万良勇，梁婵娟，饶静. 上市公司并购决策的行业同群效应研究 [J]. 南开管理评论，2016（3）：40-50.

[154] 马连福，张琦，王丽丽. 董事会网络位置与企业技术创新投入——基于技术密集型上市公司的研究 [J]. 科学学与科学技术管理，2016（4）：126-136.

[155] 刘亭立，石倩倩，杨松令. 大股东关系经济后果实证研究——基于公司绩效和盈余质量的评价视角 [J]. 数理统计与管理，2016（2）：265-275.

[156] 刘莉亚，何彦林，杨金强．生产率与企业并购：基于中国宏观层面的分析 [J]．经济研究，2016（3）：123-136.

[157] 林莞娟，王辉，韩涛．股权分置改革对国有控股比例以及企业绩效影响的研究 [J]．金融研究，2016（1）：192-206.

[158] 黎文飞，郭惠武，唐清泉．产业集群、信息传递与并购价值创造 [J]．财经研究，2016（1）：123-133.

[159] 马光荣，樊纲，杨恩艳，等．中国的企业经营环境：差异、变迁与影响 [J]．管理世界，2015（12）：58-67.

[160] 唐学华，毛新述，郭李特．管理层权力与非效率投资——基于中国 A 股市场的经验检验 [J]．华东经济管理，2015（12）：128-133.

[161] 徐虹，林钟高，王帅帅．制度环境、银企关系与企业并购支付方式 [J]．财经理论与实践，2015（6）：64-71.

[162] 李善民，黄灿，史欣向．信息优势对企业并购的影响——基于社会网络的视角 [J]．中国工业经济，2015（11）：141-155.

[163] 张敏，童丽静，许浩然．社会网络与企业风险承担——基于我国上市公司的经验证据 [J]．管理世界，2015（11）：161-175.

[164] 刘江会，朱敏．地理因素会影响中国企业 IPO 的成本吗？——基于"软信息不对称"的视角 [J]．经济管理，2015（10）：31-41.

[165] 申宇，赵静梅，何欣．校友关系网络、基金投资业绩与"小圈子"效应 [J]．经济学（季刊），2016（1）：403-428.

[166] 肖仁桥，王宗军，钱丽．技术差距视角下我国不同性质企业创新效率研究 [J]．数量经济技术经济研究，2015（10）：38-55.

[167] 崔也光，唐玮．生命周期对 R&D 投入的影响——基于创新驱动视角 [J]．中央财经大学学报，2015（09）：46-54.

[168] 葛结根．并购支付方式与并购绩效的实证研究——以沪深上市公司为收购目标的经验证据 [J]．会计研究，2015（9）：74-80；97.

[169] 温日光．风险观念、并购溢价与并购完成率 [J]．金融研究，2015（8）：191-206.

[170] 徐虹，林钟高，芮晨. 产品市场竞争、资产专用性与上市公司横向并购 [J]. 南开管理评论，2015（3）：48-59.

[171] 李志生，陈晨，林秉旋. 卖空机制提高了中国股票市场的定价效率 吗？——基于自然实验的证据 [J]. 经济研究，2015（4）：165-177.

[172] 黄先海，宋学印，诸竹君. 中国产业政策的最优实施空间界定——补贴 效应、竞争兼容与过剩破解 [J]. 中国工业经济，2015（4）：57-69.

[173] 周绍妮，王惠瞳. 支付方式、公司治理与并购绩效 [J]. 北京交通大学 学报（社会科学版），2015（2）：39-44.

[174] 王山慧，王宗军，田原. 管理者过度自信、自由现金流与上市公司多元 化 [J]. 管理工程学报，2015（2）：103-111.

[175] 祝继高，韩非池，陆正飞. 产业政策、银行关联与企业债务融资——基 于A股上市公司的实证研究 [J]. 金融研究，2015（3）：176-191.

[176] 毕晓方，张俊民，李海英. 产业政策、管理者过度自信与企业流动性风 险 [J]. 会计研究，2015（3）：57-63；95.

[177] 刘春，李善民，孙亮. 独立董事具有咨询功能吗？——异地独董在异地 并购中功能的经验研究 [J]. 管理世界，2015（3）：124-136；188.

[178] 赵立祥，张文源. 行业垄断势力、战略变化与企业绩效：基于企业生命 周期视角 [J]. 经济经纬，2015（2）：75-80.

[179] 林钟高，郑军，卜继栓. 环境不确定性、多元化经营与资本成本 [J]. 会计研究，2015（2）：36-43；93.

[180] 陆贤伟，王建琼. 大股东联结下的公司现金持有行为 [J]. 金融评论，2015（1）：64-77；125.

[181] 陈运森. 社会网络与企业效率：基于结构洞位置的证据 [J]. 会计研究，2015（1）：48-55；97.

[182] 王艳，阚铄. 企业文化与并购绩效 [J]. 管理世界，2014（11）：146-157；163.

[183] 杨艳，邓乐，陈收. 企业生命周期、政治关联与并购策略 [J]. 管理评 论，2014（10）：152-159.

[184] 姚益龙，刘巨松，刘冬妍. 要素市场发展差异、产权性质与异地并购绩效 [J]. 南开管理评论，2014（5）：102-111.

[185] 王砚羽，谢伟，乔元波，等. 隐形的手：政治基因对企业并购控制倾向的影响——基于中国上市公司数据的实证分析 [J]. 管理世界，2014（8）：102-114；133.

[186] 潘红波，余明桂. 目标公司会计信息质量、产权性质与并购绩效 [J]. 金融研究，2014（7）：140-153.

[187] 李莉，关宇航，顾春霞. 治理监督机制对中国上市公司过度投资行为的影响研究——论代理理论的适用性 [J]. 管理评论，2014（5）：139-148.

[188] 黄俊，郭照蕊. 新闻媒体报道与资本市场定价效率——基于股价同步性的分析 [J]. 管理世界，2014（5）：121-130.

[189] 万良勇，郑小玲. 董事网络的结构洞特征与公司并购 [J]. 会计研究，2014（5）：67-72；95.

[190] 李敏娜，王铁男. 董事网络、高管薪酬激励与公司成长性 [J]. 中国软科学，2014（4）：138-148.

[191] 刘焱，姚海鑫. 高管权力、审计委员会专业性与内部控制缺陷 [J]. 南开管理评论，2014（2）：4-12.

[192] 万良勇，胡璟. 网络位置、独立董事治理与公司并购——来自中国上市公司的经验证据 [J]. 南开管理评论，2014（2）：64-73.

[193] 项松林，魏浩. 流动性约束对企业生产率的影响 [J]. 统计研究，2014（3）：27-36.

[194] 余鹏翼，王满四. 国内上市公司跨国并购绩效影响因素的实证研究 [J]. 会计研究，2014（3）：64-70；96.

[195] 董晓庆，赵坚，袁朋伟. 国有企业创新效率损失研究 [J]. 中国工业经济，2014（2）：97-108.

[196] 王雄元，何捷，彭旋，等. 权力型国有企业高管支付了更高的职工薪酬吗？[J]. 会计研究，2014（1）：49-56；95.

[197] 葛伟杰，张秋生，张自巧. 支付方式、融资约束与并购溢价研究 [J]. 证券市场导报，2014（1）：40-47.

[198] 杨震宁，李东红，范黎波. 身陷"盘丝洞"：社会网络关系嵌入过度影响了创业过程吗？[J]. 管理世界，2013（12）：101-116.

[199] 陈仕华，姜广省，卢昌崇. 董事联结、目标公司选择与并购绩效——基于并购双方之间信息不对称的研究视角 [J]. 管理世界，2013（12）：117-132；187-188.

[200] 陈旭东，曾春华，杨兴全. 终极控制人两权分离、多元化并购与公司并购绩效 [J]. 经济管理，2013（12）：23-31.

[201] 田高良，韩洁，李留闯. 连锁董事与并购绩效——来自中国A股上市公司的经验证据 [J]. 南开管理评论，2013（6）：112-122.

[202] 董大勇，刘海斌，胡杨，等. 股东联结网络影响股价联动关系吗？[J]. 管理工程学报，2013（3）：20-26.

[203] 许年行，于上尧，伊志宏. 机构投资者羊群行为与股价崩盘风险 [J]. 管理世界，2013（7）：31-43.

[204] 鞠晓生. 中国上市企业创新投资的融资来源与平滑机制 [J]. 世界经济，2013（4）：138-159.

[205] 赵息，张西栓. 内部控制、高管权力与并购绩效——来自中国证券市场的经验证据 [J]. 南开管理评论，2013（2）：75-81.

[206] 赵息，张西栓. 高管权力及其对内部控制的影响——基于中国上市公司的实证研究 [J]. 科学学与科学技术管理，2013（1）：114-122.

[207] 肖欣荣，刘健，赵海健. 机构投资者行为的传染——基于投资者网络视角 [J]. 管理世界，2012（12）：35-45.

[208] 杨勇. 基金经理网络位置与投资绩效 [J]. 经济经纬，2012（5）：157-160.

[209] 游家兴，吴静. 沉默的螺旋：媒体情绪与资产误定价 [J]. 经济研究，2012（7）：141-152.

[210] 宋文云，谢纪刚. 货币政策、融资能力与产业整合——来自中国制造业

的经验证据［J］. 北京交通大学学报（社会科学版），2012（3）：32-37.

[211] 于成永，施建军. 技术并购、创新与企业绩效：机制和路径［J］. 经济问题探索，2012（6）：103-109.

[212] 权小锋，吴世农. 媒体关注的治理效应及其治理机制研究［J］. 财贸经济，2012（5）：59-67.

[213] 杨军敏，曹志广. 并购对中国上市公司研发绩效的影响研究——以医药行业为例［J］. 商业经济与管理，2012（4）：26-31.

[214] 刘瑞明. 所有制结构、增长差异与地区差距：历史因素影响了增长轨迹吗？［J］. 经济研究，2011（S2）：16-27.

[215] 李青原. 资产专用性与公司纵向并购财富效应：来自我国上市公司的经验证据［J］. 南开管理评论，2011（6）：116-127.

[216] 李增福，曾庆意，魏下海. 债务契约、控制人性质与盈余管理［J］. 经济评论，2011（6）：88-96.

[217] 陈昊雯，李垣，刘衡. 联盟还是并购：基于环境动态性和企业家精神调节作用的研究［J］. 管理学报，2018（11）：1589-1595；1603.

[218] 游家兴，刘淳. 嵌入性视角下的企业家社会资本与权益资本成本——来自我国民营上市公司的经验证据［J］. 中国工业经济，2011（6）：109-119.

[219] 祝文峰，左晓慧. 公司并购中目标公司绩效问题研究［J］. 经济问题，2011（6）：45-49.

[220] 方明月. 资产专用性、融资能力与企业并购——来自中国A股工业上市公司的经验证据［J］. 金融研究，2011（5）：156-170.

[221] 温成玉，刘志新. 技术并购模式对我国上市公司创新绩效的影响［J］. 当代经济研究，2011（3）：79-83.

[222] 李焰，秦义虎. 媒体监督、声誉机制与独立董事辞职行为［J］. 财贸经济，2011（3）：36-41；60；136.

[223] 李万福，林斌，宋璐. 内部控制在公司投资中的角色：效率促进还是抑制？［J］. 管理世界，2011（2）：81-99；188.

[224] 权小锋，吴世农，文芳. 管理层权力、私有收益与薪酬操纵 [J]. 经济研究，2010（11）：73-87.

[225] 孙元欣，于茂荐. 关系契约理论研究述评 [J]. 学术交流，2010（8）：117-123.

[226] 李春涛，宋敏. 中国制造业企业的创新活动：所有制和CEO激励的作用 [J]. 经济研究，2010（5）：55-67.

[227] 史永东，朱广印. 管理者过度自信与企业并购行为的实证研究 [J]. 金融评论，2010（2）：73-82；38；124-125.

[228] 罗家德，王竞. 圈子理论——以社会网的视角分析中国人的组织行为 [J]. 战略管理，2010（1）：12-24.

[229] 佟岩，陈莎莎. 生命周期视角下的股权制衡与企业价值 [J]. 南开管理评论，2010（1）：108-115.

[230] 申慧慧. 环境不确定性对盈余管理的影响 [J]. 审计研究，2010（1）：89-96.

[231] 方军雄. 市场分割与资源配置效率的损害——来自企业并购的证据 [J]. 财经研究，2009（9）：36-47.

[232] 姜付秀，张敏，陆正飞，等. 管理者过度自信、企业扩张与财务困境 [J]. 经济研究，2009（1）：131-143.

[233] 卢锐，魏明海，黎文靖. 管理层权力、在职消费与产权效率——来自中国上市公司的证据 [J]. 南开管理评论，2008（5）：85-92；112.

[234] 方军雄. 政府干预、所有权性质与企业并购 [J]. 管理世界，2008（9）：118-123；148；188.

[235] 吴超鹏，吴世农，郑方镳. 管理者行为与连续并购绩效的理论与实证研究 [J]. 管理世界，2008（7）：126-133；188.

[236] 于开乐，王铁民. 基于并购的开放式创新对企业自主创新的影响——南汽并购罗孚经验及一般启示 [J]. 管理世界，2008（4）：150-159；166.

[237] 傅强，方文俊. 管理者过度自信与并购决策的实证研究 [J]. 商业经济与管理，2008（4）：76-80.

[238] 肖翔. 企业并购中目标企业的选择与决策研究 [J]. 北京交通大学学报 (社会科学版), 2007 (4): 60-64.

[239] 郑志刚. 法律外制度的公司治理角色——一个文献综述 [J]. 管理世界, 2007 (9): 136-147; 159.

[240] 夏立军, 陈信元. 市场化进程、国企改革策略与公司治理结构的内生决定 [J]. 经济研究, 2007 (7): 82-95; 136.

[241] 李善民, 周小春. 公司特征、行业特征和并购战略类型的实证研究 [J]. 管理世界, 2007 (3): 130-137.

[242] 宋建波, 沈皓. 管理者代理动机与扩张式并购绩效的实证研究——来自沪深 A 股市场的经验证据 [J]. 财经问题研究, 2007 (2): 67-74.

[243] 胡开春. 股票市场驱动并购研究述评 [J]. 财经科学, 2007 (1): 25-32.

[244] 李颖明, 宋建新. 企业并购目标的协同效应 [J]. 华中师范大学学报 (人文社会科学版), 2006 (S1): 25-27.

[245] 洪道麟, 刘力, 熊德华. 多元化并购、企业长期绩效损失及其选择动因 [J]. 经济科学, 2006 (5): 63-73.

[246] 朱红军, 何贤杰, 陈信元. 金融发展、预算软约束与企业投资 [J]. 会计研究, 2006 (10): 64-71; 96.

[247] 边燕杰. 社会资本研究 [J]. 学习与探索, 2006 (2): 39-40; 269.

[248] 李善民, 朱滔. 多元化并购能给股东创造价值吗?——兼论影响多元化并购长期绩效的因素 [J]. 管理世界, 2006 (3): 129-137.

[249] 夏立军, 方轶强. 政府控制、治理环境与公司价值——来自中国证券市场的经验证据 [J]. 经济研究, 2005 (5): 40-51.

[250] 李增泉, 余谦, 王晓坤. 掏空、支持与并购重组——来自我国上市公司的经验证据 [J]. 经济研究, 2005 (1): 95-105.

[251] 姚长辉, 严欢. 关于并购对我国上市公司经营业绩影响的分析——基于 1995—1999 年所有行业的上市公司购并样本 [J]. 经济科学, 2004 (5): 67-76.

[252] 张其仔. 社会资本的投资策略与企业绩效 [J]. 经济管理, 2004 (16): 58-63.

[253] 余力, 刘英. 中国上市公司并购绩效的实证分析 [J]. 当代经济科学, 2004 (4): 68-74; 110-111.

[254] 林毅夫, 李志赟. 政策性负担、道德风险与预算软约束 [J]. 经济研究, 2004, (2): 17-27.

[255] 黄速建, 令狐谙. 并购后整合: 企业并购成败的关键因素 [J]. 经济管理, 2003, (15): 6-13.

[256] 张新. 并购重组是否创造价值? ——中国证券市场的理论与实证研究 [J]. 经济研究, 2003 (6): 20-29; 93.

[257] 梁岚雨. 中国上市公司并购绩效的实证分析 [J]. 世界经济文汇, 2002 (6): 50-61.

[258] 李善民, 陈玉罡. 上市公司兼并与收购的财富效应 [J]. 经济研究, 2002 (11): 27-35; 93.

[259] 范从来, 袁静. 成长性、成熟性和衰退性产业上市公司并购绩效的实证分析 [J]. 中国工业经济, 2002 (8): 65-72.

[260] 余光, 杨荣. 企业购并股价效应的理论分析和实证分析 [J]. 当代财经, 2000 (7): 70-74.

[261] 陈信元, 原红旗. 上市公司资产重组财务会计问题研究 [J]. 会计研究, 1998 (10): 2-11.

[262] ADRA S, BARBOPOULOS L G. The valuation effects of investor attention in stock-financed acquisitions [J]. Journal of Empirical Finance, 2018 (45): 108-125.

[263] BRAR G, GIAMOURIDIS D, LIODAKIS M. Predicting European takeover targets [J]. European Financial Management, 2009, 15 (2): 430-450.

[264] CROCI E, PANTZALIS C, PARK C P, et al .The role of corporate political strategies in M&As [J]. Journal of Corporate Finance, 2017 (43): 260-271.

[265] ANDRADE G, MITCHELL M, STAFFORD E. New evidence and perspective on mergers [J]. Journal of Economic Perspectives, 2001, 15 (2): 103.

[266] AHN S, DENIS D J, DENIS D K. Leverage and investment in diversified firms [J]. Journal of Financial Economics, 2006, 79 (2): 317-337.

[267] BRADLEY M, DESAI A, KIM E H. Synergistic gains from corporate acquisitions and their division between the stockholders of target and acquiring firms [J]. Journal of Financial Economics, 1988, 21 (1): 3-40.

[268] BLISS R T, ROSEN R J. The relationship between mergers and CEO compensation in large banks [J]. Federal Reserve Bank of Chicago Proceedings, 1999 (3): 516-532.

[269] POOL V K, STOFFMAN N, YONKER S E. The people in your neighborhood: social interactions and mutual fund portfolios [J]. The Journal of Finance, 2015, 70 (6): 2679-2732.

[270] FRACASSI C. Corporate finance policies and social networks [J]. Management Science, 2017, 63 (8): 2420-2438.

[271] BILLETT M T, QIAN Y. Are overconfident CEOs born or made? Evidence of self-attribution bias from frequent acquirers [J]. Management Science, 2008, 54 (6): 1037-1051.

[272] LANGER E. The illusion of control [J]. Journal of Personality and Social Psychology, 1975, 32 (2): 311-328.

[273] FERRIS S P, JAYARAMAN N, SABHERWAL S. CEO Overconfidence and international merger and acquisition activity [J]. Journal of Financial & Quantitative Analysis, 2013, 48 (1): 137-164.

[274] EL-KHATIB R, FOGEL K, JANDIK T. CEO network centrality and merger performance [J]. SSRN Electronic Journal, 2012, 116 (2): 349-382.

[275] BAJO E, CHEMMANUR T J, SIMONYAN K, et al.. Underwriter networks, investor attention, and initial public offerings [J]. Journal of

Financial Economics, 2016, 122（2）: 376-408.

［276］ HAM C, SEYBERT N, WANG S. Narcissism is a bad sign: CEO signature size, investment, and performance［J］. Review of Accounting Studies, 2018, 23（1）: 234-264.

［277］ HRIBAR P, YANG H. CEO Overconfidence and Management Forecasting ［J］. Contemporary Accounting Research, 2016, 33（1）: 204-227.

［278］ HUANG-MEIER W, LAMBERTIDES N, STEELEY J M. Motives for corporate cash holdings: the CEO optimism effect ［J］. Review of Quantitative Finance & Accounting, 2016, 47（3）: 699-732.

［279］ BOUWMAN C H S, FULLE R K, NAIN A S. Market valuation and acquisition quality: empirical evidence ［J］. Review of Financial Studies, 2009, 22（2）: 633-679.

［280］ INKPEN A C, TSANG E K. Social capital, networks, and knowledge transfer ［J］. Academy of Management Review, 2005（1）: 146-165.

［281］ Giudice M D, Maggioni V. Managerial practices and operative directions of knowledge management within inter-firm networks: a global view ［J］. Journal of Knowledge Management, 2014, 18（5）: 841-846.

［282］ HAINMUELLER J. Entropy balancing for causal effects: a multivariate reweighting method to produce balanced samples in observational studies ［J］. Political analysis, 2012, 20（1）: 25-46.

［283］ ZHANG M, MA L, ZHANG B. Pyramidal structure, political intervention and firms' tax burden: evidence from China's local SOEs ［J］. Journal of Corporate Finance, 2016（36）: 15-25.

［284］ ANG J S, LIN C. Agency costs and ownership structure ［J］. Journal of Finance, 2000, 55（1）: 81-106.

［285］ HOU K, MOSKOWITZ T J. Market frictions, price delay, and the cross-section of expected returns ［J］. Review of Financial Studies, 2005, 18（3）: 981-1020.

[286] CHATTERJEE R, MEEKS G. The financial effects of takeover: accounting rates of return and accounting regulation [J]. Journal of Business Finance and Accounting, 1996, 23 (5/6): 851-868.

[287] ELGERS P T, CLARK J J. Merger types and shareholder returns: additional evidence [J]. Financial Management, 1980: 66-72.

[288] BERGER P G, OFEK E. Causes and effects of corporate refocusing programs [J]. Review of Financial Studies, 1999 (12): 311-345.

[289] MORCK R, SHLEIFER A, VISHNY R. Do managerial objectives drive bad acquisitions? [J]. Journal of Financial Economics, 1990 (13): 187-221.

[290] SICHERMAN N W, PETTWAY R H. Acquisition of divested assets and shareholders' wealth [J]. Journal of Finance, 1987 (42): 1261-1273.

[291] PORTER M E. From competitive advantage to corporate strategy [J]. Harvard Business Review, 1987, 65 (3): 43-59.

[292] FLOR M L, COOPER S Y, OLTRA M J. External knowledge search, absorptive capacity and radical innovation in high-technology firms [J]. European Management Journal, 2018, 36 (2): 183-194.

[293] CHESBROUGH H W. Open innovation: the new imperative for creating and profiting from technology [M]. Boston: Harvard Business School Press, 2003.

[294] HIGGINS M J, RODRIGUEZ D. The outsourcing of R&D through acquisitions in the pharmaceutical industry [J]. Journal of Financial Economics, 2006 (80): 351-383.

[295] AHUJA G, KATILA R. Technological acquisitions and the innovation performance of acquiring firms: a longitudinal Study [J]. Strategic Management Journal, 2001, 22 (3): 197-220.

[296] CASTELLANETA F, CONTI R. How does acquisition experience create value? Evidence from a regulatory change affecting the information environment [J]. European Management Journal, 2017, 35 (1): 60-68.

[297] CHAO Y C. Organizational learning and acquirer performance: how do serial acquirers learn from acquisition experience? [J]. Asia Pacific Management Review, 2018, 23 (3): 161-168.

[298] MATTHEW T B, QIAN Y. Are overconfident CEOs born or made? Evidence of self-attribution bias from frequent acquirers [J]. Management Science, 2008, 54 (6): 1037-1051.

[299] MARINA M, LUC R. What determines the financing decision in corporate takeovers: cost of capital, agency problems, or the means of payment? [J]. Journal of Corporate Finance, 2008, 15 (3): 290-315.

[300] SUDARSANAM P S, MAHATE A A, FREEMAN A. Glamour acquirers, method of payment and post-acquisition performance: the UK evidence [J]. Journal of Business Finance & Accounting, 2001, 30 (1-2): 299-342.

[301] LAAMANEN T, KEIL T. Performance of serial acquirers: toward an acquisition program perspective [J]. Strategic Management Journal, 2008, 29 (6): 663-672.

[302] DICKINSON V. Cash flow patterns as a proxy for firm life cycle [J]. Accounting Review, 2011, 86 (6): 1969-1994.

[303] OWEN S, YAWSON A. Corporate life cycle and M&A activity [J]. Journal of Banking &Finance, 2010, 34 (2): 427-440.

[304] ARIKAN A M, STULZ R M. Corporate acquisitions, diversification, and the firm's life cycle [J]. Journal of Finance, 2016, 71 (1): 139-194.

[305] HAIRE M. Biological models and empirical histories in the growth of organizations [M]. New York: John Wiley, 1959.

[306] Miller D, Friesen P H. A longitudinal study of the corporate life cycle [J]. Management Science, 1984, 30 (10): 1161-1183.

[307] VOJISLAV M, GORDON P. The industry life cycle, acquisitions and investment: does firm organization matter? [J]. Journal of Finance, 2008, 63 (2): 673-708.

[308] HABIB A, HASAN M M. Business strategies and annual report readability [J]. Accounting and Finance, 2020, 60 (3): 2413-2547.

[309] KELTNER D, GRUENFEL D H, ANDERSON C. Power, approach, and inhibition [J]. Psychological Review, 2003, 110 (2): 265-284.

[310] ADAMS R B, ALMEIDA H, FERREIRA D. Powerful CEOs and their impact on corporate performance [J]. Review of Financial Studies, 2005, 18 (4): 1403-1432.

[311] GRINSTEIN Y, HRIBAR P. CEO Compensation and incentives: evidence from M&A bonuses [J]. Journal of Financial Economics, 2004, 71 (1): 119-143.

[312] DICKINSON V. Cash flow patterns as proxy for firm life cycle [J]. Accounting Review, 2011, 86 (6): 1969-1994.

[313] DYCK A, VOLCHKOVA N, ZINGALES L. The corporate governance role of the media: evidence from Russia [J]. Journal of Finance, 2008, 63 (3): 1093-1135.

[314] LIN C Y, HO Y H. Determinants of green practice adoption for logistics companies in China [J]. Journal of Business Ethics, 2011, 98 (1): 67-83.

[315] DESS G G, DAVIS P S. Porter's generic strategies as determinants of strategic group membership and organizational performance [J]. Academy of Management Journal, 1984, 27 (3): 467-488.

[316] HITT M A, KEATS B W, DEMARIE S M. Navigating in the new competitive landscape: building strategic flexibility and competitive advantage in the 21st century [J]. The Academy of Management Executive, 1988, 12 (4): 22-42.

[317] CHAN R. Does the natural-resource-based view of the firm apply in an emerging economy? A survey of foreign invested enterprises in China [J]. Journal of Management Studies, 2005, 42 (3): 625-672.

[318] PENG M W, LUO Y. Managerial ties and firm performance in a transition economy: the nature of a micro-macro Link [J]. Academy of Management

Journal, 2000, 43 (3): 486-501.

[319] DYCK A, VOLCHKOVA N, ZINGALES L. The corporate governance role of the media: evidence from Russia [J]. Journal of Finance, 2008, 63 (3): 1093-1135.

[320] FANG L, PERESS J. Media coverage and the cross-section of stock returns [J]. Journal of Finance, 2009, (5): 2023-2052.

[321] LIU D, CHEN X P, YAO X. From autonomy to creativity: a multilevel investigation of the mediating role of harmonious passion [J]. Journal of Applied Psychology Volume, 2011, 96 (2): 294-309.

[322] MAHMOOD I P, ZHU H, ZAJAC E J. Where can capabilities come from? network ties and capability acquisition in business groups [J]. Strategic Management Journal, 2011, 32 (8): 820-848.

[323] BOSCHMA R, HARTOG M. Merger and acquisition activity as driver of spatial clustering: the spatial evolution of the dutch banking industry 1850-1993 [J]. Economic Geography, 2014, 90 (3): 247-266.

[324] RODRÍGUEZ-POSE A, ZADEMACH H. Rising metropoli: the geography of mergers and acquisitions in Germany [J]. Urban Studies, 2003, 40 (10): 1895-1923.

[325] BAOLONG Y, CHEN L, XI X. Innovation and environmental total factor productivity in China: the moderating roles of economics policy uncertainty and marketization process [J]. Environment Science and Pollution Research International, 2020, 28 (8): 9558-9581.

[326] BLISS R T, ROSEN R J. The relationship between mergers and CEO compensation in large banks [J]. Federal Reserve Bank of Chicago Proceedings, 1999 (3): 516-532.

[327] HSIEH C, KLENOW P J. Misallocation and manufacturing TFP in China and India [J]. The Quarterly Journal of Economics, 2009, 124 (4): 1403-1448.

[328] RANDALL M, BERNARD Y, WAYNE Y. The information content of stock

markets: why do emerging markets have synchronous stock price movements? [J]. Journal of Financial Economics, 2000, 58 (1): 215-260.

[329] AKERLOF G. The market for "lemons": the quality of uncertainty and the market mechanism [J]. Quarterly Journal of Economics, 1970, 84 (3): 488-500.

[330] COHEN L, FRAZZINI A, MALLOY C. The small world of investing: board connections and mutual fund returns [J]. Journal of Political Economy, 2008, 116 (5): 951-979.

[331] JIN L, MYERS S C. R-Squared around the world: new theory and new tests [J]. Social Science Electronic Publishing, 2004, 79 (2): 257-292.

[332] ENGELBERG J, GAO P, PARSONS C A. The price of a CEO's rolodex [J]. Review of Financial Studies, 2013, 26 (1): 79-114.

[333] PARUCHURI S, HAMBRICK N. Acquisition integration and productivity losses in the technical core: disruption of inventors in acquired companies [J]. Organization Science, 2006, 17 (5): 545-562.

[334] AGGARWAL R K, SAMWICK A A. Why do managers diversify their firms? agency reconsidered [J]. Journal of Finance, 2003, 58 (1): 71-118.

[335] FINKELSTEIN S. Power in top management teams: dimensions, measurement, and validation [J]. Academy of Management Journal, 1992, 35 (3): 505-538.

[336] BURKS J J, CUNY C, GERAKOS J J, et al.. Competition and voluntary disclosure: evidence from deregulation in the banking industry [J]. Review of Accounting Studies, 2018, 23 (4): 1471-1511.

[337] BUSHMAN R M, SMITH A J. Financial accounting information and corporate governance [J]. Journal of Accounting and Economics, 2001, 32 (1): 237-333.

[338] BURT R S. Structural holes: the social structure of competition [M]. Cambridge: Harvard University Press, 1995.

[339] BURT R. Structural holes versus network closure as social capital [J]. Social Capital Theory & Research, 2001, 8 (2): 109–208.

[340] GRANOVETTER M S. Members of two worlds: a development study of three villages in western Sicily [J]. American Journal of Sociology, 1974, 52 (1): 144–145.

[341] GRANOVETTER M. Economic action and social structure: the problem of embeddedness [J]. American Journal of Sociology, 1985, 91 (3): 481–510.

[342] NAHAPIET J, GHOSHAL S. Social capital, intellectual capital and the creation of value in firms [J]. Academy of Management Proceedings, 1997, 1997 (1): 35–39.

[343] LIN N. Social capital: a theory of social structure and action [M]. Cambridge: Cambridge University Press, 2002.

[344] BOURDIEU P A. Social critique of the judgment of taste [J]. Routledge Classics, 1984, 8 (2): 63–67.

[345] COLEMAN J S. Foundations of social theory [M]. Cambridge: Belknap Press, 1990.

[346] ZUKIN S, DIMAGGIO P. Structures of capital: the social organization of the economy [M]. Cambridge: Cambridge University Press, 1990.

[347] EDMANS A, HOLDERNESS C. Blockholders: a survey of theory and evidence [J]. Handbook of the Economics of Corporate Governance, 2016 (1): 541–636.

[348] CRANE A D, KOCH A, MICHENAUD S. Institutional investor cliques and governance [J]. Journal of Financial Economics, 2019, 133 (1): 175–197.

[349] STUART T E, YIM S. Board interlocks and the propensity to be targeted in private equity transactions [J]. Journal of Financial Economics, 2010, 97 (1): 174–189.

[350] BARNEA A, GUEDJ I. But, Mom, all the other kids have one! –CEO compensation and director networks [J]. Social Science Electronic

Publishing, 2006.

[351] JARILLO J C. On strategic networks [J]. Strategic Management Journal, 1988, 9 (1): 31-41.

[352] FACCIO M, MASULIS R W. The choice of payment method in European mergers and acquisitions [J]. Journal of Finance, 2005, 60 (6): 1345-1388.

[353] SHLEIFER A, VISHNY R W. Managerial entrenchment: the case of manager specific investments [J]. Journal of Financial Economics, 1989, 25 (1): 123-139.

[354] BORENSTEIN S. Airline mergers, airport dominance, market power [J]. The American Economic Review, 1990, 80 (2): 400-404.

[355] KIM E H, SINGAL V. Mergers and market power: evidence from the airline industry [J]. The American Economic Review, 1993, 83 (3): 549-569.

[356] SLUSKY A R, CAVES R E. Synergy, agency, and the determinants of premia paid in mergers [J]. Journal of Industrial Economics, 1991, 39 (3): 277-296.

[357] ROLL R. The hubris hypothesis of corporate takeovers [J]. Journal of Business, 1986, 59 (1): 197-216.

[358] CHATTERJEE A, HAMBRICK D C. It's all about me: narcissistic chief executive officers and their effects on company strategy and performance [J]. Administrative Science Quarterly, 2007, 52 (3): 351-386.

[359] MALMENDIER U, TATE G. Who makes acquisitions? CEO overconfidence and the market's reaction [J]. Journal of Financial Economics, 2008, 89 (1): 20-43.

[360] HEIDHUES P, MELISSAS N. Equiiibria in a dynamic global game: the role of cohort effects [J]. Economic Theory, 2006, 28 (3): 531-557.

[361] SHLEIFER A, VISHNY R W. Stock market driven acquisitions [J]. Journal of Financial Economics, 2003, 70 (3): 295-311.

[362] RHODES-KROPF M, VISWANATHAN S. Market valuation and merger waves [J]. Journal of Finance, 2004, 59 (6): 2685-2718.

[363] JARRELL G A, BRICKLEY J A, NETTER J M. The market for corporate control: the empirical evidence since 1980 [J]. Journal of Economic Perspectives, 1988, 2 (1): 49-68.

[364] LEE K H, MAUER D C, XU E Q. Human capital relatedness and mergers and acquisitions [J]. Journal of Financial Economics, 2018, 129 (1), 111-135.

[365] RAO V R, YU Y, UMASHANKAR N. Anticipated vs. actual synergy in merger partner selection and post-merger innovation [J]. Marketing Science, 2016 (35): 934-952.

[366] HUANG Z, ZHU H, BRASS D J. Cross-border acquisitions and the asymmetric effect of power distance value difference on long-term post-acquisition performance [J]. Strategic Management Journal, 2017, 38 (4): 972-991.

[367] WANG W. Bid anticipation, information revelation, and merger gains [J]. Journal of Financial Economics, 2018, 128 (2): 320-343.

[368] JENSEN M C, RUBACK R S. The market for corporate control: the scientific evidence [J]. Journal of Financial Economics, 1983, 11 (11): 5-50.

[369] FRANKS J R, TOROTIS V V N. An empirical investigation of U.S. firms in Reorganizationf [J]. The Journal of Finance, 1989, 44 (3): 23.

[370] HEALY P M, PALEPU K G, RUBACK R S. Does corporate performance improve after mergers? [J]. Social Science Electronic Publishing, 1990, 31 (2): 135-175.

[371] PARRINO J D, HARRIS R S. Takeovers, management replacement, and post-acquisition operating performance: some evidence from the 1980s [J]. Journal of Applied Corporate Finance, 1999, 11 (4): 88-96.

[372] SHEEN A. The real product market impact of mergers [J]. Journal of Finance, 2014, 69 (6): 2651-2688.

[373] GROSSMAN S J, HART O D. One share-one vote and the market for corporate control [J]. Journal of Financial Economics, 1988 (20): 175-202.

[374] ANDRADE G, MITCHELL M, STAFFORD E. New evidence and perspectives on mergers [J]. Journal of Economic Perspectives, 2001, 15 (2): 103-120.

[375] BRADLEY M, DESAI A, KIM E H. Synergistic gains from corporate acquisitions and their division between the stockholders of target and acquiring firms [J]. Journal of Financial Economics, 1988, 21 (1): 3-40.

[376] DEPAMPHILIS D. Mergers, acquisitions and other restructuring activities [M]. London: Elsevier Academic Press, 2005.

[377] MUELLER D C. Mergers and market share [J]. The Review of Economics and statistics, 1985, 67 (2): 259-267.

[378] FULLER K, NETTER J, STEGEMOLLER M. What do returns to acquiring firms tell us? Evidence from firms that make many acquisitions [J]. The Journal of Finance, 2002, 57 (4): 1763-1793.

[379] MITCHELL M L, STAFFORD E. Managerial decisions and long-term stock price performance [J]. The Journal of Business, 2000, 73 (3): 287-329.

[380] HEATON J B. Managerial optimism and corporate finance [J]. Financial Management, 2002, 31 (2): 33-45.

[381] MALMENDIER U, TATE G. Who makes acquisitions? CEO overconfidence and the market's reaction [J]. Journal of Financial Economics, 2003, 89 (1): 20-43.

[382] DONALDSON G. Managing corporate wealth [M]. New York: Praeger, 1984.

[383] XIE Z, LI J. Internationalization and indigenous technological efforts of emerging economy firms: the effect of multiple knowledge sources [J].

Journal of intternational management, 2013, 19（3）: 247-259.

[384] ROSEN R. Merger momentum and investor sentiment: the stock market reaction to merger announcements [J]. Journal of Business, 2006, 79（2）: 987-1017.

[385] DOUKAS J A, PETMEZAS D. Acquisitions, overconfident managers and self-attributions bias [J]. European Financial Management, 2007, 13 （3）: 531-577.

[386] KUMAR S, GOYAL N. Behavioral biases in investment decision making-a systematic literature review [J]. Qualitative Research in Financial Markets, 2015, 7（1）: 88-108.

[387] HAUSER R. Busy directors and firm performance: evidence from mergers [J]. Financial Economic, 2018, 1（128）: 16-37.

[388] LIN N. Social capital: a theory of social structure and action [M]. Cambridge: Cambridge University Press, 2002.

[389] GLASER M, LOPEZ-DE-SILANES F, SAUTNER Z. Opening the black box: internal capital markets and managerial power [J]. Journal of Finance, 2013, 68（4）: 1577-1631.

索引